THOMAS WAGNER

Der technisch-industrielle Umweltnotfall im Recht der Europäischen Gemeinschaften

Schriften zum Umweltrecht

Herausgegeben von Prof. Dr. Michael Kloepfer, Trier

Band 25

Der technisch-industrielle Umweltnotfall im Recht der Europäischen Gemeinschaften

Von

Thomas Wagner

Duncker & Humblot · Berlin

Die Deutsche Bibliothek – CIP-Einheitsaufnahme

Wagner, Thomas:
Der technisch-industrielle Umweltnotfall im Recht der Europäischen Gemeinschaften / von Thomas Wagner. — Berlin : Duncker und Humblot, 1992
(Schriften zum Umweltrecht ; Bd. 25)
Zugl.: Giessen, Univ., Diss., 1991
ISBN 3-428-07483-1
NE: GT

Fotoprint: Werner Hildebrand, Berlin 65
Printed in Germany

ISSN 0935-4247
ISBN 3-428-07483-1

Vorwort

Diese Abhandlung ist im Sommersemester 1991 vom Fachbereich Rechtswissenschaft der Justus - Liebig - Universität Gießen als Dissertation angenommen worden. Literatur und Rechtsprechung konnten weitgehend bis August 1991 berücksichtigt werden.

Mit der Veröffentlichung bedanke ich mich bei all denen, die zum Gelingen beigetragen haben.

An erster Stelle ist mein verehrter Lehrer und Förderer, Herr Professor Dr. Heinhard Steiger zu nennen, der die Entstehung der Arbeit von Beginn an hilfreich begleitet, und das Erstgutachten erstellt hat. Herrn Professor Dr. Brun-Otto Bryde bin ich für die Erstellung des Zweitgutachtens Dank schuldig. Dank gilt auch allen meinen Freunden und Kollegen, innerhalb und außerhalb des Lehrstuhles für öffentliches Recht, Völker- und Europarecht der Universität Gießen, die mich durch nimmermüde Diskussionsbereitschaft und zahlreiche Hilfestellungen bei der technischen Bearbeitung des Manuskripts unterstützt haben.

Schließlich danke ich Herrn Prof. Dr. Michael Kloepfer für die Aufnahme der Arbeit in seine Schriftenreihe und der Kommission der Europäischen Gemeinschaften für einen großzügigen Druckkostenzuschuß.

Stuttgart im November 1991.

Thomas Wagner

Inhaltsverzeichnis

Kapitel III

Das geltende Gemeinschaftsrecht 75

Kapitel IV

Gemeinschaftliche Handlungsbefugnisse im technischen Notfallschutz 148

Abkürzungsverzeichnis

Abl. C	Amtsblatt der Europäischen Gemeinschaften, Teil C
Abl. L	Amtsblatt der Europäischen Gemeinschaften, Teil L
AJIL	American Journal of International Law
AöR	Archiv des öffentlichen Rechts
AVR	Archiv des Völkerrechts
BayVBl	Bayerische Verwaltungsblätter
BB	Betriebs-Berater
Ber d Dt Ges f VR	Berichte der Deutschen Gesellschaft für Völkerrecht
BGB	Bürgerliches Gesetzbuch
BGBl	Bundesgesetzblatt
CanYBL	Canadian Yearbook of International Law
CMLR	Common Market Law Review
DB	Der Betrieb
Dok. KOM	Dokument der Kommission der EG
Dok. PE	Dokument des Europäischen Parlaments
DVBl	Deutsches Verwaltungsblatt
EAGV	Vertrag zur Gründung der Europäischen Atomgemeinsschaft
EEA	Einheitliche Europäische Akte
EGBGB	Einführungsgesetz zum BGB
EPIL	Encyclopedia of Public International Law
EuGH	Gerichtshof der Europäischen Gemeinschaften
EuGRZ	Europäische Grundrechte Zeitschrift
EuR	Europarecht
Eur Um	Europäische Umwelt

EuZW	Europäische Zeitschrift für Wirtschaftsrecht
EWG	Europäische Wirtschaftsgemeinschaft
EWGV	Vertrag zur Gründung der Europäischen Wirtschaftsgemeinschaft
FAZ	Frankfurter Allgemeine Zeitung
FS. f.	Festschrift für
Fußn.	Fußnote
GBTE	v.d.Groeben/Boeckh/Thiesing/Ehlermann (Kommentar zum EWGV)
GYIL	German Yearbook of International Law
Harv Int Law	Harvard International Law Journal Journal
Hdb. f. Europ	Handbuch für Europäische Wirtschaft
Hrsg.	Herausgeber
IAEA	International Atomic Energy Agency
ILM	International Legal Materials
Int a Comp Law	International and Comparative Law Quarterly
JZ	Juristenzeitung
KSE	Kölner Schriften zum Europarecht
MDHS	Maunz/Dürig/Herzog/Scholz (Kommentar zum GG)
Münch. Komm.	Münchener Kommentar zum BGB
NJW	Neue Juristische Wochenschrift
NuR	Natur und Recht
NVwZ	Neue Zeitschrift für Verwaltungsrecht
OECD	Organisation for Economic Co-operation and Development
ÖZÖRVR	Österreichische Zeitschrift für öffentliches Recht und Völkerrecht
RabelsZ	Rabels Zeitschrift für ausländisches und internationales Privatrecht
RdC	Receuil des Cours de l'Academie de Droit International
RJE	Revue Juridique de L'Environnement
RGBl	Reichsgesetzblatt
RIW/AWD	Recht der internationalen Wirtschaft/Außenwirtschaftsdienst des Betriebs-Beraters

RMC	Revue du Marché Commun
Rn.	Randnummer
Rs.	Rechtssache
TIAS	United States Treaties and other international Acts Series
TS	Treaty Series
UNO	United Nations Organisation/Organisation der Vereinten Nationen
UPR	Umwelt- und Planungsrecht
UST	United States Treaty Series
VersR	Versicherungsrecht
VN	Vereinte Nationen (Zeitschrift)
Vol.	Volume
WVR	Wörterbuch des Völkerrechts (Strupp/Schlochauer)
ZaöRV	Zeitschrift für ausländisches öffentliches Recht und Völkerrecht
ZfU	Zeitschrift für Umweltpolitik
ZfW	Zeitschrift füt Wasserrecht
ZRP	Zeitschrift für Rechtspolitik

Einleitung

Das Problem des Umweltschutzes ist alt.

Wenn sich auch die Begriffe Umwelt, Umweltpolitik und Umweltrecht erst seit Beginn der 70er Jahre einen festen Platz in der öffentlichen Diskussion verschafft haben, sahen sich dennoch auch schon die Städte der Antike Problemen der Abwasserbeseitigung, der Luftverschmutzung und des Lärmes ausgesetzt[1]. Bereits im altpersischen Recht soll ein Verbot der Verunreinigung von Flüssen bestanden haben[2]. Die Abholzung der italienischen Halbinsel durch die Römer hat ökologische Folgen hervorgerufen, die sich noch heute auswirken[3]. Auch das deutsche, englische und französische Recht des Mittelalters kannte Verbote von Gewässerverunreinigungen[4]. Dies alles darf jedoch nicht darüber hinwegtäuschen, daß die rasante technische Entwicklung und damit einhergehend der enorme Anstieg der Bevölkerungsdichte seit der industriellen Revolution, insbesondere aber in der 2. Hälfte des 20. Jahrhunderts dem Umweltproblem seine gravierende Schärfe erst verliehen hat. Dem Anwachsen der Industrieproduktion und der Zunahme der Weltbevölkerung korrespondiert ein stetig anwachsender Verbrauch von Rohstoffen, zu deren Verarbeitung immer mehr Energie benötigt wird und der die Abfallberge drastisch anwachsen läßt. Dies führt zu einer Überforderung der Selbstreinigungskraft von Wasser, Luft und Boden, die den inzwischen sprichwörtlich gewordenen "Club of Rome" schon zu Beginn der 70er Jahre die "Grenzen des Wachstums" aufzeigen ließen[5].

Diese "Inanspruchnahme" der natürlichen Umwelt setzt, über die stetig zunehmende Verschlechterung der Umweltbedingungen hinaus, auch maßgeblich die Ursachen für das Auftreten von Naturkatastrophen[6]. Die technisch-industrielle Zivilisation verursacht aber nicht nur - sozusagen schleichend - Na-

---

[1] Vgl. *Bothe*, ZaöRV 32 (1972), S. 483 (483 ff.).

[2] *Dintelmann*, Die Verunreinigung internationaler Binnengewässer insbesondere in Westeuropa aus der Sicht des Völkerrechts.

[3] *Bothe*, a.a.O., S. 483.

[4] *Dintelmann*, ebda., m.w.N.

[5] *Club of Rome*, The Limits of Economic Growth, New York, 1972.

[6] Vgl. dazu etwa die Ereignisse um den Erdrutsch im italienischen Veltlin-Tal im Jahre 1987, der größtenteils auf das Abholzen großflächiger Wälder zur Anlage von Skigebieten und die damit ermöglichte Bodenerosion zurückgeführt wird.

turkatastrophen, sondern ruft auch unmittelbar industrielle Umweltnotfälle oder "technische" Katastrophen hervor. Als Beispiele dafür sind solche "Highlights" wie die Havarie des Öltankers "Torrey Canyon" am 18. März 1967, die Giftgaskatastrophe im italienischen Seveso am 10. Juli 1976[7], die Tragödie von Bhopal/Indien im Dezember 1984[8], der Brand in der Baseler Chemiefabrik Sandoz vom 1.11.1986[9], die Kernkraftwerkskatastrophe im sowjetischen Tschernobyl von 26.4.1986[10] mit ihren bis heute nicht völlig abschätzbaren europaweiten Folgen oder die Havarie der Exxon Valdez vor der Küste Alaskas Ende 1989 zu erwähnen. Den sicherlich nur vorläufigen Abschluß findet diese Aufzählung in den beiden Schiffsunglücken vor Genua und Livorno im April 1991, zwischen denen nur wenige Stunden lagen. Beide riefen erhebliche Ölverschmutzungen hervor; das Unglück bei Livorno, das unter Beteiligung einer Personenfähre stattfand, forderte 140 Todesopfer[11]. Allerdings bilden diese medienwirksamen Vorfälle nur die "Spitze des Eisbergs". Von dem 1986 in Großbritannien eingerichteten "Major Hazard Data Service" (MHIDAS), einem internationalen Datenverarbeitungssystem zur Erfassung industrieller Zwischenfälle (incidents) wurden für die Jahre 1981 bis 1986 weltweit 1419 "Zwischenfälle" in Industrieanlagen verzeichnet[12]. Allein im letzten Quartal des Jahres 1986 wurden 55 dieser Ereignisse festgehalten, die z. T. mehrere Todesfälle zur Folge hatten[13].

Daß technisch-industrielle Umweltnotfälle ebensowenig wie zivilisatorisch verursachte, schleichende Umweltzerstörung an Staatsgrenzen haltmachen, ist beinahe schon eine banale Erkenntnis und wird durch die erwähnten Ereignisse, insbesondere aber durch den Reaktorunfall von Tschernobyl eindrucksvoll bestätigt. Aus diesem Grund erhebt sich allgemein die Forderung nach grenzüberschreitender Zusammenarbeit, die entweder auf staatlicher oder auch auf unterstaatlicher Ebene erfolgen kann. Instrumentarien hierzu stellt das Völkerrecht schon seit der Völkerbundsära bereit[14]. Diese sollen in ihren wesentlichen Hauptlinien im Verlauf der Untersuchung knapp dargestellt wer-

---

[7] Siehe *Der Spiegel*, Nr. 35/1976, S. 120 ff.

[8] Siehe dazu *Lepkowski*, Industry and Environment, Vol. 11 (1988), Nr.3, S.18 ff.

[9] Siehe *Neue Zürcher Zeitung* v . 4. 11.1986, S. 1.

[10] Vgl. *FAZ* v. 7. 5. 1986, S. 1.

[11] Vgl. *FAZ* v. 12.4. 1991, S. 11.

[12] *Carson/Mumford*, Industry and Environment, Vol. 11 (1988), Nr. 2, S. 23 ff.

[13] Vgl. die Übersichtstabelle bei *Carson/Mumford*, a.a.O., S. 26-28.

[14] Vgl. *Bruha*, ZaöRV 44 (1984), S. 1 (6 ff.), der das Recht des internationalen Notfallschutzes auf seine humanitäre Wurzel zurückführt.

den, da sich hieraus Rückschlüsse auf den Umfang des Handlungsbedarfes für die Europäischen Gemeinschaften ziehen lassen. Insbesondere erscheint es in diesem Zusammenhang wichtig, die neuere Rechtsentwicklung in der Zeit nach Tschernobyl näher zu betrachten, die im Bereich des Nuklearrechts von der International Atomic Energy Agency (IAEA) maßgeblich beeinflußt worden ist[15].

Hauptgegenstand der Untersuchung ist allerdings die Frage, inwieweit das Recht der Europäischen Gemeinschaften Instrumentarien zur Bewältigung technisch-industrieller Notfälle bereitstellt, bereitstellen kann und inwiefern ein Ausbau des Gemeinschaftsrechts in diesem Bereich überhaupt sinnvoll erscheint. Die Europäischen Gemeinschaften haben seit Beginn der 70er Jahre auf der Grundlage von - inzwischen - vier Umweltaktionsprogrammen[16] Rechtsnormen auf den verschiedensten Gebieten des Umweltschutzes erlassen[17]. Diese werden auf ihren Gehalt hinsichtlich der aufgeworfenen Fragestellung zu untersuchen sein. Es wird sich allerdings auch die Frage nach der grundsätzlichen Eignung des Gemeinschaftsrechts zur Bewältigung des Problems stellen, da Umweltkatastrophen nach der Machart von Tschernobyl oder Basel auch an den geographischen Grenzen der Gemeinschaften letzten Endes nicht Halt machen. Schließlich wird zu erörtern sein, ob die Kompetenzen der EG zur vollständigen oder zumindest weitergehenden Durchnormierung des Problembereiches überhaupt hinreichen. Auch die Verankerung von Umweltkompetenzen im EWG-Vertrag durch die Einheitliche Europäische Akte[18] läßt die Gemeinschaft nicht von einer Wirtschaftsgemeinschaft zu einer Umweltgemeinschaft werden, wenn auch nunmehr der Umweltschutz als eines der Ziele ihrer Politik festgehalten und ihr somit ein entsprechender umweltpolitischer Handlungsauftrag erteilt wurde[19].

[15] Vgl. *Pelzer*, AVR 25 (1987), S. 294 (insbes. 297 ff.).

[16] Siehe Abl. C 112/73, S. 3 ff.; Abl. C 139/77, S. 3 ff.; Abl. C 46/83, S. 1 ff. sowie Abl. C 328/87, S. 1 ff.

[17] Vgl. die Zusammenstellung: Kommission der Europäischen Gemeinschaften (Hrsg.), Gemeinschaftsrecht im Bereich des Umweltschutzes,1967-1987, Bde.1-4, Brüssel 1988; sowie die jeweils neuesten Nachweise im Fundstellennachweis des geltenden Gemeinschaftsrechts, der halbjährlich von der Kommission neu herausgegeben wird.

[18] Vgl. den Text der Einheitlichen Europäischen Akte vom 17./28. 2. 1986, Abl. L 169/87.

[19] Vgl. dazu *Scheuing*, EuR 1989, S. 152 (160 ff.).

Kapitel I

Der internationale Umweltnotfallschutz
Notwendigkeit, Begriffsbestimmung, Handlungsdimensionen

I. Notwendigkeit

1. Die generelle Bedeutung des Notfallschutzes

Die moderne technisch-industrielle Zivilisation bringt in zunehmendem Maße - mehr oder weniger zwangsläufig - Notfallsituationen mit sich, durch die Mensch und Natur in bislang unbekanntem Ausmaß geschädigt oder gefährdet werden.

Das Stichwort der "Risikogesellschaft" wird in jüngster Zeit nicht nur in juristischen, sondern auch in geistes-, sozial-, und naturwissenschaftlichen Kreisen zunehmend thematisiert[1]. Sie scheint sich vor allem wohl dadurch auszuzeichnen, daß sie die Menschheit mit selbstgeschaffenen Risiken konfrontiert, die ihr Überleben in Gänze oder zumindest in den uns bekannten Formen gefährdet, und stellt damit eine neue Stufe gesellschaftlicher Entwicklung dar[2]. Die potentiellen Folgen dieser Risiken sind für ihre Produzenten nicht mehr externalisierbar, etwa durch ihre Verlagerung auf unterprivilegierte Kreise oder in die Dritte Welt, wie dies noch die "klassische" Industriegesellschaft ermöglicht hat, sondern bedrohen diese in gleicher Weise selbst[3]. Somit liegt

---

[1] Der Begriff wurde vor allem durch das 1986 erschienene Buch von *U. Beck* mit dem gleichnamigen Titel geprägt. Vgl. ferner auch ders., Gegengifte, die organisierte Unverantwortlichkeit; als Beispiel für andere Disziplinen siehe *Hosemann* (Hrsg.), Risiko in der Industriegesellschaft; die Interdisziplinarität des Themas wird schon deutlich bei *Lukes/Birkhofer*, Rechtliche Ordnung der Technik als Aufgabe der Industriegesellschaft. Mit juristischen Fragen technischer Großrisiken hat sich etwa auch der Schweizerische Juristentag des Jahres 1990 beschäftigt, vgl. *Neue Zürcher Zeitung* v. 8.10.1990, S. 28.

[2] So *B.-O. Bryde*, Das Recht der Risikogesellschaft, Vortrag, gehalten am 17.12.1990 im Rahmen der Gießener Vortragsreihe "Wissenschaft und neues Weltbild". Dem Autor sei für die Überlassung des Vortragsmanuskriptes vor dessen Veröffentlichung an dieser Stelle herzlich gedankt.

[3] Siehe dazu *Beck*, Risikogesellschaft, S. 46 ff. *Beck* bringt dies polemisch auf die Formel: "Not ist hierarchisch, Smog ist demokratisch", a.a.O., S. 48.

es nicht zuletzt auch im wohlverstandenen Interesse der Industrienationen, dem Problem zu Leibe zu rücken.

Ansätze zu dessen Bewältigung können aber nicht in der "Abschaffung" der Industrie- oder der Risikogesellschaft gesucht werden. Dies verbietet beispielsweise schon die Welternährungssituation, die bereits jetzt als miserabel eingestuft werden kann, andererseits aber in hohem Maße von der Pflanzenschutzmittelproduktion abhängig ist. Letztere ist aber ihrerseits Teil riskanter chemischer Großtechnologien und trägt in hohem Maße zur Bodenkontamination bei. Überdies dürfte gegenüber Entwicklungsstaaten, die auf Partizipation am Wohlstand der Industrienationen zur Behebung ihrer gravierendsten Probleme drängen, eine weitgehende Abkehr von risikobehafteter Industrieproduktion kaum durchzusetzen sein, da die negativen Folgen der Reduktion industrieller Fertigung vor allem für diese spürbar werden dürften. Schließlich wird auch der Verzicht auf ein tatsächlich oder vermeintlich "gutes" Leben mit den Annehmlichkeiten industrieller Produktion in den hochentwickelten Industriegesellschaften auf absehbare Zeit politisch kaum mehrheitsfähig sein.

Es kann also nicht um den Ausstieg aus der Risiko- oder der Industriegesellschaft gehen, sondern nur darum, technische Risiken hinlänglich abschätzbar zu machen, einzudämmen und zu begrenzen. Dies mag im Einzelfall auch dazu führen, von bestimmten Projekten oder technischen Entwicklungen Abstand zu nehmen, wenn das Risiko nicht mehr hinreichend abzuschätzen ist, wie dies etwa im Bereich der Kernenergie oder der Gentechnologie in breiter Öffentlichkeit diskutiert wird. Apokalyptische Visionen sind in diesem Zusammenhang aber ebensowenig hilfreich, wie Verharmlosungsstrategien[4].

Die Aufgabe des Rechts besteht in diesem Zusammenhang darin, sich nicht nur schützend vor den Risikoproduzenten als ein hoheitlichen Übergriffen ausgesetztes Rechtssubjekt zu stellen, sondern durch Ausbau und Anwendung entsprechender Instrumentarien ein System rechtlicher Regelungen herauszubilden, das dazu dient, industrielle Umweltnotfälle zu verhindern oder wenigstens ihre Auswirkungen auf den Menschen und seine Umwelt zu limitieren, wenn sie sich denn schon nicht in jedem Fall verhindern lassen. Das Recht hat sich, nicht zuletzt auch der objektiven Funktion der Grundrechte gerecht werdend, schützend vor den Risikobetroffenen zu stellen.

Dies ist in erster Linie Aufgabe innerstaatlicher Aktivitäten, wobei sich - soweit ersichtlich - kein Staat grundsätzlich dieser Pflicht entzieht[5].

---

[4] Letztere werden etwa aufgezeigt bei *H. Lübbe*, Risiko und Lebensbewältigung, S. 15 ff.

[5] *Bruha*, ZaöRV 44 (1984), S. 1 (2); vgl. auch *Steiger*, Welt und Umwelt, S. 344 f.

2. Die Notwendigkeit internationaler Zusammenarbeit

Maßnahmen zur Bewältigung technisch verursachter Umweltkatastrophen und -notfälle können allerdings nicht auf den innerstaatlichen Bereich beschränkt werden. Der naheliegendste, aber bei weitem nicht alleinige Grund hierfür ist die hinlänglich bekannte und bereits erwähnte Tatsache, daß Auswirkungen solcher Ereignisse häufig nicht an Staatsgrenzen haltmachen und Umweltmedien in Anspruch nehmen, die sich nicht wie das Land in abgrenzbare, beherrschbare Portionen oder Stücke aufteilen lassen[6]. Die Schwere von Umweltnotfällen kann im Einzelfall auch die Möglichkeiten eines einzelnen Staates überschreiten und daher internationale Hilfe notwendig machen[7], die nicht zuletzt schon aus dem Gebot der Solidarität zwischen den Staaten herzuleiten ist[8]. Schließlich können nationale Maßnahmen zur Bewältigung des Problems Handelshemmnisse und -schranken darstellen, die die Interessen der Staaten oder ihrer Bürger beeinträchtigen[9].

Darüber hinaus besteht auch eine relative Gleichartigkeit der Aufgaben der Staaten - zumindest der Industriestaaten, aber auch der Entwicklungsstaaten, die über entsprechende Industrien verfügen - die internationale Regelungen angezeigt erscheinen lassen. Selbst wo Staaten nicht über entsprechende Gefährdungspotentiale "verfügen", können sie leicht von ihnen betroffen sein.

Die Risikogesellschaft hat insgesamt zur Globalisierung[10] umweltpolitischer Problemlagen geführt.

So ist etwa bei der rechtlichen Einordnung der Gefahr grenzüberschreitender Umweltgefährdung durch Industrieunfälle, insbesondere bei sogenannten "ultra-hazardous activities"[11], der Aspekt der "grenznahen Ansiedlung"[12] zurückgetreten, wie durch die Weiträumigkeit der Folgen des Kernkraftwerks-

---

[6] Vgl. *Steiger*, Welt und Umwelt, S. 345.

[7] *Bruha*, ZaöRV 44 (1984), S. 3.

[8] Zum Prinzip der Solidarität in der Völkerrechtsordnung vgl. *Steiger*, Solidarität und Souveränität oder Vattel reconsidered, in: FS f. H. Ridder, 1988, S. 97 ff., insbes. S. 104.

[9] *Rauschning*, Europa Archiv Bd. 27 (1972), S. 567 f.

[10] Diesen Begriff verwendet *Bryde*, a.a.O.

[11] Zum Begriff vgl. *Randelzhofer/Simma*, Das Kernkraftwerk an der Grenze, S. 414 f.

[12] Dieser wird noch in den Vordergrund gestellt, etwa von: *Bothe*, International Siting. *Handl*, An International Legal Perspective on the Conduct of Abnormally Dangerous Activities in Frontier Areas; *Steiger*, Catastrophes naturelles ou technologiques dans les zones frontalières, der vor allem auf die Frage der Kooperation bei grenznahen Notfällen eingeht (S. 111 ff.); *Randelzhofer/Simma*, Das Kernkraftwerk an der Grenze, S. 389 ff.

unglückes in Tschernobyl belegt wird[13]. Tschernobyl, das rund 470 km sowohl von der polnischen als auch der rumänischen Grenze und rund 630 km von den Grenzen der Tschechoslowakei und Ungarn entfernt ist und selbst in der mehr als 1.300 km entfernten Bundesrepublik Auswirkungen hervorgerufen hat[14], hat den Nachweis erbracht, daß das Kriterium der "Grenznähe" bei der rechtlichen Beurteilung gefährlicher Industrieanlagen, insbesondere kerntechnischer Art, nur noch bedingt maßgeblich sein kann. Insbesondere Unfälle und Störfälle in Kernenergieanlagen sind, unabhängig davon, wo sie sich ereignen, ein - wie Zehetner[15] es ausdrückt - "matter of international concern" geworden.

Es bedarf also eines vehementen Plädoyers zugunsten verstärkter internationaler Zusammenarbeit im Bereich des Notfallschutzes[16]. Hier bestehen offensichtlich auch in jüngerer Zeit immer noch erhebliche Defizite. Nach dem Reaktorunglück in der Ukraine am 26.4.1986 wurde dieses erst am 28.4. gegen Abend von offizieller sowjetischer Seite zugegeben[17]. Westliche Hilfsangebote wurden noch am 1.5. als unnötig abgelehnt und Expertenhilfe dann endlich nach 6 Tagen in Anspruch genommen[18]. Einzelheiten des Unglücks wurden von Moskau erst eine Woche nach dem Ereignis benannt[19]. Diese mangelhafte Informationspolitik ist bei weitem kein Einzelfall und auch keinesfalls auf die spezifischen Verhältnisse in der Sowjetunion zurückzuführen. Auch bei der Giftgaskatastrophe am 10. Juli 1976 im italienischen Seveso wurde bei der ersten Unfallmeldung durch die Firmenleitung nur zugegeben, daß Herbizide ausgetreten seien. Das Produktionsverfahren und die verwendeten Chemikalien waren den lokalen Behörden nicht in vollem Umfange zur Kenntnis gebracht worden. Das Austreten der hochtoxischen Substanz Dioxin wurde erst durch vorläufige Labordaten am 19. Juli 1976 bekannt[20]. Noch

---

[13] Das internationale Umweltrecht hat sich damit vom klassischen völkerrechtlichen Nachbarrecht, dem es noch in den 70er Jahren weitgehend zugeordnet wurde (vgl. die richtungweisende Untersuchung von *E. Klein*, Umweltschutz im völkerrechtlichen Nachbarrecht, 1976), deutlich losgelöst.

[14] *Zehetner*, Grenzüberschreitende Hilfe bei Störfällen und Unfällen, S. 118.

[15] A.a.O., S. 118.

[16] Vgl. dazu auch *v. Molkte*, The Importance of Transfrontier Cooperation in Accident Control, Industry and Environment Vol. 6 (1983), No. 4, S. 14 ff.

[17] *FAZ* v. 29.4.1989, S. 1.

[18] *FAZ* v. 2.5. und 3.5.1986, jew. S. 1.

[19] *FAZ* v. 7.5.1986, S. 1.

[20] Vgl. dazu *Strigini*, The Italian Chemical Industry and the case of Seveso, Industry and Environment, Vol. 6 (1983), No. 4, S. 16. Zu den Offenbarungspflichten der Unternehmen nach dem Recht der Bundesrepublik vgl. auch *Hahn*, Offenbarungspflichten im Umweltschutz, 1984, S. 1 ff. Zum faktischen Hintergrund der Ereignisse in Seveso und Tschernobyl sowie der verzögerlichen Einleitung von Notfallmaßnahmen vgl. ferner *Nanda/Bailey*, Challenges for International Environmental Law, S. 2 ff.

drei Wochen nach der Katastrophe wurde diese durch einen Vertreter des Schweizer Mutterkonzerns der Betreiberfirma von Seveso mit der Bemerkung heruntergespielt, es handele sich um einen, wenn auch bedauerlichen, "Vorfall", gegen dessen Folgen man "auch versichert" sei[21]. Es ist zu hoffen, daß hier Fortschritte in der "Mentalität" gemacht worden sind und es wird im folgenden zu untersuchen sein, inwieweit sich auch die rechtliche Seite fortentwickelt hat bzw. noch fortentwickeln muß.

Bei dieser Weiterentwicklung des rechtlichen Instrumentariums kann das internationale Recht[22] eine wichtige Funktion in mindestens dreierlei Hinsicht erfüllen.

Zum einen kann es Regelungen schaffen, die das Netzwerk der zwischenstaatlichen Pflichten insbesondere im Bereich von Information und Konsultation verdichten[23]. Eine Pflicht zur Information des potentiell betroffenen Nachbarstaates in Notstandsfällen kann zwar inzwischen als Bestandteil des geltenden Völkergewohnheitsrechts angesehen werden[24], detaillierte Regelungen erscheinen aber in Anbetracht der geringen Schärfe dieser Norm des allgemeinen Völkerrechts durchaus angebracht. Die Existenz einer Konsultationsverpflichtung steht für das allgemeine Völkerrecht nach wie vor in Streit[25].

Zum zweiten kann das internationale Recht Regeln über die gegenseitigen Hilfen bei Katastrophen oder Unglücksfällen hervorbringen oder bereitstellen.

Dies kann schließlich - drittens - dazu führen, daß auch innerstaatliche Standards zur Verhütung und Bewältigung der Folgen von Umweltnotfällen vereinheitlicht werden und ihr Niveau insgesamt angehoben wird. Durch internationales Recht kann den Staaten unmittelbar eine Verpflichtung zur Umsetzung internationaler Regelungen auferlegt werden. Mittelbar ergibt sich aber auch ein "Umsetzungsdruck" - selbst wenn keine ausdrückliche Verpflichtung

---

21 Zit. nach Der Spiegel Nr. 35/1976, S. 120.

22 Hier soll von diesem Oberbegriff auch das Recht der Europäischen Gemeinschaften mit umfaßt sein.

23 Vgl. dazu insbesondere die sog. Frühwarn-Konvention (Übereinkommen über die frühzeitige Benachrichtigung bei nuklearen Unfällen, abgedruckt in BT-Drucks. 11/2391, S. 6 ff.; grundlegend zum Problem der Konsultation vgl. *Kirgis*, Prior Consultation in International Law. A Study of State Practice (1983).

24 Vgl. *Verdross/Simma*, § 1031; *Beyerlin*, FS f. Doehring (1989), S. 56; *Rogalla/Schultz*, NuR 1987, S. 197, jew. m.w.N. sowie unten S. 28 ff.

25 Ablehnend etwa *Beyerlin*, FS f. Doehring (1989), S. 57; *Rauschning*, FS f. Schlochauer (1981), S. 575; *Randelzhofer*, Transfrontier Pollution, in: EPIL, Instalment 9, S. 350; *Verdross/Simma*, § 1031; Von einer Konsultationspflicht gehen wohl aus: *Bothe*, International Siting, S. 87 f.; *Gündling*, Die Wiederaufarbeitungsanlage als Problem des Völkerrechts, S. 183, sowie *Dahm/Delbrück/Wolfrum*, Bd. I/1 S. 450.

besteht -, will man nicht der Unterschreitung internationaler Standards bezichtigt werden. Die sich so entwickelnden Regeln und Grundsätze werden sich auch auf Sachverhalte ohne jeglichen Auslandsbezug auswirken, da Rechtsetzung, die zwischen Sachverhalten mit oder ohne Auslandsbezug differenziert - zumindest in diesem Bereich - wohl kaum denkbar erscheint.

II. Begriffsbestimmung

Zur Erörterung rechtlicher Probleme im Feld des "technisch-industriellen Umweltnotfalles" bedarf es einer exakten Bestimmung, welche Art der vielfältig und in den verschiedensten Formen auftretenden, mehr oder weniger gravierenden oder bedrohlichen Umweltkatastrophen und -notfälle hierunter zu fassen sind. Trotz einer Reihe von Arbeiten, vor allem im Bereich des Nuklear- und Strahlenschutzrechts[26] ist eine genaue Bestimmung der zu untersuchenden Vorfälle in der Literatur nur vereinzelt vorgenommen worden[27]. Dies mag aber lediglich für den Bereich des Atomrechts hinnehmbar erscheinen, da hier insbesondere der "technisch-industrielle" Charakter eines Notfalles relativ deutlich zutage tritt[28].

Im nationalen Immissionsschutzrecht der Bundesrepublik enthält die sogenannte Störfallverordnung[29] eine Legaldefinition des "Störfalles", die vor allem an die Freisetzung bestimmter Stoffe anknüpft. Das sekundäre Recht der Europäischen Gemeinschaften kennt im Umweltbereich eine Reihe, allerdings bereichsspezifischer Definitionen von Begriffen wie Unfall, Störfall oder Notfall[30]. Schließlich enthält auch die Frühwarnkonvention der International Atomic Energy Agency (IAEA) vom 26. September 1986 eine Defini-

---

26 Vgl. etwa *Bischof*, Rechtsgrundlagen der int. Hilfeleistung; *Pelzer*, Legal Problems of International Danger Protection and of International Emergency Assistance in the Event of Radiation Accidents, in: UN/IAEA, Peaceful Uses of Atomic Energy, Vol. 3, New York/Vienna 1972, S. 451 ff.; *Zehetner*, Grenzüberschreitende Hilfe bei Unfällen und Störfällen, S. 118 ff., *Silagi*, Völkerrechtliche Verpflichtungen des Genehmigungsstaates bei Stör- und Unfällen, S. 150 ff.

27 Vgl. die Nachweise im folgenden.

28 Eine Bestimmung der Begriffe "Störfall" und "Unfall" für den Bereich des Atomenergierechts unternimmt etwa *Bischof*, in: Energiewirtschaftliche Tagesfragen, 1980, S. 592 ff.

29 Zwölfte Verordnung zur Durchführung des Bundes-Immissionsschutzgesetzes (Störfall-Verordnung) v. 27.6.1980, i.d.F. v. 24.7.1985 (BGBl. I S. 1586); vgl. § 2 der Störfallverordnung.

30 Vgl. etwa Art. 1 der Richtlinie über die Gefahren schwerer Unfälle bei bestimmten Industrietätigkeiten (Seveso-Richtlinie) (82/501/EWG) v. 24. Juni 1982, Abl. L 230/82, S. 1 ff. oder Art. 2 der Richtlinie über die Unterrichtung der Bevölkerung über die bei einer radiologischen Notstandssituation geltenden Verhaltensmaßregeln und zu ergreifenden Gesundheitsschutzmaßnahmen (89/618/Euratom) v. 27. Nov. 1989, Abl. L 357/89, S. 31 ff.

tion der in ihren Anwendungsbereich fallenden Unfälle[31]. Diese "Spezial"-Definitionen entbinden jedoch nicht davon, zur Abgrenzung des Gegenstandes der vorliegenden Untersuchung eine allgemeine Bestimmung des "technisch-industriellen Umweltnotfalles" zu finden.

Dieser Terminus, so wie er hier verwendet und zugrundegelegt werden soll, ist zuerst von *Bruha*[32] in das Fachschrifttum getragen und abgegrenzt worden. Dabei muß zunächst vom Begriff des Umweltnotfalles ausgegangen werden, der auf seine technisch-industrielle Qualität, mit anderen Worten im Hinblick auf die Ursachen eines solchen Notfalles, einzugrenzen ist.

Bereits der Begriff des Umweltnotfalles ist wegen der Unterschiedlichkeit der Ursachen, des Ausmaßes und der Folgen nur schwer einer Bestimmung zugänglich. Einem ähnlichen Problem hat sich schon 1981 die Joint Inspection Unit (JIU) der Vereinten Nationen im Rahmen einer Bewertung der Tätigkeit des United Nations Disaster Relief Coordinator (UNDRO) ausgesetzt gesehen[33]. Für den Katastrophenbegriff (disaster) hat sie im wesentlichen vier Typen unterschieden:

> "sudden natural" (such as floods, hurricanes, earthquakes, volcanic eruptions or fires);
>
> "creeping" or "longterm natural" (such as droughts and epidemics);
>
> "deliberate man made" (such as international or civil wars and disturbances);
>
> and "accidental"[34].

Die Abgrenzungsbemühungen der JIU können aber für den Gegenstand dieser Untersuchung nur bedingt fruchtbar gemacht werden, da sie auch Naturkatastrophen in verschiedenem Sinne (sudden natural; long term natural) umfassen, die hier weitgehend ausgeklammert werden sollen[35].

Als "Umweltnotfall" sind solche außergewöhnlichen Ereignisse zu bezeichnen, die sich in der Regel nicht konkret vorhersagen lassen und die den Menschen oder seine natürliche Umwelt erheblich schädigen oder gefährden, so daß sofortige Gegen- und evtl. Schutzmaßnahmen erforderlich sind. Diese Voraussetzungen liegen zumeist bei unfallartigen, plötzlichen Ereignissen

---

[31] Art. 1 des Übereinkommens über die frühzeitige Benachrichtigung bei nuklearen Unfällen v. 26. September 1986, abgedruckt in: BT Drucks. 11/2391 v. 30.5.1988, S. 4 ff.

[32] ZaöRV 44 (1984), S. 1 (3 ff.).

[33] UN Doc. A 36/73 v. 23.1.1981 (Report of the JIU: Evaluation of the United Nations Disaster Relief Coordinator).

[34] UN Doc. A 36/73 v. 23.1.1981, page 6, para 2.

[35] Vgl. zum Problem der Naturkatastrophen *Green*, International Disaster Relief, 1977.

vor, können jedoch auch bei allmählich erfolgenden, kumulativen Prozessen gegeben sein (creeping emergencies), die zu spät entdeckt worden sind und nur noch mit außergewöhnlichen Notfallmaßnahmen bekämpft werden können[36]. Von daher sind Phänomene, wie die zur Zeit vielbeschworene Klimakatastrophe im Rahmen des sogenannten Treibhauseffektes, der auf von Kohlendioxyd und verschiedenen Spurengasen hervorgerufene Luftverschmutzungen zurückgeführt wird, von der Betrachtung ausgeschlossen, zumindest solange sie nicht in unfallartigen Ereignissen im vorbeschriebenen Sinne kulminieren[37].

Das Begriffspaar "technisch-industriell" schließt im weiteren Geschehnisse von der Betrachtung aus, bei denen Naturkräfte die alleinige Ursache und schadensverursachender Faktor sind. Hierunter fallen etwa Erdrutsche, Dürren oder Überschwemmungen[38], mögen diese auch durch lang andauernde, umweltbeeinträchtigende Prozesse, wie Waldsterben oder Holzraubbau, ausgelöst sein. Der technisch-industrielle Umweltnotfall folgt aus der Realisation eines spezifisch technischen Risikos, das auf menschliches Versagen oder auf den Einfluß von Naturkräften, wie bei der Freisetzung von Giftstoffen nach Beschädigung von Chemieanlagen infolge eines Erdbebens, zurückzuführen ist[39]. Im zweiten Fall verwirklicht sich, trotz des auslösenden Faktors Natur, ebenfalls ein technisches Risikopotential, indem es eine zusätzliche Not- oder Unfallsituation hervorruft.

Es handelt sich jeweils um die vom Menschen bewußt eingegangene Unfallgefahr. Ein bewußtes Eingehen von Unfallgefahren liegt aber bei Naturkatastrophen nicht vor, selbst wenn dies auf langandauernde, kumulative Prozesse der Umweltzerstörung zurückzuführen sind. Damit sind die sogenannten creeping emergencies durch das Begriffspaar technisch-industriell ausgeschlossen.

Vom hier verwendeten Begriff des technisch-industriellen Umweltnotfalles sind im übrigen auch solche Ereignisse ausgeklammert, die auf kriegerische,

---

36 *Bruha*, ZaöRV 44 (1984), S. 1 (4); ihm folgend auch *Steiger*, Catastrophes naturelles ou technologiques dans les zones frontalières, S. 106.

37 Dem sog. Treibhauseffekt wird inzwischen auch von den Europäischen Gemeinschaften zunehmend Beachtung geschenkt; vgl. dazu die Ratsentschließung über den Treibhauseffekt v. 9. Juni 1989, abgedruckt im Bulletin der Europäischen Gemeinschaften, Nr. 6/1989, S. 116 f.

38 Die Europäische Gemeinschaft beschäftigt sich auch mit derartigen Erscheinungen. Vgl. etwa die Entschließungen des EP zur Dürre und anderen Naturkatastrophen vom 14.9.1989, abgedruckt in Abl. L 256/89, S. 117 ff.

39 Dieser Gesichtspunkt deckt sich auch mit der Definition eines "environmental emergency" durch den Europäischen Rat für Umweltrecht, vgl. die Deklaration "Principles Concerning International Cooperation in Environmental Emergencies linked to Technological Development, v. 17.12.1983, abgedruckt in: Environmental Policy and Law, Vol. 12 (1984), S. 79 para I; vgl. ferner auch *Bruha*, a.a.O., S. 4.

kriegsähnliche oder Bürgerkriegssituationen zurückzuführen sind und bei denen ein technisches Risikopotential bewußt als Mittel einer gewaltsamen Auseinandersetzung eingesetzt wird[40]. Dies sind keine Unfälle, da es ihnen am Merkmal der Unvorhergesehenheit fehlt. Sie lassen sich durch noch so ausgefeilte und detaillierte technische Sicherheitsvorschriften nicht verhindern und müssen grundsätzlich vom Kriegsrecht, nicht aber vom Umweltschutzrecht erfaßt werden[41]. Hingegen liegt ein technisch-industrieller Umweltnotfall aber dann vor, wenn er als unbeabsichtigte Folge derartiger Handlungen auftritt, da sich hier ein technisches Risikopotential ungewollt verwirklicht, ähnlich den Fällen, bei denen Naturkräfte den auslösenden Faktor für derartige Unglücke bilden.

Aus der oben erwähnten Typisierung der Joint Inspection Unit kommen für den hier gewählten Notfallbegriff, und damit für den Gegenstand der Untersuchung zunächst nur die "accidental" environmental emergencies in Betracht und darüber hinaus aber auch die Kategorie der "deliberate manmade" disasters, soweit sie ungewollt und plötzlich zu Unfallfolgen führen, die nur durch außergewöhnliche Notfallmaßnahmen bekämpft werden können. Andere Umweltkatastrophen, etwa Naturkatastrophen oder mehr oder weniger "schleichende" Umweltbeeinträchtigungen oder -zerstörungen und deren rechtliche Bewältigung müssen hier ausgeschlossen bleiben.

III. Handlungsdimensionen des Umweltnotfallschutzes

Es ist nunmehr noch festzulegen, welche zeitlichen Phasen im Rahmen des Schutzes vor technisch-industriellen Umweltnotfällen in der vorliegenden Arbeit behandelt werden sollen. Für den Naturkatastrophenschutz hat der UN-Generalsekretär in dem Bericht "Assistance in Cases of Natural Disasters"[42] zeitlich vier Phasen ausgemacht:

1) Prevention, control and prediction of disasters;

2) Predisaster planning and preparedness;

3) Action when a disaster strikes;

4) Rehabilitation and reconstruction.

---

40 Als ein solcher Vorfall ist z.B. das bewußte in Brand setzen kuwaitischer Ölfelder im Rahmen des Golfkrieges in Februar 1991 zu werten.

41 Vgl. dazu *Bruha*, a.a.O., S. 5, der aber einzelne Ereignisse, die besonderen völkerrechtlichen Umweltschutzabkommen unterfallen, noch mit zu den technisch-industriellen Umweltnotfällen zählt.

42 UN Doc. E/4994, v. 13. Mai 1971, para 19-81.

Dabei hat er etwa für den Bereich des Erdbebenschutzes der ersten Phase seismologische Studien und Untersuchungen zugeordnet[43], während in die zweite Phase vor allem die Erstellung von (grenzüberschreitenden) Notfallplänen fällt[44]. Für die Phasen 3 und 4 hat er hingegen keine präzise Unterscheidungsmöglichkeit gesehen, da sich Notfallhilfe immer auf ineinander übergehende "Erste Hilfe" (first aid which relates primarily to rescue and immediate relief) und daran anschließende Hilfe bei anstehenden Wiederaufbaumaßnahmen gliedert[45]. Fragen der Haftung bleiben dabei weitgehend unberührt, da solche bei Bewältigung der Folgen von Naturkatastrophen zumeist nicht auftreten[46].

Bruha unterscheidet in seiner Untersuchung[47] fünf zeitliche Phasen:

1) Studienphase: Vorbereitung konkreter Notfallschutzpolitiken durch Informationsaustausch, Konsultation und Zusammenarbeit im Bereich des wissenschaftlich-technischen know how;

2) Präventionsphase: Verhütung von Notfällen durch Normierung von Sicherheitsstandards betreffend die bauliche Konstruktion von Anlagen, die Prüfung der Umweltverträglichkeit, die Ausbildung des Personals, die Verkehrssicherheit usw.;

3) Vorsorgephase: Planung und Bereitschaft für den Notfall durch Bereitstellen von Personal und Mittel der Notfallbekämpfung und des Notfallschutzes, durch Aufstellung von Notfallplänen, den Abschluß internationaler Hilfsabkommen usw.;

4) Notfallphase: Meldungs-, Bekämpfungs-, und Schutzmaßnahmen während und unmittelbar nach Ausbruch eines Notfalles zum Schutz der Bevölkerung und der Umwelt;

5) Nach-Notfallphase: Schutz und Wiederherstellungsmaßnahmen im Anschluß an die Notfallphase, wie Wiederaufbau von Häusern, Rekultivierung und sonstige langfristige Maßnahmen zum Schutz der Bevölkerung und der Umwelt.

Fragen der Haftung und des Schadensersatzes bleiben bei dieser Einteilung aber ebenfalls unberührt. Dies ist auch einleuchtend, da sie nicht zum Schutz

---

[43] A.a.O., para 21 ff.

[44] Ebda., para 35 ff.

[45] Ebda., para 72; vgl. auch para 19.

[46] Schadensersatzansprüche kommen aber etwa dann in Betracht, wenn Hilfsmannschaften Schaden erleiden oder solchen durch unsachgemäße Maßnahmen anrichten, vgl. dazu etwa *Pelzer*, Legal Problems of International Danger Protection and of International Emergency Assistance in the Event of Radiation Accidents, S. 455.

[47] ZaöRV 44 (1984), S. 1 (5 f.).

vor Notfällen dienen, sondern deren Folgen und Regeln bewältigen[48]. Sie sollen aber gleichwohl im Rahmen dieser Untersuchung mitbehandelt werden, zumal sich hier neuere Entwicklungen abzuzeichnen scheinen. Andererseits sind auch die Grenzen der drei ersten Phasen fließend. Für den Gegenstand dieser Arbeit scheint daher eine Einteilung des Notallschutzes in drei Phasen notwendig, aber auch ausreichend:

1) Vorsorgephase: Alle Maßnahmen zur Verhütung von technisch-industriellen Umweltnotfällen vom ersten Informationsaustausch über Angleichung und Festlegung von (internationalen) Sicherheitsstandards für Konstruktion und Betrieb einer Anlage sowie die Ausbildung des Bedienungspersonals bis hin zur Erstellung von Notfallplänen und Regelungen über grenzüberschreitende Zusammenarbeit;

2) Notfallphase: Benachrichtigungs- und Schutzmaßnahmen während und in unmittelbarer Folge nach einem Notfall zum Schutz von Menschen und Umwelt;

3) Wiederherstellungs- und Schadensausgleichsphase: Hierunter fallen sowohl Maßnahmen der Wiederherstellung und Rekultivierung von menschlich geschaffener und natürlicher Umwelt, als auch Regelungen über die Haftung bei technisch-industriellen Umweltnotfällen, die auch der "Nachbehandlung" dienen[49].

Innerhalb der Vorsorgephase kann nochmals zwischen allgemeiner und spezifischer Notfallvorsorge unterschieden werden. Dies sind zum einen Maßnahmen zur Verhütung von Notfällen durch Festlegung von Sicherheitsstandards sowie Ausbildung des Personals und zum anderen die vorsorgliche Erstellung von Notfallplänen und grenzüberschreitenden Informationskanälen etc. Im ersten Fall handelt es sich um die Vorsorge zur Verhinderung von Notfällen, im zweiten Fall um die Vorsorge für die Fälle, in denen ein Notfall tatsächlich eintritt. Dies entspricht der Unterteilung von *Bruha* in die von ihm so bezeichnete Präventionsphase und die Vorsorgephase. Die Unterscheidung ist allerdings inhaltlicher, nicht aber zeitlicher Art, wobei sich sogar inhaltliche Überschneidungen ergeben können. Zeitlich erfolgen Maßnahmen zur Verhinderung von Notfällen und solche zur Vorbeugung gegenüber ihren Folgen zumeist zusammen. Dies gilt insbesondere für die Schulung des Bedienungspersonals einer Anlage oder ihre bauliche Gestaltung, die so erfolgen

---

48 Vgl. auch *Bruha*, a.a.O., S. 6.

49 Ähnlich zumindest für die Nach-Notfallphase auch *Zehetner*, UPR 1986, S. 201.

sollte, daß beiden Aspekten der Vorsorge in möglichst weitem Umfang Rechnung getragen wird. In zeitlicher Abfolge können sie deshalb nicht differenziert werden. Eine Unterteilung in drei zeitlich aufeinander folgende Phasen des Notfallschutzes erscheint im übrigen auch deshalb sinnvoll, weil sich für die jeweiligen Phasen im Bereich des hier vorwiegend zu behandelnden Europäischen Gemeinschaftsrechts jeweils unterschiedliche "kompetenzielle Lagen" ergeben können.

Kapitel II

Der technisch-industrielle Umweltnotfall im Völkerrecht

Setzt man sich mit Problemen des internationalen Notfallschutzes auseinander, die sich im Bereich der internationalen Hilfeleistung oder der gegenseitigen Information und Konsultation zahlreich ergeben können, so muß man sich zunächst - gewissermaßen als Ausgangspunkt aller Überlegungen - darüber klar werden, daß die Harmon-Doktrin[1], nach der die Verschmutzungsfreiheit der Staaten als die Regel angesehen wurde[2], als überwunden gelten kann[3]. Spätestens seit der "Trail-Smelter"-Entscheidung[4] hat sich im Völkerrecht das Verbot der erheblichen Schädigung eines (Nachbar-) Gebietes herausgebildet und kann inzwischen als Gewohnheitsrechtssatz keinerlei Zweifeln mehr unterliegen[5]. Wenn diese Regel auch eine "eher unpräzise Kurzformel dafür ist, was das Völkergewohnheitsrecht den (Nachbar-) Staaten an Verhaltensregeln für die Bewältigung grenzüberschreitender Umweltnutzungskonflikte vorschreibt"[6], so stellt sie dennoch die Grundlage dar, deren "Folgeregelungen" hier zu behandeln sind. Mit anderen Worten, die im folgenden darzulegenden und zu besprechenden Völkerrechtsregeln greifen bei einem Umweltnotfall mit grenzüberschreitenden Auswirkungen in ihrer Mehrzahl - abgesehen von Vorbeugeregelungen - erst ein, wenn "das Kind schon im Brunnen liegt" also

---

[1] Vgl. *Krakau*, Harmon-Doktrin (1966).

[2] Vgl. *Beyerlin*, FS f. Doehring 1989, S. 37 (40).

[3] Vgl. *Bryde*, Gedächtnisschrift f. Martens, S. 769 (779)

[4] Vgl. Reports of International Arbitral Awards, Vol. 3 (1949) S. 1903 ff.; vgl. dazu auch *Madders*, EPIL, Instalment 2 (1981), S. 276 ff.

[5] Aus dem umfangreichen Schrifttum vgl. etwa (exemplarisch und ohne Anspruch auf Vollständigkeit) *Beyerlin*, FS f. Doehring (1989), S. 37 (43 ff.); *Randelzhofer/Simma*, in FS f. Berber (1973), S. 408; *Handl*, AJIL 69 (1975), S. 50 ff.; *Fröhler/Zehetner*, Rechtsschutzprobleme bei grenzüberschreitenden Umweltbeeinträchtigungen Bd. 1 (1979), S. 74; *Rauschning*, FS f. Schlochauer (1981), S. 562 ff.; *Wolfrum*, DVBl 1984, S. 494 ff.; *Randelzhofer*, Transfrontier Pollution, EPIL, Instalment 9 (1986), S. 379 f; *Gündling*, Die Wiederaufarbeitungsanlage als Problem des Völkerrechts, S. 170 ff.; *Rogalla/Schultz*, NuR 1987, S. 194 ff.; *Verdross/Simma*, § 1029; *Dahm/Delbrück/Wolfrum*, § 70 I; *Klein*, Umweltschutz im völkerrechtlichen Nachbarrecht, S. 122 f.

[6] So *Beyerlin*, a.a.O., S. 41.

eine erhebliche Schädigung bereits erfolgt ist oder unmittelbar bevorsteht. Auf die in diesem Fall für die Staaten oder internationalen Organisationen bestehenden Rechte oder Pflichten ist in diesem Teil nunmehr näher einzugehen.

I. Der Notfallschutz im allgemeinen Völkerrecht

Während das "klassische" Völkerrecht vor allem durch seine individualistische Ausrichtung geprägt war und in erster Linie aus Verbotsnormen bestand, durch welche die Kompetenzen der Völkerrechtssubjekte gegeneinander abgegrenzt wurden, um unnötige Konflikte und Kollisionen zu vermeiden und die internationalen Beziehungen in einigermaßen geregelte Bahnen zu lenken[7], haben sich spätestens während der Ära der UNO-Charta Pflichten zur internationalen Zusammenarbeit entwickelt[8]. Vor allem die Staaten der sogenannten Dritten Welt stellen dem traditionellen, vor allem statisch-passiv ausgerichteten Völkerrechtskonzept eine dynamisch-aktive Variante entgegen[9]. Unterstützt vom sozialistischen Lager postulieren die Staaten der Dritten Welt eine generelle Pflicht zur Zusammenarbeit bereits nach universellem Völkerrecht ohne spezielle vertragliche Grundlage[10]. Der Hauptaugenmerk wird von diesen Staaten allerdings auf die Zusammenarbeit zur Ausgestaltung einer neuen Weltwirtschaftsordnung, in der das Wohlstandsgefälle zwischen Nord und Süd abgebaut werden kann, gerichtet. Diese "Pflicht zur Zusammenarbeit" hat ihren Ausdruck auch in der "United Nations Declaration on Principles of International Law concerning Friendly Relations and Cooperation among States in Accordance with the Charter of the United Nations"[11], die von der Generalversammlung am 24. Oktober 1970 ohne Abstimmung einmütig angenommen wurde[12], gefunden[13]. Wenn auch das Gebot zur Zusammenarbeit im wirtschaftlichen, sozialen, kulturellen, wissenschaftlichen und technischen Bereich und der Förderung des wirtschaftlichen Wachstums nur als Aufforde-

---

[7] Vgl. *Neuhold*, FS f. Verdross (1980), S. 575 ff.

[8] Außer den Beistandspflichten gegenüber der UNO in Art. 2 Ziff. 5 der Charta verpflichten etwa Art. 55 und 56 die Staaten zur Zusammenarbeit im Hinblick auf bestimmte Ziele; vgl. dazu auch *Verdross/Simma*, § 505.

[9] Vgl. *Neuhold* ,a.a.O., S. 578.

[10] Vgl. *Verdross/Simma*, § 506.

[11] Resolution 2625 (XXV), abgedruckt in: *Krakau/v. Wedel/Göhmann*, Resolutionen der Generalversammlung der UNO, S. 21 ff.; vgl. dazu auch *Frowein*, Europa-Archiv 1973/1, S. 70 ff.; *Rosenstock*, AJIL 65 (1971), S. 713 ff. sowie *Neuhold*, FS f. Verdross, S. 579 ff.

[12] *Frowein*, Europa-Archiv 1973/1, S. 70.

[13] Vgl. den Annex zur Deklaration "The duty of States to co-operate with one another in accordance with the Charter", abgedruckt bei *Krakau/v. Wedel/Göhmann*, ibidem S. 25 f.

rung formuliert ist (States should cooperate ...)[14], wird man insbesondere im Hinblick auf die widerspruchsfreie Annahme der Deklaration, eine Pflicht zur Zusammenarbeit - wie auch immer diese im einzelnen auszulegen sein mag - nicht leugnen können[15].

Dabei sollte man sich auch vor Augen halten, daß Pflichten zur Zusammenarbeit schon in der naturrechtlich geprägten Völkerrechtslehre des 18. Jahrhunderts, und zwar in sehr konkreter Form, angenommen werden. Emer de Vattel gibt als "principe général d'assistance mutuelle", zum Beispiel die Pflicht zur Lebensmittellieferung bei Hungersnot oder die Unterstützung bei Naturkatastrophen an und leitet dies aus dem Gesetz der Solidarität her[16]. Mit dem Befund, daß nach allgemeinem Völkerrecht eine Pflicht zur Zusammenarbeit der Staaten, auch oder insbesondere bei Umweltnotfällen besteht, ist indessen noch nicht viel gewonnen. Es muß daher der Versuch der Konkretisierung dieser Pflichten unternommen werden.

1. Der Beistand in Notfällen als ursprünglich humanitäre Aufgabe

Fragen der solidarischen Zusammenarbeit zwischen den Staaten, insbesondere nach ihrer Bereitschaft, bei schweren Unfällen und Katastrophen Hilfe zu leisten, um somit deren Gefahren zu mildern, werden in ihrer Mehrzahl von humanitären Erwägungen bestimmt. Schon während der Völkerbundszeit wird im Rahmen internationaler Kodifikationskonferenzen eine Verbesserung des Schutzes der Bevölkerung durch Errichtung spezieller Notfallschutzorganisationen angestrebt[17]. Sucht man allerdings nach einer Konkretisierung der oben skizzierten Pflicht zur Zusammenarbeit, so muß der Befund negativ ausfallen. Allenfalls im Seerecht hat das Rechtsinstitut der "Salvage", das eine Pflicht zur Hilfeleistung für in Not geratene oder funktionsunfähig gewordene internationale Verkehrsmittel und vor allem zur Rettung von Menschen, die bei solchen Gelegenheiten in Gefahr geraten sind, nähere Ausgestaltung durch die Staatenpraxis erhalten, die aber auch durch eine internationale Modifika-

---

[14] Vgl. zu dieser Formulierung *Frowein*, Europa-Archiv 1973/1, S. 70 (74) sowie ausführlich auch unter Verweis auf die Parallelproblematik im Bereich der KSZE, *Neuhold*, a.a.O., S. 579 ff.

[15] So auch *Dahm/Delbrück/Wolfrum*, S. 448 f.; ähnlich *Umbricht*, VN 1987, S. 19 (20).

[16] *Emer de Vattel*, Le Droit de Gens ou Principes de la loi naturelle appliqués à la conduite et aux affaires des Nations et des Souverains (1758), 2. Buch, Kapitel I, § 2 et passim; vgl. dazu ausführlich, *Steiger*, FS f. Ridder, S. 97 ff.; sowie *Bruha*, ZaöRV 44 (1984), S. 6 und die dort angegebenen Autoren der Naturrechtslehren des neuzeitlichen Völkerrechts.

[17] Vgl. dazu *Bischof*, Rechtsfragen der internationalen Hilfeleistung, S. 231 ff.; *Bruha*, ZaöRV 44 (1984), S. 6 f.; als Beispiele sind hier etwa die 1919 gegründete Liga der Rotkreuzgesellschaften oder der 1927 geschaffene Welthilfsverband zu erwähnen.

tion eingeholt worden ist[18]. Es ist allerdings letztlich müßig, die mangelnde Präzisierung der Zusammenarbeitspflicht im Völkergewohnheitsrecht zu beklagen, da diese durch eine Vielzahl von Kodifikation und internationalem Abkommen ausgestaltet ist, auf die an späterer Stelle noch ausführlicher eingegangen werden soll.

2. Pflichten zur Information und Konsultation im allgemeinen Völkerrecht

Als Inhalt der Verpflichtung zur Zusammenarbeit zwischen den Staaten kommt vor allem ein Gebot zu gegenseitiger Information und Konsultation in Betracht.

a) Information

Die allgemeine Pflicht zur Information eines betroffenen Nachbarstaates über neue und zusätzliche Umweltbelastungen und zur rechtzeitigen Warnung in Notstandsfällen kann als völkerrechtlich gesichert angesehen werden[19]. Die Staatenpraxis belegt, daß Informationen in der Regel nicht verweigert werden[20]. Die Information soll sämtliche Daten enthalten, die für den Empfänger relevant sind. Eine Pflicht zur Offenlegung industrieller, wirtschaftlicher oder sicherheitspolitischer Geheimnisse besteht dabei nicht[21].

b) Konsultation

Weitaus schwieriger sind Existenz und Umfang einer Konsultationspflicht nach allgemeinem Völkerrecht zu beurteilen. Im internationalen Umweltnot-

---

[18] Vgl. dazu *Krüger*, Stichwort: Salvage in: Strupp/Schlochauer, WVR Bd. III, S. 156 f.

[19] Vgl. etwa *Verdross/Simma*, § 1031; *Rauschning*, FS f. Schlochauer (1981), S. 557 (571 ff.); *Rogalla/Schultz*, NuR 1987, S. 194 (198); *Beyerlin*, FS f. Doehring (1989), S. 37 (56); *Gündling*, die Wiederaufarbeitungsanlage, S. 183. Vgl. ferner *Springer*, The international Law of Pollution, S. 146 ff., sowie speziell für den Bereich internationaler Gewässer, *Bourne*, CanYBL 1972, S. 212 (213 ff.); anders aber noch *Klein*, Umweltschutz im völkerrechtlichen Nachbarrecht, S. 302. Zu den Informationspflichten im Seerecht vgl. *Schwarzkopf*, Staatliche Informationspflichten im Seerecht, insb. S. 64 ff.

[20] Vgl. dazu *Rauschning*, Report of the Committee on "Legal Aspects of the Conservation of the Environment", ILA, Report of the 59th Conference, Belgrade 1980, S. 531 ff.; siehe auch die Beispiele bei *Dicke*, Grenzüberschreitende Umweltverschmutzung als völkerrechtliches Problem, S. 115 ff.

[21] So wohl auch *Dahm/Delbrück/Wolfrum*, S. 449.

fallschutz kommen Konsultationen in erster Linie im Vorsorgebereich in Frage. Darüber hinaus können sie bei der Koordination von Schutzmaßnahmen in der eigentlichen Notfallphase sowie bei Wiederherstellungsmaßnahmen in der Nach-Notfallphase in Betracht gezogen werden. Bei Fragen der Haftung und des Schadensausgleichs dürften sie keine Bedeutung erlangen. Als selbstverständlich kann dabei angesehen werden, daß Konsultationspflichten letzten Endes nicht zur Verzögerung von Notfallmaßnahmen führen und damit ein Schadensrisiko erhöhen dürfen.

Die Etablierung einer generellen Konsultationspflicht im Bereich des Umweltschutzes ist vor allem von der OECD vorangetrieben worden[22]. Als nachgewiesen kann sie für vereinzelte Bereiche, wie etwa zwischen Anrainern bestimmter internationaler Gewässer, gelten[23]; als generell im allgemeinen Völkerrecht verankert kann sie hingegen wohl noch nicht angesehen werden[24]. Sie kann deshalb auch nicht für das Feld des internationalen Umweltnotfallschutzes, weder im Hinblick auf Naturkatastrophen noch für technisch-industrielle Umweltnotfälle, angenommen werden.

3. Zusammenfassung

Es bleibt daher festzuhalten, daß das allgemeine Völkerrecht zwar eine Pflicht zur Zusammenarbeit der Staaten kennt, daß diese sich aber wohl kaum hinreichend präzisieren läßt, um hieraus konkrete Pflichten zur Leistung von Notfallhilfe und Beistand abzuleiten[25]. Lediglich das Bestehen von Hinweis-

---

22 Vgl. dazu etwa schon die OECD Empfehlungen (des Rates) C (74) 224, v. 14. Nov. 1974, abgedruckt in: ILM 14 (1975), S. 242; C (76) 55 (final, v. 11. Mai 1976, abgedruckt in: ILM 15 (1976), S. 1218; C (77) 28, v. 17. May 1977, abgedruckt in: ILM 16 (1977), S. 977; C (78) 77 (final) v. 21. Sept. 1978, abgedruckt in: OECD and the Environment 1986, S. 154. Ausdrücklich formuliert ist eine Konsultationspflicht in der Empfehlung C (77) 28, a.a.O., S. 982 sowie in dem Beschluß C (88) 84 (final), para 1. Siehe auch von den einschlägigen Veröffentlichungen der OECD Problems in Transfrontier Pollution (1974) oder OECD and the Environment 1986.

23 Vgl. *Bourne*, CanYBL 1972, S. 212 ff.

24 *Verdross/Simma*, § 1031; *Rogalla/Schultz*, NuR 1987, S. 193 (197); *Rauschning*, in FS f. Schlochauer (1981), S. 562 (575); *Fröhler/Zehetner*, Rechtsprobleme bei grenzüberschreitenden Umweltbeeinträchtigungen, S. 99. Hingegen gehen *Bothe*, International Siting, S. 87 ff.; Gündling, Die Wiederaufarbeitungsanlage als Problem des Völkerrechts, S. 183 und *Dahm/Delbrück/Wolfrum*, S. 450 von einer allgemeinen Konsultationspflicht - allerdings ohne einen überzeugenden Nachweis - aus.

25 Vgl. *Steiger*, Catastrophes naturelles ou technologiques dans les zones frontalières, S. 101 ff.; *Zehetner*, UPR 1986, S. 201 (203 f.); zu der Frage, ob eine Pflicht zur Anforderung und Entgegennahme von Hilfeleistungen besteht, siehe ebda.; speziell zum Bereich nuklearer Notfälle *Pelzer*, Legal Problems of International Danger Protection and of International Emergency Assistance in the Event of radiation Accidents, S. 459 f.

und Warnpflichten bei Notfällen kann als gesichert angesehen werden, während von einer allgemeinen Konsultationspflicht - jedenfalls zum gegenwärtigen Zeitpunkt - noch nicht ausgegangen werden kann.

II. Aktivitäten internationaler Organisationen

Mannigfaltige Aufgaben im Bereich der internationalen Hilfeleistung bei konkreten Katastrophen oder Notfällen sowie auch Maßnahmen zu deren Vorbeugung werden durch internationale staatliche oder nichtstaatliche Organisationen[26] wahrgenommen. Ihnen fallen vor allem Aufgaben bei der Koordinierung von Hilfeleistungen sowie bei der Durchführung von Überwachungs und Kontrollmaßnahmen anhand internationaler Abkommen zu, weshalb sie Exekutivaufgaben im Rahmen internationalen Krisenmanagements übernehmen.

Die wichtigsten dieser Organisationen sollen daher im folgenden erwähnt werden[27].

1. Das Rote Kreuz

Die älteste und zugleich eine der bekanntesten internationalen Notfallschutz-Organisationen ist die 1919 als privatrechtlicher Verein gegründete internationale Liga der Rotkreuzgesellschaften. Sie ist organisatorisch vom Internationalen Komitee des Roten Kreuzes (IKRK) zu unterscheiden und setzt sich aus den einzelnen nationalen Rotkreuzgesellschaften zusammen[28]. Die Liga ist, anders als das IKRK, vor allem in Friedenszeiten und außerhalb des Anwendungsbereiches der Genfer Konvention für humanitäre Hilfe (wie Bereitstellung von Nahrungs- und Arzneimitteln, Rettungsgeräten, Unterkünften usw.) zuständig[29]. Bei Katastrophen oder Notfällen nimmt sie Kontakt mit den zu-

---

26 Bei internationalen nichtstaatlichen Organisationen (NGO's) handelt es sich um autonom organisierte Vereinigungen privaten Charakters (vgl. Zemanek, das Vertragsrecht der internationalen Organisationen, S. 123), die im Gegensatz zu den internationalen zwischenstaatlichen Organisationen (IGO's) eines völkerrechtlichen Entstehungsaktes entbehren. In der Rechtswirklichkeit zeigen sich allerdings allerlei Mischformen (vgl. *Seidl-Hohenveldern*, Das Recht der internationalen Organisationen, S. 2 ff.), wie etwa das Beispiel der IUCN zeigt, die durch VR-Vertrag als NGO geschaffen wurden, vgl. hierzu auch *Steiger*, Environmental Policy and Law 1989, S. 204; *Verdross/Simma*, § 682, Fußn. 33, die auch ausführlich zu den Begrifflichkeiten Stellung nehmen sowie a. a. O., § 416 und die dort angeführte Literatur.

27 Ausführlichere Darstellungen lassen sich auch bei *Bruha*, ZaöRV 44 (1984), S. 6 ff. sowie *Bischof*, Rechtsgrundlagen der internationalen Hilfeleistung, S. 233 ff. finden.

28 Vgl. zu den versch. Organisationen des Roten Kreuzes, ihren Aufgaben und ihrer Rechtsstellung vor allem *Berber*, Völkerrecht Bd. I, S. 167 ff.

29 *Bischof*, Rechtsgrundlagen der internationalen Hilfeleistung, S. 245.

ständigen nationalen Mitgliedsgesellschaften sowie anderen nationalen Organisationen auf. Art und Weise der Notfallhilfeleistung sind inzwischen durch eine Vielzahl von Resolutionen internationaler Rotkreuzkonferenzen näher beschrieben und präzisiert worden[30].

2. Welthilfsverband

Durch ein völkerrechtliches Abkommen im Rahmen des Völkerbundes wurde im Jahre 1927 die International Relief Union / Union international de secours gegründet, die in der amtlichen Übersetzung als Welthilfsverband bezeichnet wird[31]. Das Aufgabengebiet des Welthilfsverbandes lag nach Art. 2 Abs. 1 des Gründungsvertrages in der Hilfeleistung bei Naturkatastrophen, deren "außergewöhnliche Schwere die Kräfte oder die Mittel des betroffenen Volkes überschreitet"[32]. Technisch-industrielle Umweltnotfälle waren daher nicht ausgeschlossen, wenn auch sicherlich der Schwerpunkt in anderen Bereichen liegen sollte.

Der Welthilfsverband ist im Ergebnis weitgehend wirkungslos geblieben, da er vor allem infolge der katastrophalen Entwicklung der Weltwirtschaft nicht die erforderlichen Finanzmittel aufbringen konnte[33].

3. Das System der Vereinten Nationen

Im UN-System existieren eine Reihe von Einrichtungen, die sich im Rahmen ihres Aufgabengebietes auch internationaler Notfallhilfe annehmen[34]. Speziell nur mit Fragen der Katastrophenhilfe beschäftigt sich allerdings das durch ei-

---

30 Vgl. dazu im einzelnen die umfassende Darstellung von *Perruchoud*, Les Resolutions des Conférences internationales de la Croix-Rouge, für den Naturkatastrophenschutz siehe insbesondere S. 219 ff.

31 Der Vertrag zur Gründung des Welthilfsverbandes ist abgedruckt in: RGBl 1929 II, S. 531, ebenso auch in: Verträge der Bundesrepublik Deutschland, Bd. 30, S. 335 ff. (Nr. A 406); für das Deutsche Reich ist er am 27.12.1932 in Kraft getreten; vgl. die Bekanntmachung v. 22.11.1932, RGBl 1932 II, S. 237.

32 Vgl. Art. 2 Abs. 1 der amtlichen Übersetzung.

33 Vgl. dazu *Macalister-Smith*, The International Relief Union of 1932, S. 150 ff.; *Bruha*, ZaöRV 44 (1984), S. 8.

34 Hierbei handelt es sich etwa um den United Nations Children's Fund (UNICEF), den United Nations High Commissioner for Refugees (UNHCR), das World Food Programme (WFP), die World Health Organisation (WHO) und einige andere mehr, vgl. die ausführlichen Hinweise bei *Stephens*, The United Nations Disaster Relief Office: The Politics and Administration of International Relief Assistance, S. 33 ff.

ne Resolution der Generalversammlung vom 14.12.1971[35] eingerichtete Amt des United Nations Disaster Relief Coordinator (Koordinator der Vereinten Nationen für Katastrophenhilfe/UNDRO). Die UNDRO, die ihren Sitz in Genf hat, stellt keine besondere Organisation im Rahmen des UN-Systems dar, sondern ist dem Generalsekretariat zugeordnet[36]. Zu ihrem Hauptaufgabengebiet gehört der Schutz vor Naturkatastrophen, sie ist jedoch nicht hierauf bschränkt[37]. Allerdings ist die UNDRO in technisch-industrielle Umweltnotfälle oder "accidental" disasters bislang nicht nennenswert involviert gewesen[38].

Bemerkenswert ist schließlich noch, daß die UNDRO nicht lediglich eine "reine" Hilfsorganisation in dem Sinne ist, daß sie bei bereits eingetretenen Notfällen Unterstützungen leistet und Koordinationsaufgaben übernimmt. Nach ihrer Gründungsresolution hat sie vielmehr auch die Aufgabe, umfassend im Vorsorgebereich tätig zu werden (to promote the study, prevention, control and prediction of natural disasters, including the collection and dissemination and of information concerning technological developments)[39]. Maßnahmen der Vereinten Nationen im Feld der Vorbeugung von Umweltnotfällen sind aber nicht auf die UNDRO beschränkt, sondern folgen im übrigen mittelbar aus Aktivitäten die sich mit anderen Fragen, etwa dem Verkehr mit gefährlichen Produkten und Abfällen beschäftigen[40].

---

[35] UN/A/Res. 2816 (XXVI) v. 14.12.1971, abgedruckt in: ILM 1972, S. 432.

[36] Vgl. A/ Res. 2816, para 1.

[37] Dies wird bei Durchsicht der Gründungsresolution deutlich. In den Begründungserwägungen ist zwar z.T. nur von "natural disasters" die Rede (para 2 und 5), an anderer Stelle werden jedoch "other disaster situations" miterfaßt (para 11 der Begründungserwägungen sowie para 1 (f). Im Ergebnis ebenso: der Bericht des Generalsekretärs (para 13) in UN Doc A 36/73 Add. 1, zustimmend auch *Bruha*, ZaöRV 44 (1984), S. 7 sowie *Bischof*, Rechtsgrundlagen der internationalen Hilfeleistung, S. 236; die engere, nur auf Naturkatastrophen hin lautende Auslegung der JIU (UN Doc. A 36/73, para 143) kann durch entsprechende Memoranda of Understanding zwischen UNDRO mit dem Flüchtlingskommissar (UNHCR), nach dem auch Unglücksfälle aus der Schiffahrt oder dem Luftverkehr in den Tätigkeitsbereich der UNDRO fallen, als widerlegt angesehen werden; vgl. UN Doc 35/228 v. 16.5.1980, S. 8.

[38] Vgl. den Bericht der JIU, UN Doc. A 36/73, para 25.

[39] Vgl. para 1 (f.) der Gründungsresolution, A/Res. 2816 (XXVI), in: ILM 1972, S. 434.

[40] Vgl. dazu etwa die Generalversammlungsresolution A 42/183 über den Verkehr mit toxischen und gefährlichen Produkten und Abfällen vom 11. Dez. 1987, abgedruckt in: Vereinte Nationen 1988, S. 134 f. sowie das "Baseler Übereinkommen über die Kontrolle der grenzüberschreitenden Verbringung gefährlicher Abfälle und ihrer Entsorgung", das am 23. Oktober 1989 von Bundesumweltminister Töpfer gezeichnet wurde. Zu letzterem siehe Umwelt, Informationen des Bundesministers für Umwelt, Naturschutz und Reaktorsicherheit, Heft 11/ 1989, S. 516; zum entsprechenden Beschluß der EG vgl. Abl. L 92/90, S. 52 (Beschl. v. 2. 4. 1990).

Auch die UN-Wirtschaftskommission für Europa[41] entwickelt im Rahmen ihrer verschiedenen Gremien vermehrt Aktivitäten im Feld des internationalen Umweltnotfallschutzes. Durch den Senior Advisers Board wurde im November 1989 der Entwurf für einen "Code of Conduct on Accidental Pollution of Transboundary Inland Waters" verabschiedet und der Wirtschaftskommission zur Annahme vorgeschlagen[42]. Der Entwurf würdigt die Gefahr, die von einer unfallartigen Verschmutzung internationaler Binnengewässer ausgeht und sieht Maßnahmen zur Verbesserung von Vorsorge- und Notfallmaßnahmen auf nationaler und internationaler Ebene vor[43]. Der Entwurf wurde von der Wirtschaftskommission auf ihrer 54. Sitzung angenommen[44].

Auf der gleichen Sitzung des Senior Advisers Board wurden von der sowjetischen Delegation Vorschläge zur Einrichtung eines "Center for Emergency Environmental Assistance Regarding Industrial Accidents" unterbreitet[45]. Die für diese Organisation vorgesehenen Aufgaben decken sich allerdings großenteils mit solchen anderer internationaler Foren und sind auch inhaltlich bereits Gegenstand der Generalversammlungsresolution A 44/224[46].

4. International Atomic Energy Agency (IAEA)

Die International Atomic Energy Agency (IAEA) ist eine autonome zwischenstaatliche Organisation[47], die sich entsprechend ihrer Satzung[48] unter anderem mit der Aufstellung von Sicherheitsnormen für den Betrieb von Kernenergieanlagen und dem Umgang mit Kernbrennstoffen beschäftigt. Nach Art. 2 der Satzung ist es Ziel der Organisation, "in der ganzen Welt den Bei-

41 Economic Commission for Europe (ECE). Die ECE ist eine regionale Wirtschaftskommission im Rahmen des Wirtschafts- und Sozialrates der Vereinten Nationen (ECOSOC); zur Rechtsstellung vgl. *Verdross/Simma*, §§ 163 ff.

42 Vgl. UN-Economic and Social Council, Dokument ECE/ENVWA/14 v. 12. März 1990, S. 3 ff.; vgl. auch S. 19 f.

43 Vgl. dazu Dokument ENVWA/WP.3/R.1/Rev. 1 des Economic and Social Council.

44 Decision C (45) /1990, abgedr. in: Dokument ECE/ENVWA/16.

45 Dokument ECE/ENVWA/14, S. 3 (para 19).

46 General Assembly Resolution 44/224 "On International Co-operation in the Monitoring, Assessment, and Anticipation of Environmental Emergencies". Die Resolution enthält allerdings nur die allgemeine Aufforderung an den Generalsekretär sowie versch. Organe des UNEP Interventionskriterien festzulegen.

47 Vgl. zur Stellung der IAEA, *Seidl-Hohenveldern*, Recht der internationalen Organisationen, Rn. 0814, sowie ausführlich *Seyersted*, Die Internationalen Atomenergie-Organisation und ihre rechtlichen Aufgaben und Funktionen (1966), S. 1 ff.

48 Vgl. Art. III 1, Ziff. 5, 6 der Satzung der IAEA. Die Satzung ist abgedruckt in BGBl 1957 II, S. 1358 ff., siehe auch BGBl 1958 II, S. 2 ff.

trag der Atomenergie zum Frieden, zur Gesundheit und zum Wohlstand zu beschleunigen". Hieran wird auch nach Ereignissen wie Harrisburg oder Tschernobyl festgehalten[49].

Neben der Organisation von Strahlenschutz- und Sicherheitsmaßnahmen gehören zu den Hauptaufgaben der IAEA die Förderung der technischen Zusammenarbeit auf dem Gebiet der Kernenergie (Art. 3 A Ziff. 1-4 der Satzung) sowie Sicherheitskontrollaktivitäten im Rahmen des Atomwaffensperrvertrages[50] und ähnlicher völkerrechtlicher Abkommen[51].

Für den Strahlenschutz arbeitet die IAEA Grundnormen aus, die sich in Empfehlungen, Richtlinien und Modellabkommen niederschlagen. Ein Tätigkeitsschwerpunkt liegt dabei im Bereich der sicheren Beförderung radioaktiver Stoffe. Die Organisation ist nicht ermächtigt, gegenüber ihren Mitgliedstaaten Normen verbindlich festzusetzen[52].

Ihrer Aufgabe, die Mitgliedstaaten bei der Verhinderung nuklearer Unfälle und der Bekämpfung möglicher Folgen zu unterstützen, ist die IAEA durch Veröffentlichung von Empfehlungen und Handbüchern für den Strahlenschutz nachgekommen[53].

Darüber hinaus hat die Organisation ein System erstellt, um Mitgliedstaaten bei Strahlenunfällen auf deren Anforderung Soforthilfe zur Verfügung zu stellen[54]. Zur Koordinierung der internationalen Hilfsmaßnahmen bei nuklearen Unfällen bestehen Kontakte zwischen der IAEA und der UNDRO[55].

Auf die Ereignisse von Tschernobyl hat die Atomenergie-Organisation relativ kurzfristig mit der Ausarbeitung der Konvention über die frühzeitige In-

---

[49] Vgl. dazu auch *Beinhauer*, VN 1988, S. 41 ff.

[50] Vertrag über die Nichtverbreitung von Kernwaffen vom 1.7.1968 (NPT), BGBl 1974 II, S. 326.

[51] Beispielhaft sei hier etwa der Vertrag von Tlatelolco v. 14.2.1967 erwähnt, im Text abgedruckt in: Fahl, Internationales Recht der Rüstungsbeschränkung, Band 1, Abschnitt 4.2.1., weitere Nachweise siehe bei *Verdross/Simma*, § 486; zu den "safeguarding"-Aktivitäten der IAEA, vgl. etwa auch den Annual Report for 1987 der Organisation, S. 65 ff.; siehe ferner *Brown*, Michigan Yearbook of International Legal Studies, 1988, S. 369 (373 f.).

[52] Vgl. Handbuch für Internationale Zusammenarbeit, Bd. 19, Teil III A 71 00.

[53] Vgl. etwa die Übersicht bei *Bischof*, Rechtsgrundlagen der internationalen Hilfeleistung, S. 273 f.

[54] Vgl. *Bischof*, Rechtsgrundlagen der internationalen Hilfeleistung, S. 275; Handbuch für Internationale Zusammenarbeit, Bd. 19, Teil III A 71 00, S. 11; siehe auch im einzelnen *Swindell/Ha Vin Phuong*, Mutual Emergency Assistance Arrangements of the International Level, Nuclear Law Bulletin No. 24 (1979), S. 50 ff.

[55] Vgl. United Nations Yearbook 1971, S. 474. Diese Zusammenarbeit betrifft allerdings vorwiegend Fragen der Abstimmung, da die UNDRO hauptsächlich im Bereich des Naturkatastrophenschutzes tätig wird.

formation bei kerntechnischen Unfällen oder radiologischen Notfällen und der Konvention über Hilfeleistung bei kerntechnischen Unfällen oder radiologischen Notfällen reagiert[56]. Diese Maßnahmen dienen allerdings auch nur der Schadensbegrenzung, nicht der Schadensverhütung.

5. Organization for Economic Cooperation and Development (OECD) Kernenergieagentur (NEA)

Im Rahmen der OECD beschäftigt sich vor allem die im Jahre 1957 errichtete Kernenergieagentur (NEA) mit Fragen des (vorbeugenden) Notfallschutzes[57]. Sie hat die Aufgabe, die Ausarbeitung und gegenseitige Abstimmung von Rechtsvorschriften auf dem Gebiet des öffentlichen Gesundheitsschutzes und der Verhütung von Unfällen in der Kernindustrie zu fördern[58].

Die OECD selbst hat schon 1961 ein multilaterales Überwachungs- und Warnsystem eingerichtet, nach dem alle "nuklearen Ereignisse" oder erhebliche Erhöhungen der Radioaktivität sowohl den potentiell betroffenen Mitgliedstaaten der Organisation als auch der Kernenergieagentur in Paris selbst schnellstmöglich mitzuteilen sind[59]. Zur vorbeugenden Vermeidung nuklearer Unfälle hat die NEA 1981 ein Störfall-Erfassungssystem (Incident Reporting System/IRS) eingeführt. Die der NEA angeschlossenen Staaten melden, ohne formell völkerrechtlich dazu verpflichtet zu sein, alle Stör- und Unfälle, die sicherheitstechnisch signifikant sind. Diese Angaben, die von der NEA ausgewertet werden, sollen dazu dienen, vergleichbare Ereignisse bei dem Betrieb kerntechnischer Anlagen zu vermeiden[60].

Die OECD richtet bei ihren Aktivitäten im Feld des Umweltnotfallschutzes ihr Augenmerk aber nicht ausschließlich, nicht einmal überwiegend, auf den Bereich der Kernenergie. In einigen Empfehlungen und Beschlüssen nach Art.

---

[56] Abgedruckt in BT-Drucks. 11/2391, S. 6 ff.; hierauf soll an späterer Stelle noch näher umgegangen werden. Zur Übersicht vgl. auch *Heller*, Chernobyl fallout: recent IAEA Conventions expand Transboundary Nuclear Pollution Law, S. 651 ff.; *Clayton*, The International Atomic Energy Agency, S. 269 ff.

[57] Die NEA (Nuclear Energy Agency) wurde durch Satzung vom 17. Dezember 1957 errichtet, vgl. Bundesanzeiger 1959, Nr. 70, S. 1. Die Satzung wurde mehrfach geändert. Die aktuelle Fassung ist abgedruckt bei *Erler/Kruse/Pelzer*, Deutsches Atomenergierecht, B 243.

[58] Vgl. Art. 11 Abs. a) und b) der Satzung.

[59] Vgl. *Bischof*, Rechtsgrundlagen der internationalen Hilfeleistung, S. 276 f.

[60] *Bischof*, a.a.O., S. 278.

5 lit. a und b ihrer Satzung[61] hat sie sich auch mit Fragen der Bewältigung nichtnuklearer Industrieunfälle auseinandergesetzt. Nach der Giftgaskatastrophe von Seveso im Jahre 1976 hat sie sich für die Verwendungs-Einschränkung von PCB-Chemikalien und Quecksilber sowie die statistische Erfassung und Einstufung neuartiger chemischer Stoffe eingesetzt[62]. Gleichwohl ist bis zu diesem Zeitpunkt der Aspekt des Informationsaustausches vernachlässigt worden. Dem ist die Organisation im Jahre 1984 durch eine Reihe von Empfehlungen entgegengetreten, die sich mit Fragen der grenzüberschreitenden Verbringung gefährlicher chemischer Stoffe und des hierbei vorzunehmendem Informationsaustausches auseinandersetzen[63]. Diese Regelungen erfolgen in dem Bewußtsein, daß betroffenen Staaten durch rechtzeitige und umfassende Information ermöglicht werden soll, so frühzeitig wie möglich gefahrvorbeugende Maßnahmen zu treffen und im Falle der Freisetzung von toxischen Substanzen geeignete Notfallmaßnahmen einleiten zu können[64].

In jüngster Zeit bemüht sich die NEA um die Einführung einheitlicher Schutz- und Interventionsstandards (Intervention Levels) zum Schutz der Öffentlichkeit vor den Gefahren atomarer Strahlen. Sie hat dazu u. a. im Jahr 1989 eine Experten-Studie herausgegeben[65], deren Ziel es ist, den national zuständigen Instanzen sowie auch anderen Internationalen Organisationen Hilfestellung bei Fragen der Notfallschutz-Planung (emergency response planning) und der Erstellung von Interventions-Kriterien (establishment and application of intervention criteria) im Rahmen nuklearer Notfälle zu leisten. Die Expertengruppe hat im Rahmen - auch für die OECD-Mitgliedstaaten - unverbindlicher Empfehlungen Vorschläge zur Verbesserung des Notfallschutzes unterbreitet.

Als defizitär hat sich dabei insbesondere die Beachtung weiträumig grenzüberschreitender Folgen und von Langzeitauswirkungen erwiesen[66].

---

61 Übereinkommen über die Organisation für wirtschaftliche Zusammenarbeit und Entwicklung v. 14. Dezember 1960, BGBl. 1961 II, S. 1151.

62 *Nanda/Bailey*, Challenges for International Environmental Law, S. 19.

63 Vgl. vor allem die Empfehlung v. 13.2.1984 "On Principles on Transfrontier Movements of Hazardous Waste" (Dok. C (83) 180 (final)) sowie die Empfehlung v. 4. April 1984 "Concerning Information Exchange Related to Export of Banned or Severely Restricted Chemicals (Dok. C (84) 37 (final)) sowie die in den Begründungserwägungen der letzteren in Bezug genommenen weiteren Empfehlungen.

64 Vgl. Appendix I zur Empfehlung der OECD v. 8. Juli 1988 (Dok C (88) 84 (final)) para 1; vgl. ferner auch *Nanda/Bailey*, Challenges for International Environmental Law, S. 21 f.

65 OECD/NEA (Hrsg.), Nuclear Accidents Intervention Levels for Protection of the Public, Paris 1989.

66 Vgl. dazu den vorgenannten Bericht, S. 62 f.

III. Bi- und multilaterale völkerrechtliche Verträge

1. Multilaterale Verträge

Es existiert bislang kein multilateraler völkerrechtlicher Vertrag, der alle Aspekte, Bereiche, Probleme und Eventualitäten des internationalen Umweltnotfallschutzes erfaßt. Die bestehenden Abkommen sind zum überwiegenden Teil entweder ursachenbezogen, wie etwa die schon erwähnten aber noch zu behandelnden internationalen Konventionen zum Schutz vor Gefahren der Kernenergie oder aber umweltmedienbezogen.

Bei letzteren handelt es sich zumeist um Verträge, die Fragen der Aufteilung oder Nutzung von Umweltmedien oder Ressourcen regeln und sich dabei auch mit Fragen des internationalen Notfallschutzes befassen.

a) Meeresumweltrecht

Von den umweltmedienspezifischen Regelungen ist der Bereich des internationalen See- und Schiffahrtsrechts am weitesten rechtlich durchdrungen.

Dies mag darauf zurückzuführen sein, daß man sich von alters her wegen der Unbeherrschbarkeit des Naturelementes "Meer", das Gut und Leben der Menschen bedroht, in einer besonderen Gefahrengemeinschaft gesehen hat, die schon generell die - zunächst moralische - Verpflichtung zu internationaler Hilfeleistung begründete und später Aufnahme in entsprechende Kodifikationen fand.

Die Bedrohung der Küsten und Küstengewässer durch Verschmutzung vom Meer aus ist bereits relativ frühzeitig ins Bewußtsein der Verantwortlichen sowie der Öffentlichkeit gelangt. Hauptursache dieser Bedrohung ist Öl, das entweder durch Ablassen oder Abwerfen von Schiffen im Rahmen "normaler" Operationen oder durch Tankerunfälle, wie etwa den der "Torrey Canyon" im Jahre 1967[67], die katastrophale Auswirkungen für die Meeresregion und Küstenstriche haben, ins Meer gelangt. Aus diesem Grund sind eine ganze Reihe von Meeresschutzvereinbarungen geschlossen worden[68], die aber nur zum Teil Regelungen zum Schutz vor Umweltnotfällen im hier behandelten Sinn

---

[67] Vgl. dazu oben S. 2. Allerdings sind Tankerhavarien dieser Art nur für einen geringen Teil der Ölverschmutzung des Meeres ursächlich. Der weitaus größere Teil gelangt vom Land aus durch normale Tankeroperationen oder - wie in der Nordsee - durch Bohrinseln, Ölplattformen oder Pipelines ins Meer. Vgl. dazu *Steiger/Demel*, DVBl 1979, S. 205 (211); *Bruha*, ZaöRV 44 (1984), S. 11.

[68] Vgl. dazu ausführlich *Steiger/Demel*, DVBl 1979, 205 ff.

enthalten. Da Öl und Ölprodukte den hauptsächlichen Gefahrenherd bilden, widmen sich die Abkommen vorrangig diesem Problem.

Die Entwicklung beginnt im Jahre 1954 mit dem Abschluß des internationalen Übereinkommens zur Verhütung der Verschmutzung der See durch Öl vom 12.5.1954[69].

Im Hinblick auf Notfälle enthält die Konvention lediglich einige Vorsorgeregelungen, indem sie etwa in Art. VII einige technische Anforderungen an die Ausrüstung von Schiffen stellen oder das Führen von Öltagebüchern verlangt (Art. IX).

Die Genfer Konventionen über die Hohe See und den Festlandsockel vom 29.4.1958[70] enthalten erste generalklauselartige Regelungen eines marinen Umweltnotfallrechts. Es bestehen Regelungen zum Schutz von Ölverschmutzungen durch Schiffe oder Anlagen der Offshore-Ölförderung. Art. 24 der Konvention über die Hohe See verpflichtet die Staaten, Vorschriften zur Verhinderung einer Meeresverschmutzung durch Ablassen von Öl aus Schiffen und Rohrleitungen zu erlassen. In der Festlandsockelkonvention werden die Staaten verpflichtet, Sicherheitsmaßnahmen zum Schutz der lebenden Ressourcen im Umfeld von Ölförderanlagen zu treffen (Art. 5 Abs. IV). Diese Regelungen müssen aber, vor allem wegen ihrer offenen, den Staaten weites Ermessen einräumenden Formulierungen als unvollkommen bezeichnet werden[71], außerdem betreffen sie ebenfalls lediglich die Vorsorgephase.

Erste Rechtsgrundlagen internationaler Art für Notfallbekämpfungsmaßnahmen im eigentlichen Sinn enthält die Konvention über die Intervention auf der Hohen See bei Ölunfällen vom 29. November 1969[72].

Das Abkommen gestattet den Vertragsstaaten, auf der Hohen See diejenigen Maßnahmen zu ergreifen, die sie für erforderlich halten, um von ihren Küsten drohenden schweren Schaden durch Ölunfälle abzuwenden (Art. I). Vor Ergreifen der Maßnahmen muß der Küstenstaat die betroffenen Staaten, insbesondere den Flaggenstaat des beteiligten Schiffs, konsultieren, außer in Fällen außerordentlicher Dringlichkeit (Art. III). Unfälle auf Bohrinseln werden vom Anwendungsbereich der Konvention nicht erfaßt[73].

---

69 BGBl 1956 II, S. 379 mit Änderungen von 1962 und 1969 und 1971, letzte Änderungen abgedruckt in: BGBl 1978 II, S. 1495 ff.

70 Abgedruckt bei *Burhenne*, Internationales Umweltrecht - Multilaterale Verträge, Bd. II, Ziffer 958: 30/33.

71 Vgl. dazu auch *Gündling*, ZaöRV 37 (1977), S. 530 (545 ff.).

72 In Kraft seit 5.8.1975, abgedruckt in: BGBl 1975 II, S. 137 ff.

73 Vgl. *Gündling*, a.a.O. , S. 554.

Das Abkommen stellt eine Reaktion auf das Schiffsunglück der "Torrey Canyon" im Jahre 1967 dar und wurde 1973 ergänzt, indem die Gefährdung der Küsten durch andere Schadstoffe, wie etwa Chemikalien, in seinen Anwendungsbereich einbezogen wurde[74].

Der bislang umfangreichste und auch detaillierteste internationale Vertrag auf dem Gebiet des Meeresschutzes ist die "International Convention for the Prevention of Pollution from Ships" aus dem Jahre 1973 mit ihren 5 Anhängen und 2 Protokollen[75]. Er unternimmt den Versuch, dem Problem umfassend gerecht zu werden, da er einerseits sowohl Schiffe als auch Ölplattformen sowie andere Wasserfahrzeuge erfaßt[76], andererseits aber nicht nur Fragen der Ölverschmutzung regelt, sondern auch auf andere Verschmutzungsursachen eingeht[77]. Allerdings liegt der Schwerpunkt der Regelungen auf dem Gebiet der Vorsorge vor Verschmutzungen. Regeln der Notfallbekämpfung in der eigentlichen Notfallphase erschöpfen sich weitestgehend in Informations- und Warnpflichten nach dem ersten Protokoll zum Abkommen[78]. Zur Vorbeugung von Verschmutzungen durch Öl sieht Annex I zum Abkommen technische Sicherheitsprüfungen, über die ein entsprechendes Zertifikat auszustellen ist, sowie Anforderungen an die technische Ausrüstung von Schiffen vor.

Neben diesen erwähnten völkerrechtlichen Konventionen existieren eine Reihe weiterer Abkommen, die - teils regional begrenzt - sich mit Fragen der Meeresverschmutzung durch Öl oder andere Stoffe auseinandersetzen, aber Probleme akzidenteller Ereignisse allenfalls am Rande oder mittelbar behandeln[79]. Als regional geltendes Abkommen zur Bekämpfung von Ölunfällen soll noch das "Übereinkommen zur Zusammenarbeit bei der Bekämpfung von Ölverschmutzungen der Nordsee" vom 9.6.1969[80] genannt werden. In diesem verpflichten sich die Nordsee-Anrainerstaaten zu gegenseitiger Unterrichtung und Hilfeleistung bei Ölverschmutzungen, die schwere oder unmittelbare Gefahr für die Küste oder damit zusammenhängende Interessen darstellen[81]. Das Abkommen verpflichtet die Staaten, bestimmte, ihnen jeweils zugewiesene

---

74 Abgedruckt bei *Burhenne*, Internationales Umweltrecht - Multilaterale Verträge, Bd. III, Ziffer 973:83; zu weiteren Einzelheiten vgl. auch *Steiger/Demel*, DVBl 1979, S. 205/214).

75 Die Konvention wird auch als MARPOL-Abkommen bezeichnet; der gesamte Text ist abgedruckt in ILM 12 (1973), S. 1319 ff.

76 Vgl. zum Katalog Art. 2 IV der Konvention.

77 Vgl. vor allem den Text von Anhang 2.

78 Provisions concerning Reports on Incidents Involving Harmful Substances (diese Regelungen bestehen zur näheren Konkretisierung des Art. 8 der Konvention).

79 Vgl. die Übersicht und Darstellung bei *Steiger/Demel*, DVBl 1979, S. 205 (212 ff.).

80 Abgedruckt in: BGBl. 1969 II, S. 2967.

81 Art. 1 des Übereinkommens.

Zonen zu überwachen und potentiell betroffenen Staaten präzise, im Übereinkommen näher beschriebene Informationen unverzüglich zu erteilen[82].

Das Abkommen stellt einen Vorläufer zu dem "Übereinkommen zur Zusammenarbeit bei der Bekämpfung der Verschmutzung der Nordsee durch Öl und andere Schadstoffe" dar, das am 13. September 1983 zwischen den Vertragsstaaten und den Europäischen Gemeinschaften abgeschlossen wurde[83]. Nach dessen Art. 19 Abs. II hat es mit Inkrafttreten des Folgeabkommens seine Wirksamkeit verloren. Es hat allerdings dem im Jahre 1971 zwischen den skandinavischen Staaten abgeschlossenen Ölverschmutzungsabkommen[84] Pate gestanden und ist deshalb wegen seines Modellcharakters erwähnenswert.

Des weiteren ist noch auf eine Reihe multilaterater Abkommen zu verweisen, die regionale Aspekte regeln und in diesem Rahmen auch Fragen des Notfallschutzes zum Gegenstand haben. Beispielhaft sei das Mittelmeerabkommen von 1976[85] erwähnt, zu dem ein "Protocol Concerning Cooperation in Combating Pollution of the Mediterranean Sea by Oil and other Harmful Substances in Cases of Emergency" besteht[86].

Notfallregelungen, nicht für Verschmutzungen durch Öl, sondern für besonders gefährliche Schadstoffe und Substanzen enthalten das (Osloer) Übereinkommen zur Verhütung der Meeresverschmutzung durch das Einbringen von Abfällen und anderen Stoffen durch Schiffe und Flugzeuge[87] sowie das (Pariser) Übereinkommen zur Verhütung der Meeresverschmutzung vom Lande aus[88]. Die Abkommen, die in etwa den gleichen geographischen Anwendungsbereich haben[89], sehen zur Kontrolle der Verbringung von Abfällen auf See einschließlich der Verbrennung sowie der Verschmutzung von Land aus nationale und gemeinsamme Programme zur Errichtung von Überwachungs-

---

[82] Vgl. näher *Steiger/Demel*, a.a.O. , S. 216 f.

[83] Text abgedruckt in: ABl. L 188/84, S. 9 ff.

[84] UNTS 822, S. 311 ff., in Kraft seit 16.10.1971, vgl. dazu eingehender auch *Bruha*, ZaöRV 44 (1984), S. 18 f. Zu den Abkommen, an denen die EG beteiligt sind, vgl. unten Kap. III.

[85] Convention für the Protection of the Mediterranean Sea against Pollution, abgedruckt in: ILM 15 (1976), S. 290 ff. (in Kraft seit 12.2.1978).

[86] Abgedruckt in: ILM 15 (1976), S. 306 ff. Vgl. zur Darstellung im einzelnen sowie zum Nachweis weiterer Abkommen dieser Art *Bruha*, ZaöRV 44 (1984), S. 1 (20 ff.).

[87] BGBl 1977 II, S. 169 ff.

[88] BGBl 1981 II, S. 871 ff.

[89] Nordsee, Nordost-Atlantik, Teile des Eismeeres und der Nebengewässer, beim Pariser Abkommem zusätzlich die angrenzenden Binnengewässer bis zur Süßwassergrenze. Vgl. Art. 2 des Osloer- und Art. 11 des Pariser Abkomens.

systemen[90] und Kommissionen zur Überwachung der Einhaltung und Durchführung der Abkommen[91] vor. Im übrigen statuieren sie Hilfspflichten bei bereits eingetretenen Notfällen[92].

Die Schwäche der Abkommen besteht sicherlich darin, daß sie die konkrete Einrichtung von Überwachungssystemen auch nur in sehr allgemeiner Form vorsehen und deren Ausgestaltung erst noch weiterer Zusammenarbeit durch die Vertragsstaaten[93] überlassen.

Notifikationspflichten für akute Notfallsituationen sieht im übrigen auch Art. 198 des 1982 verabschiedeten aber bislang nicht in Kraft getretenen Entwurfes für die UN-Seerechtskonvention vor[94]. Danach sind sowohl potentiell betroffene Staaten als auch kompetente Internationale Organisationen unverzüglich über die einem Vertragstaat bekanntwerdenden erheblichen Gefahren für die marine Umwelt zu unterrichten. Daneben formuliert Art. 199 eine Kooperationspflicht der Staaten "im Rahmen ihrer Möglichkeiten" zur Verhinderung und Bekämfung von Verschmutzungen beizutragen und sieht die Erstellung von Krisenplänen (contingency plans) zur Notfallbekämpfung vor. Im übrigen werden die Staaten zur Erbringung technischer Hilfeleistung (technical assistance) gegenüber Entwicklungsstaaten verpflichtet (Art. 202).

Abgesehen von dem Mangel, daß die Konvention nicht geltendes Vertragsrecht ist und insoweit von ihr keine, über bereits geltendes Gewohnheitsrecht hinausgehenden, Rechtswirkungen erwartet werden dürfen, gilt auch für sie - zumindest in den hier angesprochenen Punkten -, daß die vorgesehenen Regelungen jedenfalls weiterer Ausfüllung durch zwischenstaatliche Vereinbarungen bedürfen.

b) Schutz von Binnengewässern

Multilaterale Verträge zum Schutz von Binnengewässern haben sich aufgrund dichter Besiedlung und vergleichsweise "kleiner" Flächenstaaten, die sämtlich hochindustrialisiert sind, vor allem in Westeuropa herausgebildet[95].

---

[90] Art. 13 des Osloer- und Art. 11 des Pariser Abkommens.

[91] Vgl. Art. 16 ff. des Osloer- und Art. 15 ff. des Pariser Abkommens.

[92] Art. 15 Abs. 4 des Osloer- , Art. 13 des Pariser Abkommens, der für diesen Fall auch Informationspflichten etabliert.

[93] Beim Pariser Abkommen ist auch die EG Vertagspartner.

[94] Draft final act of the United Nations Conference on the Law of the Sea: "United Nations Convention on the Law of the Sea", abgedr. in: ILM 21 (1982), S. 1261 ff.

[95] Zu den allgemein-umweltschützerischen Aspekten vgl. *Steiger/Bruha*, Internationale Regelungen, S. 105 ff., zu den im hier dargestellten Abkommen siehe insbes. S. 134 ff.

Eine zentrale Stellung nehmen dabei die Abkommen zum Schutz des Rheins gegen Verunreinigung ein, da weite Uferstrecken schon frühzeitig mit einem dichten Netz von Industrieanlagen überzogen worden sind, und er überdies die verkehrsreichste europäische Binnenwasserstraße für Massengütertransporte aller Art ist[96]. Einzelne Maßnahmen zum Schutz des Rheinwassers gegen Verunreinigung wurden bereits 1815 getroffen[97]. Durch die "Vereinbarung über die Internationale Kommission zum Schutz des Rheins gegen Verunreinigung"[98] wurden die Aufgaben der 1950 gegründeten Kommission festgelegt. Nennenswerte Ansätze im Hinblick auf Notfallschutz weisen aber allenfalls die Übereinkommen zum Schutz des Rheins gegen chemische Verunreinigung und zum Schutz gegen Verunreinigung durch Chloride vom 3. Dez. 1976 auf[99], von denen das erste unter Beteiligung der EG zustande gekommen ist.

Das Chemieübereinkommen führt in enger Anlehnung an die EG-Gewässerschutzrichtlinie vom 4. Mai 1976[100] ein System ein, wonach die Einleitung von Stoffen nach Anhang I[101] des Abkommens einer Genehmigung bedarf und im übrigen schrittweise beseitigt werden soll[102]. Die Ableitung verschiedener toxischer Substanzen nach Anhang II der Richtlinie muß schrittweise verringert werden[103]. Nach Art. 7 des Abkommens treffen die Vertragsparteien alle gesetzgeberischen- und Verwaltungsmaßnahmen, um zu gewährleisten, daß das Lagern und Ablagern der Stoffe aus den Anhängen I und II so vorgenommen wird, daß für das Rheinwasser keine Gefahr der Verunreinigung besteht.

Diese Regelungen lassen sich als allgemeine Vorsorgemaßnahmen einstufen. Bestimmungen für einen möglichen Notfall enthält Art. 11. Dieser sieht aber lediglich eine Unterrichtungspflicht vor, wenn eine Vertragspartei ein plötzliches erhebliches Ansteigen der Stoffe aus den Anhängen I und II feststellt oder von einem Unfall Kenntnis erhält. Weitergehende Notfallmaßnahmen sind nicht vorgesehen.

---

96 Vgl. *Beyerlin*, HdUR Bd. II, Sp. 272.

97 Siehe *Beyerlin*, a. a. O.

98 BGBl 1965 II, S. 1433.

99 BGBl 1978 II, S. 1054 ff. In Kraft seit 5. 7. 1985, bzw. 1. 2. 1979. Zum Chloridabkommen vgl. auch den Briefwechsel v. 29. 4./4. 5. 1983 (BGBl 1984 II, S. 1017).

100 Richtlinie 76/464/EWG, Abl. 129/76, S. 23.

101 Dies sind vor allem Schwermetalle wie Quecksilber und Cadmium.

102 Vgl. Art. 3 u. Art. 1 Abs. 1 des Abkommens.

103 Vgl. Art. 6 des Abkommens.

Das Chloridabkommen hat zum Ziel, die Versalzung des Rheins durch Chloride, die vor allem auf elsässiche Kaligruben zurückzuführen ist, zu reduzieren. Wegen innenpolitischer Widerstände in Frankreich ist es erst im Juli 1985 für alle Anliegerstaaten in Kraft getreten. Die Kosten für die Maßnahmen nach dem Abkommen sind anteilig von den Vertragsparteien zu tragen[104]. Für Notfälle enthält es ebenfalls in Art. 11 eine dem Chemieabkommen entsprechenede Vorschrift.

Auf der Basis der entsprechenden Schiffahrtsverträge[105] wurden für die Rhein-Nebenflüsse Saar und Mosel durch entsprechende Protokolle[106] Kommissionen zum Schutz des jeweiligen Flusses gegen Verunreinigung eingerichtet. Die Protokolle enthalten zwar keine Notfall-Vorschriften, sehen aber vor, daß die Kommissionen "Verbindungen" mit allen auf dem Gebiet der Verunreinigung der Gewässer zuständigen Stellen herstellen[107].

Auf dieser Basis ist in Zusammenarbeit der Rheinschutz-Kommission und der Komissionen zum Schutz von Mosel und Saar 1982 die Einrichtung des Internationalen Warn- und Alarmdienstes für die 3 Flüsse vereinbart worden, in dessen Rahmen eine Warn- und Informationspflicht der Staaten untereinander institutionalisiert worden ist, damit bei Unfällen die stromabwärts gelegenen Behörden schnell und sachdienlich benachrichtigt werden können[108].

Nicht einbezogen in dieses System ist die Kommission zum Schutz des Bodensees, die durch ein Übereinkommen zwischen der Schweiz, Österreich, Baden-Württemberg und Bayern im Jahre 1961 eingerichtet worden ist[109]. Sie hat lediglich allgemein formulierte Überwachungs- und Beratungsaufgaben[110].

---

104 Siehe Art. 7 des Abkommens.

105 Vertrag zwischen der Bundesrepublik Deutschland und Frankreich zur Regelung der Saarfrage v. 27. 1. 1956 (BGBl 1956 II, S. 1587); Vertrag zwischen der Bundesrepblik Deutschland, Frankreich und Luxemburg über die Schiffbarmachung der Mosel v. 27. 10. 1956 (BGBl 1956 II, S. 1838).

106 Protokoll zwischen den Regierungen der Bundesrepublik Deutschland und Frankreichs über die Errichtung einer Internationalen Kommission zum Schutz der Saar gegen Verunreinigung v. 20. 12. 1961 (BGBl 1962 II, S. 1106); Protokoll zwischen den Regierungen der Bundesrepublik Deutschland, Frankreichs und Luxemburgs über die Errichtung einer Internationalen Kommission zum Schutz der Mosel gegen Verunreinigung v. 20. 12. 1961 (BGBl 1962 II, S. 1102).

107 Vgl. jew. Art. 9 der Protokolle.

108 Vgl dazu *Beyerlin*, HdUR Bd. II, Sp. 272 (275).

109 Übereinkommen über den Schutz des Bodensees gegen Verunreinigung v. 27. 10. 1960 (BayVBl 1961, S. 237).

110 Vgl. vor allem Art. 4 des Übereinkommens.

Das bislang jüngste Beispiel internationaler Verträge über den Schutz von Binnengewässern ist die am 8. 10. 1990 unterzeichnete Vereinbarung zwischen der CSFR, der Bundesrepublik Deutschland und der EWG über die Internationale Kommission zum Schutz der Elbe[111]. Nach Art. 2 Ziff. 1 lit. g und h gehört es zu den Aufgaben der Kommission, Vorsorgemaßnahmen zur Vermeidung unfallbedingter Gewässerbelastungen zu treffen sowie ein einheitliches Alarm- und Warnverfahren für das Einzugsgebiet zu erstellen und dieses auf der Grundlage der Erfahrungen zu aktualisieren. Weitere notfallbezogene Regelungen sieht die Vereinbarung nicht vor. Entsprechende Regelungswerke für Donau und Oder sind in Vorbereitung[112].

c) Eisenbahn-, Straßen- und Luftverkehr

Spezielle Regelungen über die gegenseitige Hilfe und die gemeinsame Koordinierung von Hilfsmaßnahmen bei technisch-industriellen Umweltnotfällen sind im internationalen Recht des Eisenbahn-, Straßen- und Luftverkehrsrechts kaum getroffen worden. Internationale Abkommen regeln zwar allgemeine Hilfs- und Beistandspflichten[113], etwas konkreter ausgestaltete Regelungen lassen sich aber allenfalls im Luftverkehrsrecht finden. Das sogenannte Chicagoer enthält in Art. 25 Abkommen[114] zunächst für jeden Staat die Pflicht, in seinem Hoheitsgebiet in Not geratenen Luftfahrzeugen Hilfe zu leisten und alle Maßnahmen zu treffen, die er für tunlich hält. Darüber hinaus werden die Staaten aber auch verpflichtet, bei der Suche nach vermißten Luftfahrzeugen an Maßnahmen mitzuwirken, die aufeinander abgestimmt sein sollen und von der Internationalen Zivilluftfahrtorganisation (ICAO) empfohlen werden[115]. Von einem "System" internationaler Regelungen kann in diesem Rahmen aber dennoch nicht gesprochen werden.

---

[111] Der Text ist bislang unveröffentlicht, vgl. aber die Pressemitteilung des Bundesumweltministers, in: Umwelt, Heft 10/1990, S. 490 f.

[112] Vgl. die Presseverlautbarung, a.a.O., S. 491.

[113] Vgl. etwa Art. 3 des Statuts zum Genfer Übereinkommens vom 9. Dezember 1923 über die internationale Rechtsordnung der Eisenbahnen (abgedruckt in: RGBl 1927 II, S. 909 (922)) oder Art. 31 des Wiener Übereinkommens über den Straßenverkehr vom 8. November 1968 (BGBl 1977 II, S. 811).

[114] Abkommen über die Internationale Zivilluftfahrt vom 7. Dezember 1944. Die Bundesrepublik ist dem Abkommen durch Gesetz vom 7. April 1956 beigetreten. Gesetz und Text des Abkommens sind abgedruckt in: BGBl 1956 II, S. 411 ff.

[115] Vgl. Art. 37 Ziff. K des Abkommens. Die ICAO hat als Anhang 12 zum Abkommen entsprechende Empfehlungen erlassen. Zu Aufgaben und Stellung der ICAO vgl. *Schwenk*, Handbuch des Luftverkehrsrechts (1981), S. 70 ff. In weiteren Problemen aus diesem Bereich, z.B. internationaler Standards für Feuerschutzmaßnahmen und -einrichtungen; vgl. *Hochgürtel*, Das Recht des Umweltschutzes in der Zivilluftfahrt, S. 20 f.

Detailliertere Vorschriften finden sich im Bereich des vorbeugenden Unfallschutzes. Hier existiert eine größere Anzahl internationaler Bestimmungen, insbesondere für den grenzüberschreitenden Transport gefährlicher Abfälle und Güter. Zu nennen sind vor allem eine Vielzahl von Empfehlungen, die größtenteils im System der Vereinten Nationen erarbeitet sind und überwiegend keine rechtlich verbindliche Wirkung haben[116]. Völkerrechtlich verbindliche Pflichten für die internationale Gefahrgutbeförderung ergeben sich im wesentlichen aus drei internationalen Abkommen, die den Straßen-, Eisenbahn- und Binnenschiffsverkehr betreffen.

- Das Europäische Übereinkommen vom 30.9.1957 über die internationale Beförderung gefährlicher Güter auf der Straße (ADR)[117] schließt bestimmte gefährliche Güter vom internationalen Transport aus und sieht Anforderungen für die Verpackung und Kennzeichnung der erlaubten Güter vor[118]. Ferner regelt es die Bauart der für die Beförderung zugelassenen Fahrzeuge[119].

- Die Ordnung für die internationale Eisenbahnbeförderung gefährlicher Güter (RID), die als Anlage dem Übereinkommen vom 9.5.1980 über den internationalen Eisenbahnverkehr (COTIF)[120] beigefügt ist, enthält Vorschriften über den Eisenbahnfrachtverkehr von gefährlichen Gütern[121].

- Die von den Rheinanliegerstaaten auf der Basis des Entwurfes für ein europäisches Übereinkommen über den internationalen Transport gefährlicher Güter auf Binnenwasserstraßen (ADN) erstellte Verordnung über die Beförderung gefährlicher Güter auf dem Rhein (ADNR) hat trotz ihrer ungeklärten Rechtsqualität zur innerstaatlichen Umsetzung geführt[122].

---

[116] Vgl. *Kloepfer*, Umweltrecht, § 13 RN 144 und die Nachweise dort sowie die detaillierte Darstellung bei *Gehrmann/Hannequart/Maier*, Transport gefährlicher Güter, S. 17 ff. Zu den verschiedenen Organisationen im System der UN und ihren Tätigkeiten auf diesem Gebiet vgl. auch *Kilian*, Umweltschutz durch internationale Organisationen, S. 130 ff.

[117] Mit Anlagen A und B, abgedruckt in: BGBl 1969 II, S. 1489, in Kraft seit 1.1.1970.

[118] Art. 2 i.V.m. Anlage A.

[119] Art. 4 Abs. 2 i.V.m. Anlage B, die Anlagen wurden mehrfach - zuletzt 1988 - geändert und sind abgedruckt im Anlagenband zum BGBl II, 1988, Nr. 8. In der Anlage B sind etwa detaillierte Vorschriften für den Bau von Tankwagen enthalten (Abschnitt II).

[120] Abgedruckt in: BGBl 1985 II, S. 130 ff. Die Anlage ist abgedruckt im Anlagen-Band zum BGBl II 1985, Nr. 18 (S. 3 ff.), der Text ist gültig seit dem 1. Mai 1985.

[121] Die Regelungen des RID sind in der Gefahrengutverordnung der Bundesbahn berücksichtigt; vgl. *Kloepfer*, Umweltrecht, § 13, Rn. 145.

[122] Deutscher Verordnungstext abgedr. in: BGBl 1977 I, S. 1129 (mit Anlage A, zur Anlage B siehe BGBl 1976 I, S. 3489).

Sie enthält Regelungen, die vor allem die Verpackung der Güter betreffen[123].

- Das 1989 unterzeichnete Baseler Übereinkommen über die Kontrolle der grenzüberschreitenden Verbringung gefährlicher Abfälle und ihrer Entsorgung[124] enthält zwar Bestimmungen, die den grenzüberschreitenden Verkehr von gefährlichen Abfällen einschränken sollen, um damit dem sogenannten "Mülltourismus" Einhalt zu gebieten, spezielle Vorschriften über Sicherheitsanforderungen für den Transport sind aber nicht enthalten. Dies mag vielleicht von daher zu erklären sein, daß das Hauptziel des Abkommens darin besteht, den grenzüberschreitenden Verkehr mit Abfällen einzudämmen[125].

d) Luftreinhaltung

Internationale Übereinkommen, die sich mit unfallartig auftretenden und damit als technisch-industrielle Umweltnotfälle einzustufenden Luftverunreinigungen beschäftigen, existieren - soweit ersichtlich - bislang nicht. Es scheint insoweit auch kein Handlungsbedarf zu bestehen, da derartige Ereignisse regelmäßig durch (chemische oder radioaktive) Gefahrstoffe hervorgerufen werden, wie etwa die Beispiele der Giftgaswolken von Seveso oder Bhopal belegen, und damit auch international vom jeweiligen Gefahrstoffrecht erfaßt sind. Das (Genfer) Übereinkommen über weiträumige grenzüberschreitende Luftverunreinigungen vom 13.11.1979[126], dem auch die EG beigetreten sind, enthält zwar Regelungen zur Überwachung von Luftverunreinigungen sowie über den Informationsaustausch, sieht jedoch weder Notfallmaßnahmen noch besondere Maßnahmen für die Behandlung von Gefahrstoffen vor.

e) Atomarer Strahlenschutz

Bei einem Überblick über die geltenden internationalen Abkommen, die die wechselseitige Hilfe bei radiologischen Notstandssituationen zum Gegenstand haben, ist an erster Stelle das am 17. Oktober 1963 abgeschlossene "Nordic

---

123 Vgl. *Gehrmann/Hannequart/Maier*, Transport gefährlicher Güter, S. 20.

124 Vgl. dazu oben S. 37; abgedruckt in: ILM 28 (1989), S. 657.

125 Vgl. dazu die Präambel sowie Art. 4 des Übereinkommens.

126 Abgedruckt in: BGBl 1982 II, S. 374 ff., in Kraft seit 16.3.1983, der Text ist auch abgedruckt bei *Burhenne*, Internationales Umweltrecht, Ziffer 979:84.

Mutual Emergency Assistance Agreement in Connection with Radiation Accidents"[127] zu erwähnen. Dies ist das erste umfassende multilaterale Abkommen über internationale Hilfsmaßnahmen bei nuklearen Unfällen, und stellt somit eine allein ursachenbezogene Regelung dar. Die Vertragspartner des Abkommens - dies sind die skandinavischen Staaten und die IAEA - streben nach der Präambel eine weitestgehende gegenseitige Unterstützung bei nuklearen Un- und Vorfällen an, wobei die Bedingungen für die zwischenstaatlichen Hilfeleistungen im voraus festgelegt sein sollen. Die IAEA kann als Berater, Initiator von Dritthilfe durch Nicht-Vertragsstaaten oder Koordinator von Hilfsmaßnahmen eingeschaltet werden[128]. Das Abkommen sieht vor, daß grundsätzlich der hilfesuchende Staat - auch bei Beteiligung anderer Staaten - für die Hilfsaktion voll verantwortlich bleibt, und das hilfeleistende Personal, auch wenn es von anderen Staaten oder der IAEA gestellt wird, voll seiner Leitungs- und Überwachungsgewalt untersteht (Art. I Abs. 1). Ausrüstungsgegenstände, die zur Hilfeleistung herangezogen werden, bleiben im Eigentum des hilfeleistenden Staates und müssen zurückgegeben werden (Art. I Abs. 2). Das Abkommen stellt ferner sicher, daß die Hilfeleistung nur auf den Zweck verwendet werden darf, für den sie angefordert ist. Sie darf nicht für militärische Zwecke genutzt werden (Art. I Abs. 3 und 4).

Das Abkommen enthält ferner Regelungen über die Haftung (Art. IV). Der hilfesuchende Staat übernimmt die Haftung für alle Schäden und Ansprüche, die aus der Hilfeleistung nach dem Abkommen auf seinem Staatsgebiet entstehen. Er hat ferner hilfeleistende Staaten von allen Ansprüchen freizustellen, die gegen diese oder ihr Personal von dritter Seite geltend gemacht werden. Der hilfesuchende Staat muß ferner dem hilfeleistenden Staat Ersatz für den Tod oder die Körperverletzung von Personen oder den Verlust oder die Beschädigung von Ausrüstungsgegenständen oder Materialien leisten, soweit der Schaden im Zusammenhang mit der Hilfeleistung steht. Schließlich stellt das Abkommen den hilfesuchenden ebenso wie den hilfeleistenden Staat von der Haftung nach dem Abkommen frei, soweit der Betreiber einer Nuklearanlage nach den Maßstäben des innerstaatlichen Rechts haftet[129].

---

[127] Das Abkommen ist abgedruckt bei *Burhenne*, Internationales Umweltrecht - Multilaterale Verträge Bd. II, Ziffer 963:77 und ist am 19.6.1964 in Kraft getreten.

[128] Art. II des Abkommens.

[129] Zu den Einzelheiten des Abkommens vgl. *Swindell/Ha Vinh Phuong*, Nuclear Law Bulletin, No. 24 (1979), S. 50 f.; ferner *Bischof*, Energiewirtschaftliche Tagesfragen Bd. 32 (1982), S. 585 ff.

Einen Einschnitt in das internationale Recht des Schutzes vor Nuklearunfällen, über dessen Bedeutung für die Fortentwicklung des Rechtsgebietes letzten Endes noch keine völlige Klarheit besteht[130], hat der Kernreaktorunfall von Tschernobyl hervorgerufen. Dieser hat zumindest dazu geführt, daß bereits am 26. September 1986 die "internationalen Übereinkommen über die frühzeitige Benachrichtigung bei nuklearen Unfällen sowie über die Hilfeleistung bei nuklearen Unfällen oder radiologischen Notfällen" unter der Federführung der IAEA in Wien unterzeichnet wurden[131].

Die Abkommen fußen auf relativ gefestigtem und nicht sonderlich umstrittenen Grund, soweit sie internationale Folgen nationaler nuklearer Aktivitäten regeln. Hochumstrittene Fragen der Haftung oder (internationaler) Sicherheitsstandards werden jedoch von beiden Abkommen nicht behandelt[132]. Insofern erbringen sie keine revolutionären Neuerungen in diesem Rechtsbereich, was wohl angesichts ihrer kurzen Entstehungsgeschichte auch nicht erwartet werden kann.

Die nunmehr kodifizierten Regelungen über frühzeitige Notifikation und Notfallhilfe gehen bereits auf ältere Konzepte und Vorschläge der IAEA zurück, die spätestens im Jahre 1969 ausgemacht werden können[133].

Da die beiden Abkommen neben allen Mitgliedstaaten auch von den Europäischen Gemeinschaften unterzeichnet worden sind[134] und Rechtswirkungen im "innergemeinschaftlichen" Bereich entfalten, die dem "originär" durch die Gemeinschaften im Rahmen des Art. 189 EWGV oder Art. 161 EAGV gesetzten Rechts i. d. R. entsprechen[135], sollen sie in ihren Einzelheiten bei der Darstellung der Vorschriften des EG-Nuklearschutzrechts mitbehandelt werden.

---

130 Vgl. dazu etwa *Heller*, Stanford Journal of International Law 1987, S. 651 ff.

131 Text und Vertragsgesetz abgedruckt in: BGBl 1989 II, S. 434 ff.

132 *Heller*, Stanford Journal of International Law 1987, S. 657; vgl. auch *Pelzer*, AVR 25 (1987), S. 294 (309).

133 Siehe *Heller*, a.a.O.

134 Der Abschluß der beiden Abkommen wurde durch den Rat gebilligt; vgl. für das Abkommen über die frühzeitige Benachrichtigung, vgl. 21. Gesamtbericht über die Tätigkeiten der Europäischen Gemeinschaften (1987), Rn. 703 sowie für das Übereinkommen über gegenseitige Hilfeleistung 23. Gesamtbericht (1989), Rn. 704. Bei beiden Übereinkommen handelt es sich um sog. "Mixed agreements". Zum Abschluß und der Ratifikation völkerrechtlicher Abkommen durch die EG vgl. *Grabitz-Vedder*, Art. 228 EWGV, Rn 37-42.

135 Vgl. dazu unten Kap. IV.

2. Bilaterale Verträge

a) Notfallschutzabkommen der Bundesrepublik Deutschland mit ihren Nachbarstaaten

Die Bundesrepublik hat mit einigen ihrer westeuropäischen Nachbarstaaten seit Mitte der 70er Jahre jeweils allgemeine Hilfeleistungsabkommen geschlossen, die sich auch auf radiologische und chemische Gefahren erstrecken und zum Teil in dieser Hinsicht noch durch besondere Vereinbarungen ergänzt werden[136].

Das zeitlich erste Abkommen dieser Reihe ist das am 3. Februar 1977 geschlossene "Abkommen zwischen der Bundesrepublik Deutschland und der Französischen Republik über die gegenseitige Hilfeleistung bei Katastrophen oder schweren Unglücksfällen"[137]. Dieses Vertragswerk hat für weitere bilaterale Abkommen der Bundesrepublik Pate gestanden. Es regelt unter anderem Zuständigkeitsfragen für die Anforderung von Hilfeleistungen (Art. 3), Beschränkung von Grenzformalitäten (Art. 4) sowie der Leitung von Hilfsmaßnahmen, der Kostentragungspflicht und Entschädigung (Art. 7-9). Für den Fall radiologischer Notfälle wurde im Januar 1981 eine "Regierungsvereinbarung über den Informationsaustausch bei Vorkommnissen oder Unfällen, die radiologische Auswirkungen haben können", geschlossen[138]. Diese stellt durch ausdrückliche Bezugnahme eine Ergänzung und Erweiterung des allgemeinen Hilfeleistungsabkommens dar[139].

Die entsprechenden Abkommen mit Luxemburg, Belgien und Dänemark[140] decken sich mit den Formulierungen des allgemeinen Hilfeleistungsabkom-

---

[136] Vgl. die Nachweise im folgenden.

[137] BGBl 1980 II, S. 30 ff., in Kraft seit 1.12.1980 (BGBl 1980 II, S. 1438).

[138] Regierungsvereinbarung vom 28. Januar 1981 (in Kraft seit 6. August 1981), BGBl 1981 II, S. 885 f.

[139] Zum Charakter der Abkommen vgl. *Bischof*, Rechtsgrundlagen der int. Hilfeleistung, S. 264 ff., 285 ff.

[140] Abkommen zwischen der Bundesrepublik Deutschland und dem Großherzogtum Luxemburg über die gegenseitige Hilfeleistung bei Katastrophen und schweren Unglücksfällen vom 2. März 1978, BGBl 1981 II, S. 445 ff., in Kraft seit 1.12.1981 (BGBl 1981 II, S. 1067); Abkommen zwischen der Bundesrepublik Deutschland und dem Königreich Belgien über die gegenseitige Hilfeleistung bei Katastrophen oder schweren Unglücksfällen vom 6. November 1980, BGBl 1982 II, S. 1007 ff., in Kraft seit 1.5.1984 (BGBl 1984 II, S. 327); Abkommen zwischen der Bundesrepublik Deutschland und dem Königreich Dänemark über die gegenseitige Hilfeleistung bei Katastrophen oder schweren Unglücksfällen v. 16.5.1985, BGBl 1988 II, S. 286 ff., in Kraft seit 1.8.1988 (BGBl 1988 II, S. 619).

mens mit Frankreich in weiten Teilen nahezu wortgleich. Erhebliche inhaltliche Abweichungen sind nicht ersichtlich. Das Deutsch-Schweizerische Hilfeleistungsabkommen[141] weicht zwar in verschiedenen Einzelpunkten von den vorgenannten ab[142], enthält jedoch in seinen wesentlichen Teilen inhaltsgleiche Regelungen. Schon im Vorfeld dieses allgemeinen Hilfeleistungsabkommens wurde im Jahre 1978 zwischen der Bundesrepublik und der Schweiz eine Vereinbarung über radiologischen Notfallschutz getroffen[143]. Sie enthält, ähnlich wie die Zusatzvereinbarung zu dem Deutsch-Französischen Hilfeleistungsübereinkommen, Regelungen über die gegenseitige Unterrichtung in radiologischen Notstandsfällen, wenn die Gefahr besteht, daß das Nachbarland in Mitleidenschaft gezogen wird, sowie Bestimmungen, die die Durchführung von Konsultationen, die jedoch nicht ausdrücklich vorgesehen sind, institutionell ermöglichen oder erleichtern[144]. Für den Umfang der zu erteilenden Informationen sieht sie detaillierte Anforderungen vor[145].

Allgemeine Hilfeleistungsabkommen mit sonstigen Nachbarstaaten hat die Bundesrepublik bislang nicht abgeschlossen.

b) Sonstige bilaterale Notfallschutzabkommen in Westeuropa

Ohne Beteiligung der Bundesrepublik haben westeuropäische Staaten eine Reihe bilateraler Abkommen geschlossen, die zum Teil als allgemeine Hilfeleistungsabkommen ausgestaltet sind oder sich speziell mit Fragen des nuklearen Notfallschutzes, sei es indem sie entweder gegenseitige Hilfeleistung vorsehen oder Informations- und Konsultationspflichten normieren, beschäfti-

---

141 Abkommen zwischen der Bundesrepublik Deutschland und der Schweizerischen Eidgenossenschaft über die gegenseitige Hilfeleistung bei Katastrophen und schweren Unglücksfällen vom 28. November 1984, BGBl 1987 II, S. 75 ff., in Kraft seit 1.12. 1988 (BGBl 1988 II, S. 967).

142 So enthält etwa Art 15 Abs. 2-6 Regelungen über eine Schiedsgerichtsbarkeit zur Beilegung von Meinungsverschiedenheiten über die Auslegung des Abkommens.

143 Vereinbarung zwischen der Bundesrepublik Deutschland und dem Schweizerischen Bundesrat über den radiologischen Notfallschutz v. 31. Mai 1978 (in Kraft seit 10. 1. 1979), geändert durch Vereinbarung v. 15. 2. 1980 (in Kraft seit 15. 2. 1980), gültiger Text abgedr. in: BGBl 1980 II, S. 563. Zu weiteren völkerrechtlichen Abkommen zwischen der Bundesrepublik und der Schweiz vgl. *Peter*, Umweltschutz am Hochrhein, S. 165 ff., 196 ff.

144 Ziffer 9 der Vereinbarung.

145 Vgl. vor allem Ziffer 6 der Vereinbarung.

gen[146]. Die Abkommen, insbesondere diejenigen Frankreichs, gehen denjenigen der Bundesrepublik zeitlich zum Teil erheblich voraus und haben für diese auch Vorbildfunktion gehabt[147]. Die Strahlenschutzabkommen beziehen sich, wie etwa dasjenige zwischen Belgien und Frankreich aus dem Jahre 1966[148], zum Teil nur auf eine einzige Anlage. In anderen Fällen gibt die Errichtung einer solchen Anlaß zum Abschluß eines generell gefaßten Übereinkommens.

c) Außereuropäische Beispiele bilateraler Notfallschutzabkommen

Außerhalb Europas, in dem durch hohe Siedlungsdichte und starke Industrialisierung Umweltprobleme besonders deutlich vor Augen treten, hat sich vor allem zwischen den Vereinigten Staaten und ihren Grenznachbarn im Norden und Süden schon relativ früh ein ausgeprägtes System jeweils bilateraler Umweltschutzvereinbarungen entwickelt. In bezug auf die "Great Lakes", die etwa die Hälfte der Grenzlänge zwischen Kanada und den USA einnehmen, ist es bereits im Jahre 1909 zu einem "Boundary Waters Treaty" gekommen[149], auf dessen Grundlage 1911 eine International Joint Commission eingerichtet wurde[150], die sich zunächst mit Schiffahrtsfragen befaßte, aber schon ab 1920 auf den Abschluß eines Gewässerschutzvertrages gedrängt hat[151], der schließlich 1972 zustande kam und ein umfassendes, integriertes Notfallschutzsystem enthält, das durch Folgeverträge ausgebaut wurde[152].

Neben den Vereinbarungen zum Schutz der "Great Lakes" haben die USA sowohl mit Mexiko als auch mit Kanada Katastrophenschutzabkommen ge-

---

146 Allgemeine Hilfsabkommen haben etwa geschlossen: Frankreich mit Spanien (1959); Frankreich mit Luxemburg (1962). An Strahlenschutzabkommen sind zu erwähnen: Frankreich - Schweiz (1978), Frankreich - Belgien (1966), Spanien - Portugal (1971); vgl. dazu die näheren Darlegungen bei *Bruha*, ZaöRV 44 (1989), S. 41, 44 ff.; *Bischof*, Rechtsgrundlagen der int. Hilfeleistung, S. 291 ff.

147 *Bruha*, ZaöRV 44 (1984), S. 44 f.

148 Convention sur la protection radiologique concernant les installations de la centrale nucléaire des Ardennes v. 23. Sept. 1966, abgedr. in: UNTS 588, S. 228 ff.

149 Treaty relating to Boundary Waters between the United States and Canada v. 11. Jan. 1909 (T.S. No. 548).

150 *Sadler*, The Management of Canada - U.S. Boundary Waters, Retrospect and Prospect, in: Natural Resources Journal 26 (1986), S. 359 (363).

151 Vgl. dazu *Bruha*, ZaöRV 44 (1984), S. 22.

152 Vgl. die Nachweise bei *Bruha*, a.a.O., S. 22 ff.; weitere Einzelheiten sind ausführlich dargestellt bei *Sadler*, ebenda, S. 364 ff.

schlossen[153]. Diese enthalten jedoch nur Regelungen über die gegenseitige Hilfeleistung bei Naturkatastrophen (USA - Mexiko) oder speziell über die gemeinsame Bekämpfung von Waldbränden (USA - Kanada). Darüber hinausgehende Regelungen zum Schutz vor technisch-industriellen Notfällen der hier zu behandelnden Art bestehen - soweit ersichtlich - bislang nicht.

IV. Probleme der Haftung

Im inzwischen nahezu unüberschaubar gewordenen Schrifttum zum internationalen Umweltrecht nimmt sich die Zahl der Beiträge zu Fragen der Haftung für grenzüberschreitende Umweltbeeinträchtigungen, insbesondere akzidenteller Art, vergleichsweise bescheiden aus. Während im ("primären") Recht der Verhinderung oder Vermeidung von grenzüberschreitenden Umweltschäden inzwischen, auch aus der Sicht des allgemeinen Völkerrechts, ein halbwegs gesicherter Bestand an materiellen Normen verzeichnet werden kann, lassen sich in gleicher Art gesicherte Erkenntnisse zu Fragen der Haftung aus dem allgemeinen Völkerrecht nur schwer ziehen.

Überdies müssen hier auch noch verschiedene Fallkonstellationen getrennt werden. Auf Seiten des Verletzerstaates wird es für die rechtliche Beurteilung einen Unterschied machen, ob dieser selbst den Schaden verursacht hat, was wohl vorwiegend für die sog. Staatshandelsländer in Betracht zu ziehen ist, oder ob den Verletzerstaat eine Haftungsverpflichtung für Schäden trifft, die von Rechtssubjekten ausgehen, die seiner staatlichen Gewalt und Jurisdiktionshoheit unterworfen sind. Es ist geradezu signifikant für westliche Industrienationen und wird möglicherweise auch in absehbarer Zukunft für die in der Umbruchphase befindlichen ehemaligen sozialistischen Staaten relevant werden, daß in zunehmendem Maße Anlagen und Einrichtungen, von denen ein erhebliches Gefährdungspotential für die Umwelt auch in anderen Staaten ausgeht, weitgehend privater Kontrolle unterliegen[154].

---

[153] Abkommen zwischen den USA und Mexiko v. 3. Mai 1968, UST 19 (1968), S. 4810, geändert durch Vereinbarung vom 28. März 1972 und Abk. v. 15.1.1980, TIAS 10013; Abkommen zwischen den USA und Kanada v. 1.6.1971 (betreffend die Waldbrandbekämpfung) UST 22 (1971), S. 721, TIAS 7132 und vom 4./7.5.1982, TIAS 10436. Zum (Rahmen-)Abkommen zwischen den USA und Mexiko über die Zusammenarbeit betreffend den Umweltschutz in der Grenzregion; vgl. *Sinclair*, The Environmental Cooperation Agreement between Mexico and the United States: A Response to the Pollution Problems of the Borderlands, in: Cornell International Law Journal, Vol. 19 (1986), S. 87 (dort ist auch der Text des Abkommens abgedruckt, S. 137 ff.).

[154] Siehe dazu auch *Handl*, AJIL 74 (1980), S. 525.

Bei Beeinträchtigung privater Rechtsgüter auf Seiten des verletzten Staates ist jeweils zu klären, ob hierbei entstandene Schäden auf der völkerrechtlichen Ebene[155] von dem Verletzten selbst oder "seinem" Staat geltend gemacht werden können oder gegebenenfalls müssen. Im ersten Fall wäre eine - irgendwie geartete - partielle Völkerrechtssubjektivität Privater im Hinblick auf die Geltendmachung von derartigen Ersatzansprüchen zu erwägen, oder aber ihnen zumindest ein Klagerecht, dies steht insoweit außerhalb völkerrechtlicher Betrachtungen, vor den Gerichten des Schädigerstaates einzuräumen.

Um einer Beantwortung der Frage, ob das Völkerrecht für diese Fälle hinreichende Regelungen zur Verfügung stellt, näher zu kommen, sollen zunächst wiederum das allgemeine Völkerrecht auf seinen Normenbestand hin kurz untersucht und sodann einige vertragsrechtliche Vorschriften angesprochen werden.

1. Haftungsregelung im allgemeinen Völkerrecht

Betrachtet man den entscheidenden und häufig zitierten Satz des Ständigen Internationalen Gerichtshofes aus der Chorzów-Entscheidung[156]: "It is a principle of international law, and even a general conception of law, that any breach of an engagement involves an obligation to make reparation", so könnte man schnell zu der Auffassung gelangen, daß damit weite Teile des Rechts der völkerrechtlichen Verantwortlichkeit als "geklärt" angesehen werden können. Die Unrichtigkeit dieser - vielleicht auch etwas vorschnellen - Ansicht mag dem Betrachter schon daran auffallen, daß die literarischen Stellungnahmen zu dem Thema auch nach der genannten Entscheidung heftig divergieren[157]. Das Recht der Staatenverantwortlichkeit gehört bis zum heutigen Tag zu den umstrittensten Gebieten des Völkerrechts.

Dies mag zum einen daran liegen, daß das allgemeine Prinzip aus der Chorzów-Entscheidung bis heute nicht in ein System von Völkerrechtssätzen zusammengefaßt und konkretisiert werden konnte. Die schon 1923 aufgenommenen Bemühungen, die heute von der International Law Commission betrie-

---

155 Fragen eines möglichen grenzüberschreitenden Deliktsrechts aus international-privatrechtlicher Sicht sollen hierbei außer Betracht bleiben.

156 Publications de la Cour Permanente de Justice Internationale, Série A No. 9, Arrêt No. 8, S. 21.

157 Siehe die Nachweise im folgenden.

ben werden, haben bislang nicht zu einem Abschluß der Kodifikationsarbeiten geführt[158].

Zum anderen mag es aber auch darauf zurückzuführen sein, daß als Folge moderner Technik zunehmend Fragen einer (verschuldensunabhängigen) Gefährdungshaftung virulent werden[159].

In der Literatur wird die Frage, ob zur völkerrechtlichen Verantwortlichkeit ein Schuldelement (Schuldhaftung) erforderlich ist oder, ob die bloße objektive Verletzung einer Norm des Völkerrechts ausreichend ist[160], streitig behandelt. Darüber hinaus wird die Annahme einer allgemeinen Gefährdungshaftung in jüngerer Zeit häufig gefordert[161].

a) Haftung für Umweltnotfälle

Bevor zu diesen Problemen kurz Stellung genommen werden soll, muß zunächst geklärt werden, ob und warum der Grundsatz der völkerrechtlichen Verantwortlichkeit - welchen Bedeutungsgehalt und welche Folgen er auch haben mag - für Umweltnotfälle der hier zu behandelnden Art und den daraus häufig hervorgehenden grenzüberschreitenden Umweltbeeinträchtigungen Geltung beansprucht.

Gelegentlich läßt sich noch die Aussage finden, eine Ersatzverpflichtung für grenzüberschreitende Umweltbeeinträchtigungen sei keineswegs anerkannt[162]. Zwar existierten inzwischen eine Vielzahl von "Primärregeln" zur Verhütung oder Bekämpfung grenzüberschreitender Umweltbeeinträchtigungen, diese ließen aber noch nicht den Schluß auf die völkerrechtliche Verantwortlichkeit bei Verletzung dieser Pflichten zu.

Dieser Argumentation kann im Ergebnis nicht gefolgt werden.

Es ist zwar zutreffend, daß das für die Begründung umweltrechtlicher Verhaltenspflichten vielfach herangezogene Prinzip 21 der Stockholmer Umweltdeklaration von 1972[163] nur zur Begründung von Primärpflichten herangezo-

---

158 Zum Stand der Kodifikationsarbeiten vgl. *Rauschning*, in: Ber d Dt Ges f VR, H. 24 (1984), S. 7 ff.; insbes. zu Aspekten der Gefährdungshaftung siehe *Boyle*, International and Comparative Law Quarterly, 1990, S. 1 (4 ff.).

159 Kritisch dazu *Randelzhofer*, in: Ber d Dt Ges f VR, H. 24 (1984), S. 47 f).

160 Zum Meinungsstand vgl. etwa *Verdross/Simma*, §§ 1265 ff.

161 Vgl. die Nachweise bei *Randelzhofer*, a.a.O., S. 46 ff.

162 So etwa *Klein*, Umweltschutz im völkerrechtlichen Nachbarrecht, S. 106; vgl. auch *Rest*, UPR 1982, S. 361; *Gündling*, ZaöRV 45 (1985), S. 265 (273) sowie die Nachweise dort.

163 Abgedruckt in: ILM 11 (1972), S. 1416 (1420).

gen werden kann, nicht aber zur Ableitung von Haftungs- oder Verantwortlichkeitsregeln[164]. Es läßt sich andererseits aber weder überzeugend begründen, noch aus der Staatenpraxis ableiten, warum von dem Grundsatz, der seit dem Chorzów-Fall anerkannt ist und nach dem die Staaten für von ihnen ausgehende Völkerrechtsverletzungen, die auf dem Gebiet anderer Staaten Schäden hervorrufen, verantwortlich sind, gerade im Bereich des grenzüberschreitenden Umweltschutzes eine Ausnahme gemacht werden sollte. Deswegen läßt sich im Ergebnis die Auffassung nicht halten, der Grundsatz der Verantwortlichkeit der Staaten für Verletzungen des Völkerrechts finde im Umweltschutz keine Anwendung[165].

b) Das Verschuldenserfordernis

Mit der prinzipiellen Anerkennung des Grundsatzes der Staatenverantwortlichkeit im Umweltrecht ist indessen aber noch keine Aussage über dessen Voraussetzungen, praktische Bedeutung und Reichweite getroffen. Wie bereits angedeutet, stellt sich hier vor allem die Frage, ob eine Verantwortlichkeit an eine schuldhafte Verletzung völkerrechtlicher Pflichten anknüpft (Schuldhaftung) oder ob die objektive Verletzung einer Norm ausreicht. Dieses Problem kann mit Fug und Recht zu den am heftigsten diskutierten Punkten im Recht der Staatenverantwortlichkeit gezählt werden. Auch die jahrelangen Kodifikationsbemühungen der International Law Commission (ILC)[166] haben in dieser Frage nicht entscheidend weitergeführt, da sie selbst noch unterschiedliche Interpretationen zulassen. So wird von *Rauschning*[167] die Auffassung vertreten, auf ein Verschulden komme es nach dem ILC-Entwurf nicht mehr an, während *Rest*[168] davon ausgeht, daß nach dem Entwurf an einer Verschuldenshaftung festgehalten werde. Verschiedentlich werden auch Auffassungen vertreten, die nach Handlungs- oder Unterlassungsdelikten differenzieren[169]. Eine ausführliche Auseinandersetzung mit dieser Frage im Rahmen der vorliegenden Untersuchung verbietet sich schon deshalb, weil bei

---

164 Vgl. *Gündling*, ZaöRV 45 (1985), S. 265 (274); *Rest*, UPR 1982, S. 358 (361 f) m.W.N.; *Handl*, AJIL 74 (1980), S. 525 (535 ff.), der auch auf die "Materialien" der Stockholmer Deklaration eingeht.

165 Im Ergebnis ebenso *Gündling*, a.a.O., S. 275, *Handl*, ebda., S. 535 ff.

166 Die Ergebnisse der Beratungen sind mit den "Draft Articles on State Responsibility" abgedruckt im Yearbook der ILC 1980 II, Teil 1, 530 ff.

167 *Rauschning*, in: Ber d Dt Ges f VR, Heft 24, S. 7 (14).

168 *Rest*, UPR 1982, S. 358 (362).

169 So etwa *Zemanek*, in: FS f. Bindschedler (1980), S. 315 (323); ähnlich auch *Verdross/Simma*, § 1267 m.w.N. aus den ILC-Materialien.

technisch-industriellen Umweltnotfällen häufig keine Pflichtverletzung noch gar ein Verschulden nachzuweisen sein wird und somit die Überlegungen eher bei der Gefährdungshaftung ansetzen müssen.

Nur soviel sei angemerkt: Bedenken gegen das Verschuldenserfordernis ergeben sich m. E. etwa schon daraus, daß es angesichts moderner, hoch komplexer Staatlichkeit sehr fragwürdig erscheint, wo man bei einem Staat ein subjektives Verschuldenselement ansiedeln soll, mit anderen Worten, wem ggfs. Vorsatz oder Fahrlässigkeit im Hinblick auf die Pflichtverletzung nachgewiesen werden müßte[170].

Allerdings scheint es auch einsichtig, daß hier keine pauschalen Lösungen pro oder contra Verschuldenshaftung möglich sind, sondern eine differenziertere Behandlung des Problems vonnöten ist.

Ob man neben dieser verschuldensunabhängigen Haftung darüber hinaus sogar völlig vom Erfordernis einer Pflichtverletzung absehen kann und eine Verantwortlichkeit allein vom Eintritt eines schädlichen Erfolges (injurious harm/... consequences) abhängig machen will, stellt sich im Ergebnis als die Frage nach der Existenz einer Gefährdungshaftung im allgemeinen Völkerrecht dar[171].

c) Gefährdungshaftung

Eine Haftung, bei der es nicht auf den Nachweis der Rechtswidrigkeit ankommt, sondern die auch bei rechtmäßigem Handeln eingreift, wird zumindest als Notwendigkeit angesehen und de lege ferenda gefordert[172]. Es kann allerdings bereits bezweifelt werden, ob es sich bei der Gefährdungs-"haftung", bei der es der Sache nach um das Einstehenmüssen für einen schädlichen Erfolg geht, überhaupt um Haftung im Sinne des Instituts der Staatenverantwortlichkeit handelt[173]. Verantwortlichkeit im eigentlichen Sinne, wie sie mit dem Begriff "responsibility" aus der englischen Terminologie

---

170 Vgl. dazu auch *Gündling*, ZaöRV 45 (1985), S. 265 (279).

171 Bisweilen wird hierfür der Begriff "Erfolgshaftung" verwendet, der in anderen Zusammenhängen für eine Haftung auf Grund einer Pflichtverletzung, aber ohne Verschulden verwendet wird. Die Terminologie ist uneinheitlich. Vgl. dazu *Randelzhofer*, in: Ber d Dt Ges f VR, Heft 24, S. 39 f.

172 Vgl. etwa *Jenks*, RdC. 117 (1966 I), S. 99 ff.; *Handl*, AJIL 74 (1980), S. 525 ff.; *Dupuy*, in: OECD, Legal Aspects, S. 345 ff. (349 ff.), *Rest*, UPR 1982, S. 358 (362); *Rudolf*, in: FS f. Mühl (1981), S. 535 ff.; *Gündling*, ZaöRV 45 (1985), S. 265 (280).

173 Vgl. *Randelzhofer*, in: Ber d Dt Ges VR, Heft 24, S. 36, der dies mit guten Gründen bezweifelt. Anders aber *Gündling*, ZaöRV 45 (1985), S. 265 (285).

übereinstimmt, meint nämlich gerade "Verantwortlichkeit" für eine Pflichtverletzung. Konsequent wird deshalb im englischsprachigen Schrifttum für Fragen der Gefährdungshaftung im hier verstandenen Sinne der Terminus "liability" in Unterscheidung zu "responsibility" verwendet.

> The term "responsibility" was appropriate in cases involving a breach of obligation while "liability" should be used in connection with activities which are otherwise lawful or involve no wrongful acts[174].

Da im deutschsprachigen Schrifttum aber auch Fragen der "liability" unter das Thema Staatenverantwortlichkeit als Oberbegriff gefaßt werden[175], soll dies im folgenden ebenfalls zugrunde gelegt werden.

d) Stand der Diskussion zur Gefährdungshaftung

Die Diskussion um die Existenz einer Gefährdungshaftung nach Völkergewohnheitsrecht setzt etwa um die Jahrhundertwende ein. Vor dem Institut de Droit International wurde die Frage diskutiert, ob ein Staat dafür einzustehen habe, wenn ein Fremder auf seinem Gebiet durch Aufständische zu Schaden kommt. Vorschläge Fauchille's zur Einführung einer Gefährdungshaftung fanden im Ergebnis aber Ablehnung[176]. Auch in der Zeit zwischen den Weltkriegen äußerte sich das einschlägige Schrifttum überwiegend negativ[177].

In der neueren Literatur ist das Bild uneinheitlich. Zum Teil wird die Gefährdungshaftung als existent angesehen und als generelles Prinzip des Gewohnheitsrechts aus bestehenden völkerrechtlichen Normen über internationalen Schadensersatz[178], aus der Staatenpraxis oder aus Präzedenzfällen, wie der Trail Smelter-Entscheidung[179], dem Lac Lanoux-Fall[180], dem Gut Dam-

---

174 So *Boyle*, Int a Comp Law Quarterly 1990, S. 1 (8 f.) unter Verweis auf die Arbeiten der ILC.

175 Siehe dazu *Randelzhofer*, in: Ber d Dt Ges VR, Heft 24, S. 36. Bisweilen werden auch Termini wie "strict liability" oder "absolute liability", "objective liability", "liability for risk", "no-fault liability" verwendet. Die Terminologie ist auch insoweit uneinheitlich, vgl. a.a.O., S. 39 f. sowie *Quentin-Baxter*, Second Report, ILC Yearbook, 1981 II, S. 104 ff.

176 Vgl. Annuaire de Institut de Droit International XVIII (1900), S. 234 ff. sowie *Goldschmidt*, Das Problem einer völkerrechtlichen Gefährdungshaftung, S. 123 ff., der umfangreiche Nachweise bereithält.

177 Vgl. etwa *Strupp*, Das völkerrechtliche Delikt, S. 6; *Eagleton*, The Responsibility of States in International Law, S. 124; lediglich *Scelle*, Précis de droit des gens, S. 67 f., steht der Auffassung *Fauchilles* aufgeschlossen gegenüber.

178 Auf diese Abkommen soll an späterer Stelle noch eingegangen werden.

179 AJIL 35 (1941), S. 684 ff.

180 AJIL 53 (1959), S. 156 ff.

Fall[181] oder dem Korfu-Kanal-Fall[182] abzuleiten versucht[183]. Von anderen Autoren wird die Existenz der Gefährdungshaftung angenommen, aber auf sogenannte "ultra hazardous activities"[184] beschränkt[185]. Eine weitere Auffassung sieht das Prinzip der Gefährdungshaftung als einen allgemeinen Rechtsgrundsatz im Sinne von Art. 38 I c des IGH-Statuts an[186]. Schließlich ist die Gruppe derjenigen zu nennen, die nach geltendem Völkergewohnheitsrecht eine Gefährdungshaftung ablehnen[187].

Wenn man de lege ferenda auch eine völkerrechtliche Gefährdungshaftung für angebracht und wünschenswert halten muß, so wird man dennoch, was die lex lata angeht, der letztgenannten Auffassung folgen müssen. Es läßt sich nicht in hinreichendem Maße Staatenpraxis nachweisen, nach der bei grenzüberschreitendem Schadenseintritt, der nicht unter Verletzung einer völkerrechtlichen Pflicht entstanden ist, eine Entschädigung geleistet wurde[188]. Für eine Unterscheidung zwischen "normaler" Gefährdungshaftung und solcher bei sog. ultra hazardous activities läßt sich überhaupt kein Hinweis finden. Verursacher-Staaten haben auch bei den in jüngerer Zeit aufgetretenen technisch-industriellen Umweltkatastrophen - soweit ersichtlich - nicht in nennenswertem Umfang Ersatz geleistet. Wollte man hier die für die Begründung von Gewohnheitsrecht notwendige Staatenpraxis annehmen, so hieße dies mehr zu sehen, als vorhanden ist.

---

181 ILM 8 (1969), S. 118 ff.

182 ICJ Reports, 1949, S. 4.

183 Vgl. etwa *Barron*, Columbia Journal of Transnational Law, Vol. 25 (1987), S. 647 (660 f.). So wohl auch *Schneider*, World Public Order, S. 163 ff.

184 Zur Definition dieses Begriffes vgl. *Jenks*, in: RdC 117, S. 99 (S. 107) "The expression ultra hazardous activities ... does not imply that the activity is ultra hazardous in the sense that there is a high degree of probability that the hazard will materialize, but rather that the consequences in the exceptional and perhaps quite improbable event of the hazard materializing may be so far-reaching that special rules concerning the liability for such consequences are necessary if serious injustice and hardship are to be avoided".

185 So vor allem *Jenks*, a.a.O., S. 99 ff.; vgl. ferner *Handl*, AJIL 74 (1980), S. 525 (553); *Schwarze*, AVR 24 (1986), S. 408 (419); *Kelson*, Harv. Int. Law Journal 13 (1972), S. 201 (243); *Kimminich*, AVR 22 (1984), S. 241 (268 f.); *Goldie*, Int a Comp Law Quarterly 1965, S. 1189 (1225 ff.), dessen Rechtsposition aber wohl nur de lege ferenda ansetzt.

186 *Goldschmidt*, Das Problem einer völkerrechtlichen Gefährdungshaftung, S. 189 ff.; ähnlich aber noch zweifelnd *v. Münch*, Das völkerrechtliche Delikt, S. 168.

187 Vgl. vor allem *Randelzhofer*, in: Ber d Dt Ges VR, Heft 24, S. 65; *Rudolf*, in FS f. Mühl, S. 544; *Dupuy*, La responsabilité, S. 209 f.; *Goldschmidt*, a.a.O. , S. 123; *Gündling*, ZaöRV 45 (1985), S. 265 (286 f.); *Rest*, GYIL 1987, S. 160 (167 f.); ders. VersR 1986, S. 609 (615).

188 Im Ergebnis wohl ebenso, *Hoche*, Verhältnis der Zivilhaftungskonvention für Atom- und Ölverschmutzungsschäden zur völkerrechtlichen Haftung, S. 193 ff., die Beispiele aus der Staatenpraxis aufzeigt.

Eine Gefährdungshaftung für ultra hazardous activities läßt sich auch nicht als generelles Prinzip aus bestehenden völkerrechtlichen Haftungsübereinkommen[189] ableiten, da diese nicht als Ausdruck einer allgemeinen Rechtsüberzeugung angesehen werden können[190]. Die von einem Teil der Literatur angeführten Entscheidungen[191] geben ebenfalls keine tragfähige Begründung für eine Gefährdungshaftung ab. In diesen Entscheidungen wurden Fragen der Entschädigung entweder allenfalls am Rande behandelt[192] oder keine Probleme einer Gefährdungshaftung für technisch-industrielle Risiken erörtert[193]. Jedenfalls ist hier aber keine einheitliche Tendenz in dieser Hinsicht zu erkennen[194].

Dem Versuch von Goldschmidt, die Gefährdungshaftung als einen allgemeinen Rechtsgrundsatz zu begründen[195], muß ebenfalls eine Absage erteilt werden, da er diesen Grundsatz nur für eine geringe Zahl von Staaten nachweist[196] und sich dabei im wesentlichen auf westliche Industrienationen beschränkt[197].

Eine gewohnheitsrechtliche oder nach allgemeinen Rechtsgrundsätzen bestehende Gefährdungshaftung im Völkerrecht wird man deshalb nicht annehmen können[198].

In der Literatur ist darüber hinaus auch der Versuch unternommen worden, eine Gefährdungshaftung aus der Lehre vom Verbot des Rechtsmißbrauchs (abuse of rights) herzuleiten[199]. "Führt die Ausübung einer erlaubten Tätig-

---

[189] Zu diesen vgl. unten S. 69 ff.

[190] *Randelzhofer*, in: Ber d Dt Ges VR, S. 65 f.; ihm folgend *Gündling*, ZaöRV 45 (1985), S. 265 (286).

[191] Vgl. oben Fußnote 179 - 182.

[192] So etwa in der Trail-Smelter-Entscheidung (AJIL 35 (1941), S. 684 ff.) oder dem Lac Lanoux-Fall (AJIL 53 (1959), S. 156 ff.).

[193] Im Korfu Kanal-Fall ist ausdrücklich von "responsibility" die Rede (ICJ Reports, 1949, S. 4 (36), während man beim Streit im Gut Dam-Fall kaum von einer ultra hazardous activity sprechen kann (vgl. ILM 8 (1969), S. 118 ff.).

[194] So im Ergebnis auch *Gündling*, ZaöRV 45 (1985), S. 265 (286 f); *Handl*, AJIL 74 (1980), S. 525 (537).

[195] Das Problem einer völkerrechtlichen Gefährdungshaftung, S. 189 ff.

[196] A.a.O. S. 220 ff.

[197] Zur detaillierten Kritik vgl. *Randelzhofer*, in: Ber d Dt Ges VR, S. 67.

[198] Dies scheint sich auch mit der Auffassung der 1978 von der ILC eingesetzten Arbeitsgruppe "on international liability for injurious consequences arising out of acts not prohibited by international law" zu decken. Vgl. Yearbook ILC 1978 II 2, S. 150 ff. Die Untersuchungen dieser Arbeitsgruppe bilden den Ausgangspunkt der Kodifikationsbemühungen der ILC für das Gebiet der Gefährdungshaftung; siehe dazu unten S. 66 ff.

[199] *Garcia-Amador*, ILC-Yearbook 1960 II, S. 65.

keit in einem anderen Staat zu Schäden, so mißbraucht der schädigende Staat sein Recht und ist schadensersatzpflichtig". Diese Lösung stößt in mehrfacher Hinsicht auf Bedenken.

Zum einen stellt sie nur eine Verlagerung des Problems dar, denn auch beim Rechtsmißbrauch stellt sich die Frage, ob dieser nur auf objektive, nicht aber auch auf subjektive Kriterien, m. a. W. auf eine ganz bewußte Rechtsverletzung abstellt[200]. Dies wäre mit mit einer (verschuldensunabhängigen) Gefährdungshaftung unvereinbar.

Darüber hinaus wird die Existenz des Rechtsmißbrauchsverbots als allgemeiner Rechtsgrundsatz bezweifelt[201]. Schließlich ist dieser Grundsatz, wenn man ihn als generelles Prinzip akzeptiert, weitgehend amorph. Konkrete Folgerungen über Ausmaß und Umfang einer Haftung ließen sich aus ihm kaum herleiten[202].

Da man nach alledem von der Existenz einer völkerrechtlichen Gefährdungshaftung gegenwärtig wohl noch nicht ausgehen kann, diese aber de lege ferenda gefordert werden muß[203], erhebt sich die Frage, ob aus den laufenden Kodifikationsbemühungen der International Law Commission (ILC) für die nähere Zukunft Ergebnisse in der Art zu erwarten sind, die dieser Forderung auch de lege lata gerecht werden können.

e) Kodifikationsbemühungen der ILC zur Gefährdungshaftung

Nachdem sich die ILC im Jahre 1973 zunächst darauf festgelegt hatte, Kodifikationsarbeiten zur Staatenverantwortlichkeit auf die Haftung für rechtswidriges Verhalten zu beschränken[204], wurde aufgrund eines Berichtes der 1978 eingesetzten "Working Group on International Liability for Injurious Consequences arising out of Acts not prohibited by International Law"[205] die Arbeit zur Kodifikation einer Gefährdungshaftung aufgenommen. Ausgangspunkt der durch den zum Special Rapporteur ernannten Robert Quentin-Baxter zum Ausdruck gebrachten Überlegungen ist, daß die vom Recht tolerierten Aktivi-

---

[200] Vgl. dazu *v. Münch*, Das völkerrechtliche Delikt, S. 164 f.

[201] Vgl. etwa *Berber*, Rechtsquellen des internationalen Wasserrechts, S. 138 ff.; sowie die Nachweise bei *Randelzhofer*, a.a.O., S. 45, Fußn. 28.

[202] Vgl. *Rudolf*, in: FS f. Mühl, S. 535 (544).

[203] Vgl. dazu oben S. 62.

[204] Dies geht auf einen Vorschlag des damaligen Berichterstatters Ago zurück; vgl. dazu ILC Yearbook 1973 II, S. 169 para. 37-39.

[205] ILC Yearbook 1978 II/2, S. 150 ff.

täten auf technischem und industriellem Gebiet in zunehmendem Maße Umweltnotfälle (environmental hazards) hervorrufen, die eine Herausforderung an das Völkerrecht darstellen[206]. Hauptsächlicher, wenn auch nicht alleiniger Anlaß und Gegenstand der Arbeiten der ILC zur Gefährdungshaftung stellt also das internationale Umwelt-Notfall-Recht dar. Inzwischen wurde nach mehreren Berichten[207], in denen sich die Struktur zunehmend konkretisierte, ein Kodifikationsentwurf präsentiert[208]. Dieser stellt die Verminderung grenzüberschreitender Schäden sowie die Begrenzung ihrer Auswirkungen in den Vordergrund. Zu diesem Zweck wird eine Zusammenarbeit der Staaten eingefordert (states shall co-operate)[209].

Für den Fall einer nennenswerten grenzüberschreitenden Schädigung ist eine Ersatzpflicht des Verursachers vorgesehen (shall make reparation). Über diese muß allerdings im Wege der Verhandlung zwischen Schädiger- und geschädigtem Staat entschieden werden (such reparation shall be decided by negotiation between the state of origin and the affective state or states ...)[210]. Im weiteren beschränkt sich der Entwurf darauf, Notifikations- und Konsultationspflichten festzulegen[211].

Sollten diese Kodifikationsentwürfe geltendes Völkerrecht werden, so würden sie sicher einen bedeutenden Fortschritt für das internationale Recht der Umwelthaftung bedeuten.

Wie das Schicksal der Kodifikationsentwürfe der ILC zur Staatensukzession allerdings zeigt[212], wird der Entwurf über die Gefährdungshaftung, da er sich

---

206 Vgl. den Preliminary Report von *Quentin-Baxter* in: ILC Yearbook 1980 II/1, S. 247, para 4 et passim.

207 ILC Yearbook 1981 II/1, S. 103; 1982 II/1, S. 51; 1983 II/1, S. 201; 1984 II/1, S. 155; 1985 II/1, S. 97; Special Rapporteur ist nunmehr *Barboza*; 1986 II/1, S. 145; 1987 II/1, S. 47; 1988 II/2, S. 8.

208 Special Rapporteur's Draft Articles on international liability for injurious consequences arising out of Acts not prohibited by International Law, 1989, UN Doc. A/CN 4/423 ILC, 41st Session; Artikel, die sich unmittelbar mit Fragen der Haftung auseinandersetzen, sind auch abgedruckt bei *Boyle*, Int a Comp Law Quarterly 1990, S. 24 ff.

209 Art. 7 u. 8 der Draft Articles.

210 Art. 7 der Draft Articles.

211 Art. 10-17 der Draft Articles.

212 Die ambitionierten Kodifikationsentwürfe der ILC zur Staatennachfolge (abgedruckt in: ILM 17 (1978), S. 1488 und ILM 22 (1982), S. 306 ff.) haben wohl eine "fortschreitende Entwicklung" des Völkerrechts zum Ziel. Aus diesem Grund ist erhebliche Skepsis im Hinblick auf eine Annahme durch einen repräsentativen Staatenkreis angebracht. Vgl. dazu *Verdross/Simma*, § 974; sowie zur Kritik *Fiedler*, GYIL 24 (1981), S. 9 ff., insbes. S. 53 ff.

über bestehendes und anerkanntes Gewohnheitsrecht hinaus bewegt, nur geringe Chancen haben, angenommen zu werden[213].

Angesichts dieses Dilemmas kann mit Recht die Frage erhoben werden, ob derartig ambitionierte Kodifikationsversuche nicht letztlich unterlassen werden sollten. Das Anliegen einer Kodifikation, bestehendes Gewohnheitsrecht in Vertragsform zu gießen oder aber dieses gar fortzuentwickeln, kann schwerlich erreicht werden, wenn sich die Vertragsentwürfe allzu weit vom bereits geltenden Recht entfernen[214]. In einem Rechtssystem, das auf der Gleichordnung souveräner Staaten beruht, läßt sich auch mit größter Ambition kein "Stein ins Rollen bringen", wenn sich die "Rechtsgenossen" gegen ihn stemmen.

f) Verantwortlichkeit der Staaten für völkerrechtswidrige Handlungen (oder Unterlassungen) Privater

Völkerrechtswidrige Handlungen von Privatpersonen in ihrem Bereich sind Staaten grundsätzlich nicht zuzurechnen. Dieser Satz ist in der Völkerrechtslehre einhellig anerkannt[215]. Für das Gebiet des internationalen Umweltschutzes oder hier präziser des Rechts der internationalen Umweltnotfälle stellt allerdings die Suche nach Zurechnungsmöglichkeiten für Privathandlungen bereits die falsche Fragestellung dar. Umweltschutz ist und wird angesichts der tatsächlichen Bedrohungssituation immer mehr zu einer staatlichen Aufgabe, die in internationaler Zusammenarbeit zu bewältigen ist[216]. Demzufolge bedarf es näherer Erwägung, ob für Staaten nicht inzwischen Über-

---

213 In jüngster Zeit werden auch Stimmen laut, die die "Einführung" einer Gefährdungshaftung als entbehrlich ansehen, wenn man durch Ausdehnung entsprechender Primärpflichten, etwa im Hinblick auf die Vermeidung grenzüberschreitender Umweltbeeinträchtigungen die Möglichkeit schafft, diese als Völkerrechtsverletzung einzustufen und sie damit nach Kriterien der "responsibility" zu behandeln. Vgl. dazu insbesonders *Boyle*, Int a Comp Law Quarterly 1990, S. 1 (22 ff.). Dabei wird aber wohl verkannt, daß eine Ausdehnung oder Präzisierung von Primärpflichten auf Probleme stoßen dürfte, die denjenigen die der "Einführung" einer Gefährdungshaftung nach allgemeinem Völkerrecht entgegenstehen, durchaus "ebenbürtig" sein dürften.

214 Ähnliche Kritik wird bereits 1984 von *Randelzhofer*, in: Ber d Dt Ges VR, Heft 24, S. 72 f m.w.N. zum damaligen Stand der Entwurfsarbeiten geübt.

215 Vgl. *Verdross/Simma*, § 1281; *Wolf*, ZaöRV 45 (1985), S. 232 jew. m. zahlreichen Nachweisen aus der Spezialliteratur und den Arbeiten der ILC; ferner *Sperduti*, EPIL, Instalment 10, S. 373.

216 Vgl. dazu *Gündling*, ZaöRV 45 (1985), S. 265 (289).

wachungs- und Kontrollpflichten über technisch-industrielle Risiken, die sich in privater Hand befinden oder über die private Kontrolle ausgeübt wird, bestehen.

Deren Außerachtlassung könnte sich als Pflichtverletzung darstellen, die zu einer völkerrechtlichen Verantwortlichkeit im Sinne von "responsibility" führt[217]. Die Frage, ob solche Pflichten im Umweltrecht zum gesicherten Bestand des allgemeinen Völkerrechts gehören, läßt sich nicht leicht beantworten. Umfassend könnte sie wohl nur in einer Spezialuntersuchung geklärt werden. Mit dem allgemeinen Satz aus dem Korfu-Kanal-Fall, "It's every state's obligation not to allow knowingly its territory to be used to contrary the rights of others"[218] ist diese Frage noch nicht beantwortet[219], da durch diesen Satz noch nicht geklärt ist, ob es tatsächlich Überwachungs- und Kontrollpflichten gibt, denen ein Recht anderer Staaten auf deren Beachtung korrespondiert. Allerdings hat das Kanadisch-Amerikanische Schiedsgericht in der Trail-Smelter-Entscheidung[220] festgestellt, daß nach seiner Ansicht eine Regel bestehe, wonach "... a state owes at all times a duty to protect other states against injurious acts by individuals within its jurisdiction ...". Dem entspricht auch das Prinzip 21 der Stockholmer Umweltdeklaration, nach dem "States have, ... the responsibility to ensure that activities within their jurisdiction or control do not cause damage to the environment of other states or of areas beyond the limits of national jurisdiction"[221]. Legt man dies zugrunde, so wird man die Verantwortlichkeit desjenigen Staates annehmen können, der keine hinreichende Kontrolle über die seiner Hoheitsgewalt unterfallenden Privatpersonen ausübt, wenn es infolge der mangelnden Kontrolle und Überwachung zu grenzüberschreitenden Umweltschäden kommt[222]. Allerdings mag die Umschreibung solcher Pflichten im Einzelfall sowie die Feststellung ihrer Verletzung erhebliche Schwierigkeiten aufwerfen.

---

217 Eine solche "Pflichtenbeschreibung" kann allerdings keinen Ersatz für eine Gefährdungshaftung darstellen, da auch trotz Einhaltung ausgedehnter Überwachungs- und Kontrollpflichten ein Schadenseintritt niemals völlig ausgeschlossen werden kann. Eine Gefährdungshaftung wäre demzufolge immer noch für den Bereich des sog. "Restrisikos" zu fordern.

218 ICJ Reports 1949, S. 4 (22).

219 So aber im Ergebnis wohl *Handl*, AJIL 74 (1980), S. 585 (528 ff.).

220 AJIL 35 (1944), S. 648 ff.

221 ILM 11 (1972), S. 1416 (1420).

222 Im Ergebnis ebenso *Gündling*, ZaöRV 45 (1985), S. 265 (289 f); *Handl*, AJIL 74 (1980), S. 525 ff.; *Kimminich*, AVR 22 (1984), S. 241 ff., insbes. S. 248 ff. Damit sind allerdings Probleme der Beweislast oder des Kausalitätsnachweises, die in diesem Feld eine erhebliche Bedeutung haben, noch nicht entschieden. Vgl. dazu etwa *Zehetner*, Beweislastprobleme im völkerrechtlichen Nachbarrecht des grenzüberschreitenden Umweltschutzes, in: FS f. Verdross (1980), S. 701 ff. Allgemein zu Zurechnungsfragen im Rahmen der Staatenverantwortlichkeit siehe *Wolf*, ZaöRV 45 (1985), S. 232 ff.

Im Rahmen dieser Pflichtverletzung ist ein Staat grundsätzlich auch für alle Organe auf allen Stufen der hierarchischen Gliederung des Staatsapparates einschließlich der legislativen und judikativen Gewalt verantwortlich[223].

2. Haftungsregelungen in völkerrechtlichen Verträgen

Während das Völkergewohnheitsrecht bezüglich Fragen der internationalen und transnationalen Haftung für potentielle Schäden, verursacht durch technisch-industrielle Umweltnotfälle, ein - wie dargelegt - relativ diffuses Bild bietet, haben sich vertragsrechtlich in verschiedenen Bereichen einigermaßen präzise Regelungen herausgebildet, die hier kurz dargestellt werden sollen.

a) Atomhaftungsübereinkommen

Das Paradestück dieser Entwicklung bilden die internationalen Verträge über die Haftung bei der friedlichen Nutzung der Kernenergie. Derartige Abkommen existieren bereits seit 1960 und haben inzwischen eine Reihe von Haftungsgrundsätzen für die speziellen Risiken der Kernenergie herausgebildet.

Das älteste und vermutlich auch bekannteste dieser Abkommen ist das "Übereinkommen über die Haftung gegenüber Dritten auf dem Gebiet der Kernenergie" vom 29.7.1960[224] in der Fassung des Zusatzprotokolls vom 28.1.1964[225] (Pariser Übereinkommen). Dem folgen das "Zusatzübereinkommen zum Pariser Übereinkommen vom 29. Juli 1960 über die Haftung gegenüber Dritten auf dem Gebiet der Kernenergie" vom 31.1.1963[226] in der Fassung des Zusatzprotokolls vom 28.1.1964[227] (Brüsseler Zusatzübereinkommen); das "Übereinkommen über die zivilrechtliche Haftung bei der Beförderung von Kernmaterial auf See" vom 17.12.1971[228] (Brüsseler Kernmaterial-Seetransport-Übereinkommen); das "Übereinkommen über die Haftung der Inhaber von Reaktorschiffen nebst Zusatzprotokoll" vom 25.5.1962[229] (Brüsseler Reaktorschiff-Übereinkommen) sowie das "Wiener Übereinkommen

---

223 Vgl. dazu im Detail und mit zahlreichen Nachweisen *Verdross/Simma*, §§ 1270 ff., die auch die Ausnahmen von diesem Grundsatz aufzeigen.

224 BGBl 1975 II, S. 957.

225 BGBl 1975 II, S. 1007, in Kraft seit 1.4.1968.

226 BGBl 1975 II, S. 992.

227 BGBl 1975 II, S. 1021, in Kraft seit 4.12.1974.

228 BGBl 1975 II, S. 1026, in Kraft seit 15.7.1975.

229 BGBl 1975 II, S. 977, noch nicht in Kraft getreten.

über die zivilrechtliche Haftung für nukleare Schäden" vom 21.5.1963[230] (Wiener Atomhaftungskonvention).

Diesen Abkommen ist gemeinsam, daß sie sämtlich eine Gefährdungshaftung normieren[231], wobei aber diese jeweils auf den Inhaber der Anlage kanalisiert wird.

Geschädigter können dabei sowohl ein Privater als auch öffentliche Körperschaften einschließlich des Staates und seiner Untergliederungen sein[232]. Teilweise wird die Haftung ausgeschlossen, wenn der Schaden durch Kriegshandlungen, Feindseligkeiten, Bürgerkrieg oder Aufstand verursacht worden ist[233]. Bemerkenswert ist ferner, daß die Abkommen - in jeweils unterschiedlicher Höhe - Haftungshöchstsummen festlegen[234]. Dies wird darauf zurückgeführt, daß sie aus der "Frühzeit" der kommerziellen Kernenergienutzung datieren und relativ stark den Förderungsaspekt in den Vordergrund stellen[235], an dem die OECD/NEA ebenso wie die IAEA auch bis dato im wesentlichen festhalten.

Über die Haftungshöchstsummen hinaus besteht für den Anwendungsbereich des Pariser Übereinkommens eine Staatseintrittspflicht bis zu 120 Mio. Rechnungseinheiten[236] nach dem Europäischen Währungsabkommen[237], die sich ab einer bestimmten Grenze auf alle Vertragsparteien verteilt. Diese Höchstgrenzen können angesichts des Gefährdungspotentials kaum als ausreichend angesehen werden und haben deshalb Kritik an den Haftungsübereinkommen laut werden lassen[238]. Sie verdeutlichen jedoch ebenfalls den Förderungsgedanken, der den Vertragswerken zugrunde liegt. An dieser Stelle sei bemerkt,

---

230 Abgedruckt bei *Rüster/Simma*, International Protection of the Environment (Dokumentensammlung), Bd. XII, S. 6082; United Nations Juridical Yearbook, 1963, S. 148 ff.

231 Vgl. dazu *Randelzhofer*, in: Ber d Dt Ges f VR, Heft 24, S. 51. Zur ausführlichen Darstellung und Kritik der Abkommen; vgl. *Boulanger*, Haftung für nukleare Schäden, S. 270 ff.; *Hoche*, Verhältnis der Zivilhaftungskonventionen für Atom- und Ölverschmutzungsschäden zur völkerrechtlichen Haftung, S. 9 ff.

232 Vgl. Art. I 1a der Wiener Atomhaftungskonvention; Art. I Ziff. 3 des Reaktorschiff-Übereinkommens; Art. 3 des Pariser Übereinkommens muß wohl im gleichen Sinne verstanden werden.

233 Art. IV Abs. 3a des Wiener Atomhaftungsübereinkommens sowie Art. VIII des Reaktorschiff-Übereinkommens; das erstgenannte schließt auch die Haftung für Schäden infolge von schweren, außergewöhnlichen Naturkatastrophen aus (Art. IV 3b).

234 Art. 7 des Pariser Übereinkommens; Art. V der Wiener Atomhaftungskonvention, Art. III des Reaktorschiff-Übereinkommens.

235 Vgl. dazu *Pelzer*, Zusammenarbeit bei friedlicher Kernenergienutzung, S. 311.

236 Art. 3 des Brüsseler Zusatzübereinkommens.

237 Abkommen v. 5.8.1955, BGBl 1959 II, S. 294.

238 Vgl. *Pelzer*, ibidem, S. 311.

daß die erwähnten Haftungsregelungen mit Ausnahme der Staatseintrittspflicht nach Art. 3 des Brüsseler Zusatzübereinkommens sämtlich keine Gefährdungshaftung der Staaten normieren, sondern lediglich eine solche der Anlagenbetreiber, unabhängig davon, ob diese staatlich oder privat sind[239]. Sie können deshalb, wie Randelzhofer[240] mit Recht bemerkt, nicht zur Begründung einer völkerrechtlichen Gefährdungshaftung herangezogen werden. Es handelt sich lediglich um eine durch Völkerrecht normierte zivilrechtliche-, nicht aber um eine völkerrechtliche Gefährdungshaftung.

b) Haftung für Ölverschmutzung

Eine zivilrechtliche Gefährdungshaftung normiert auch das "Internationale Übereinkommen über die zivilrechtliche Haftung für Ölverschmutzungsschäden" vom 29. 11. 1969[241]. Nach Art. III Abs. 1 des Abkommens haftet der Eigentümer des Schiffes für alle Verschmutzungsschäden, die durch aus dem Schiff ausgeflossenes oder abgelassenes Öl verursacht werden. Das Abkommen findet daher Anwendung auf Havarien, das Ablassen von Öl in Notfallsituationen und Ölverschmutzungen durch Tankreinigungen[242]. Es umfaßt allerdings nur die Haftung für Tankschiffe (Art. I Ziff. 1), nicht für andere Schiffsarten. Wenn eine Verschmutzung durch Tankschiffe eingetreten ist, wird nicht mehr darauf abgestellt, ob diese durch Ladung oder durch Bunkeröl verursacht worden ist (Oil ... carried on board a ship as cargo or in the bunkers of such a ship / Art. I Ziff. 5).

Hervorzuheben ist noch, daß das Abkommen dem Eigentümer die Möglichkeit einräumt - außer bei persönlichem Verschulden - seine Haftung auf 2000 Franken je Tonne Raumgehalt des Schiffes, maximal 210 Mio. Franken zu beschränken (Art. V). Eine Haftung ist völlig ausgeschlossen, wenn der Eigentümer nachweist, daß der Schaden durch Krieg, Bürgerkrieg, Aufstand oder ein unabwendbares Naturereignis entstanden oder auf das Verschulden des Geschädigten oder eines Dritten zurückzuführen ist (Art. III Abs. 2 und 3)[243].

---

239 Lediglich zu einer wechselseitigen "Inländergleichbehandlung" in materieller und prozessualer Hinsicht führt auch das Deutsch-Schweizerische Abkommen über die Haftung gegenüber Dritten auf dem Gebiet der Kernenergie v. 22. 10. 1986 (BGBl 1988 II, S. 598). Es enthält selbst keinerlei Haftungstatbestände, sondern legt lediglich den räumlichen Anwendungsbereich innerstaatlichen Rechts fest.

240 *Randelzhofer*, in: Ber d Dt Ges VR, Heft 24, S. 52.

241 BGBl 1975 II, S. 305, in Kraft seit 18.5.1975.

242 Vgl. dazu *Steiger/Demel*, DVBl 1979, S. 205 (208 f.) m.w.N.

243 Zu weiteren Haftungsfragen im Rahmen des Abkommens vgl. *Steiger/Demel*, a.a.O., S. 208 f.; sowie *Hoche*, a. a. O., S. 43 ff.

Das Abkommen wird ergänzt durch das "Internationale Übereinkommen über die Errichtung eines Internationalen Fonds zur Entschädigung für Ölverschmutzungsschäden" vom 18.12.1971[244]. Nach dessen Art. 4 Abs. 1 erhält jeder, der Verschmutzungsschäden erlitten hat, eine Entschädigung, wenn der Betreffende nach dem Haftungsübereinkommen nicht voll und angemessen entschädigt werden konnte. Zu diesem Zweck wird ein Fonds gebildet, der aus Beiträgen derjenigen gespeist wird, die in einem Vertragsstaat jährlich mehr als 150.000 Tonnen Öl erhalten haben (Art. 10). Ferner erstattet der Fonds dem Eigentümer eines Schiffes einen Teil der von ihm zu leistenden Entschädigung (Art. 5).

Neben diesen sind noch zwei weitere Abkommen erwähnenswert, wovon eines zwischen Tankereigentümern[245] und ein anderes zwischen Ölgesellschaften geschlossen wurde.

Im ersteren verpflichten sich Schiffseigentümer, einem Staat Aufwendungen, die er zum Schutz vor Verschmutzung machen mußte, bis zur Grenze von 10 Mio. Dollar zu ersetzen. Hier besteht eine Verschuldenshaftung; allerdings trägt der Schiffseigentümer die Beweislast dafür, daß ihn kein Verschulden trifft (Art. IV).

Das zweite Abkommen regelt die teilweise Erweiterung der Haftung sowie eine Erhöhung der Haftungsgrenzen gegenüber den vorgenannten staatlichen Abkommen.

c) Sonstige Haftungsregelungen

Weitere, durch völkerrechtliche Verträge normierte Haftungstatbestände für technisch-industrielle Risiken sind über die genannten Beispiele hinaus nur noch vereinzelt zu finden.

So ist etwa die "Konvention über Schäden, die durch Flugzeuge auf dem Boden von Drittstaaten verursacht werden"[246] zu nennen. Nach Art. 1 Abs. 2 in Verbindung mit Art. 2 der Konvention trifft in der Regel den Eigentümer des Flugzeuges eine Haftung für Schäden, die durch ein Flugzeug im Flug oder eine herausfallende Sache auf dem Boden verursacht werden. Die Haftung

---

[244] BGBl 1975 II, S. 320, in Kraft seit 16.10.1978.

[245] Tanker Owners Voluntary Agreement concerning Liability for Oil Pollution (TOVALOP) v. 7.1.1969, abgedruckt in: ILM 1969, S. 497.

[246] Die Konvention wurde am 7.10.1952 in Rom unterzeichnet, Text abgedruckt in: AJIL 52 (1958), S. 593 ff., die Bundesrepublik Deutschland hat diese Konvention nicht ratifiziert.

wird alleine durch den Kausalitätsnachweis ausgelöst, so daß hier ebenfalls eine Gefährdungshaftung besteht; allerdings können Schäden, die durch den mit den Luftverkehrsvorschriften in Einklang stehenden Durchflug entstehen, nicht geltend gemacht werden[247]. Eine Haftung für Militärflugzeuge ist ebenso ausgeschlossen (Art. 26), wie für alle Schäden, die infolge eines bewaffneten Konflikts oder Unruhen entstehen (Art. 5). Ferner ist für die Haftung eine Höchstsumme festgelegt (Art. 11).

Ein Fall der - hier unmittelbar staatlichen - Gefährdungshaftung ist schließlich noch im "Übereinkommen über die völkerrechtliche Haftung für Schäden durch Weltraumgegenstände" vom 29.3.1972[248] zu verzeichnen. Nach dessen Art. II haftet ein Startstaat unbedingt für die Leistung von Schadensersatz wegen eines von seinem Weltraumgegenstand auf der Erdoberfläche oder an Luftfahrzeugen im Flug verursachten Schadens. Für Schäden an anderen Weltraumobjekten ist eine Verschuldenshaftung normiert (Art. III). Der Schadensersatz ist, anders als bei den vorgenannten Abkommen, die völkerrechtlich eine zivilrechtliche Haftung anordnen, hier auf diplomatischem Wege geltend zu machen (Art. IX). Dies zeigt erneut den Unterschied zwischen unmittelbar-staatlicher und zivilrechtlicher Haftung[249].

In weiteren wichtigen Bereichen, wie etwa dem Gefahrstoffrecht, dem Transportrecht oder dem Recht der Luftreinhaltung[250] sind völkerrechtlich vereinbarte Haftungstatbestände für grenzüberschreitende Umweltschäden nicht ersichtlich.

3. Resumée

Das völkerrechtliche Instrumentarium zur Bewältigung der Haftungsfragen im Rahmen technisch-industrieller Umweltnotfälle mit grenzüberschreitenden Schadenswirkungen erweist sich insgesamt als unzureichend.

Eine rechtspolitisch gebotene Gefährdungshaftung der Staaten nach allgemeinem Völkerrecht für sog. ultra hazardous activities läßt sich nicht nachweisen.

---

247 Dies sind wohl vor allem Schäden durch Lärm oder Druckwellen.

248 BGBl 1975 II, S. 1210.

249 Vgl. dazu sowie zu weiteren Einzelheiten des Weltraumhaftungsvertrages *Randelzhofer*, in: Ber d Dt Ges VR, Heft 24, S. 53 ff.

250 Auch die Genfer Konvention über weiträumige grenzüberschreitende Luftverunreinigung vom 13.11.1979 (BGBl 1982 II, S. 374) enthält keine Haftungsregelungen.

Ein Einstehenmüssen der Staaten für völkerrechtswidrige Handlungen Privater hängt von einer im Einzelfall schwer vorzunehmenden Beschreibung staatlicher Überwachungs- und Kontrollpflichten ab, wobei hier überdies jeweils mit Beweisproblemen zu rechnen sein wird.

Vertragsrechtliche Gefährdungshaftung besteht nur in - wenn auch wichtigen - Einzelbereichen. Hier findet aber eine Verlagerung der Haftung auf private Träger und Betreiber statt, für die im günstigsten Falle staatliche Einstandspflichten bestehen. Darüber hinaus sind diese vertraglichen Haftungsnormen zumeist nur von einer geringen Zahl von Staaten - meist westliche Industrienationen - ratifiziert[251].

Somit ergibt sich auch durch Verträge kein "flächendeckendes" System von Haftungsnormen[252]. Probleme des Verhältnisses einer vetraglich angeordneten Haftung Privater zu einer Gefährdungs- oder sonstigen Haftung der Staaten haben daher wenig Aussichten, erhebliche praktische Bedeutung zu erlangen[253].

Im weiteren Verlauf der Untersuchung wird daher zu erwägen sein, ob das Europäische Gemeinschaftsrecht in seinem Geltungsbereich diese Lücken bereits schließt oder noch schließen kann.

---

251 Die Sowjetunion etwa ist im System des Pariser Übereinkommens und der Brüsseler Zusatzübereinkommen sowie in der Wiener Atomhaftungskonvention ebensowenig Vertragspartner wie sonstige Ostblockstaaten, die über Atomenergie verfügen. Im Abkommen über die zivilrechtliche Haftung der Ölverschmutzungsfälle sind zwar eine Reihe von Ostblockstaaten Vertragspartner, nicht aber die USA. Hier sind allerdings eine Reihe sog. "Billig-Flaggen-Länder" Vertragspartner, so daß diesem Abkommen im Ergebnis die größte praktische Bedeutung zugemessen werden kann. Zur Übersicht über den Bestand an Vertragsparteien zu den verschiedenen Abkommen vgl. Fundstellennachweis B zum BGBl Teil II unter dem Datum des jeweiligen Vertragsabschlusses (Stand 31.12.1988).

252 Dies gilt insbesondere auch für den Bereich des Nuklearrechts. Die ebenso zahlreich wie eilig vorgelegten Beiträge zu Haftungsfragen nach der Kernkraftwerkskatastrophe von Tschernobyl vermögen daran nichts zu ändern. Vgl. (ohne Anspruch auf Vollständigkeit) *Schneider/Stoll*, BB 1986, S. 1233; *Pelzer*, NJW 1986, S. 1664; *Kühne*, NJW 1986, S. 2139; *Gornig*, JZ 1986, S. 979; *Harndt*, Berliner Anwaltsblatt 1986, S. 151; *Rest*, VersR 1986, S. 609; *Pelzer*, AVR 25 (1987), S. 294; *Malone*, Columbia Journal of Environmental Law, Vol. 12 (1987), S. 203; *Kaplan*, Loyola of Los Angeles, Int. and Comp. Law Journal 10 (1988), S. 241, jew. m.w.N.

253 Vgl. dazu aber ausführlich *Hoche*, a.a.O., S. 217 ff. Ihr wird im Ergebnis aber darin zu folgen sein, daß beide Haftungsarten trotz all ihrer Unzulänglichkeiten unabhängig voneinander bestehen, s. dazu insbes. S. 296 ff.

Kapitel III

Das geltende Gemeinschaftsrecht

Die Aufführungen im vorigen Kapitel haben gezeigt, daß das Völkerrecht des internationalen Notfallschutzes insgesamt noch als bruchstück- und lückenhaft bezeichnet werden muß. Eine zufriedenstellende Ausprägung weisen allenfalls grenzüberschreitende Hinweis- und Warnpflichten beim Eintritt derartiger Notfälle auf[1]. Darüber hinaus bestehen in vielerlei Hinsicht "Rechtsunsicherheiten" bzw. lassen sich konkrete Pflichten nicht nachweisen.

Im folgenden Kapitel sollen daher europarechtliche Ansätze zur Bewältigung des Problems sowie deren Defizite aufgezeigt werden.

Hierfür erscheint eine Aufteilung in ursachenbezogene Regelungen und solche des medialen Notfallschutzes angebracht. Darüber hinaus sollen auch übergreifende Instrumente oder solche, die sich keiner der beiden Kategorien eindeutig zuordnen lassen, behandelt werden, soweit sie den Gegenstand dieser Untersuchung betreffen.

I. Ursachenbezogene Regelungen

1. Strahlenschutzrecht

Das Strahlenschutzrecht der Europäischen Gemeinschaften besteht zu wesentlichen Teilen aus Normen über den Gesundheitsschutz der Bevölkerung und von Arbeitskräften gegen die Gefahren ionisierender Strahlung. Die (Kompetenz-) Grundlage hierfür bilden die Art. 30-39 EAGV[2].

---

[1] Vgl. dazu oben S. 33 ff.

[2] Vertrag zur Gründung der Europäischen Atomgemeinschaft (Euratom/EAG) v. 25. März 1957, BGBl 1957 II, S. 1014, zuletzt geändert durch die Einheitliche Europäische Akte v. 17./28.2.1986, BGBl 1986 II, S. 1104, in Kraft seit 1.7.1987.

a) Strahlenschutzgrundnormen

Nach Art. 30 EAGV werden in der Gemeinschaft Grundnormen zur Erreichung dieses Schutzzweckes festgesetzt.

Unter Grundnormen sind zu verstehen:

- die zulässigen Höchstdosen, die ausreichende Sicherheit gewähren;
- die Höchstgrenzen für die Aussetzung gegenüber schädlichen Einflüssen und für schädlichen Befall;
- die Grundsätze für die ärztliche Überwachung der Arbeitskräfte.

Nach Art. 33 erläßt jeder Mitgliedstaat die geeigneten Rechts- und Verwaltungsvorschriften, um die Beachtung der festgesetzten Grundnormen sicherzustellen.

Seit 1959 sind durch Richtlinien des Rates gemäß Art. 30/31 EAGV entsprechende Strahlenschutzgrundnormen festgelegt worden[3]. In der Hauptsache enthalten diese Bestimmungen über Höchstwerte für die Strahlenexposition der Bevölkerung und von Arbeitskräften, wobei Differenzierungen für die Höhe der zulässigen Strahlendosis bestehen, je nachdem ob es sich um die individuelle Sicherheit beruflich strahlenexponierter Personen und Angehöriger besonderer Bevölkerungsgruppen oder um den Schutz der Bevölkerung in ihrer Gesamtheit handelt[4]. Obwohl der Richtliniengeber davon auszugehen scheint, daß Gesundheitsschutz im Sinne von Art. 30, 31 EAGV auch Maßnahmen der Intervention bei Unglücksfällen einschließt[5], sehen die entsprechenden Richtlinien solche allenfalls ansatzweise vor. So ist etwa in Art. 18 der überarbeiteten Grundnormen aus dem Jahre 1980[6] für den Fall unfallbedingter Strahlenexposition lediglich vorgesehen, daß diese in entsprechende Unterlagen einzutragen sind. Notfallbedingt erhöhten Strahlendosen dürfen nur Freiwillige ausgesetzt werden.

---

[3] Richtlinien zur Festlegung der Grundnormen für den Gesundheitsschutz der Bevölkerung und der Arbeitskräfte gegen die Gefahren ionisierender Strahlungen v. 02.02.1959, Abl. L 11/59, S. 221, geändert durch Revisionsrichtlinie v. 9.7.62, Abl. L 57/62 S. 1633; sowie Richtlinie 76/579/Euratom v. 1.6.1976, Abl. L 187/76 S. 1; Richtlinie 79/343/Euratom v. 17.3.1979, Abl. L 83/79, S. 18; Richtlinie 80/836/Euratom v. 15.7.1980, Abl. L 246/80, S. 1; Richtlinie 84/467/Euratom v. 3.9.1984, Abl. L 265/84, S. 4. Speziell zu den Richtlinien und ihrer Umsetzung in den Mitgliedstaaten vgl. *Eriskat/v. Pander*, DVBl 1984, S. 69, m.w.N.

[4] Vgl. die 4. Begründungserwägung der (ersten) Richtlinie, Abl. L 11/59, S. 221.

[5] Siehe dazu die 5. Begründungserwägung, ibidem.

[6] Abl. L 246/80, S. 9.

Weitere Vorschriften zur Bewältigung von bereits eingetretenen Notfallsituationen enthalten die Strahlenschutz-Grundnormen nicht. Allerdings sind die in diesen enthaltenen Dosis-Grenzwerte für die Strahlenexposition der Bevölkerung nach ihrem Sinn und Zweck auch als Rechtsgrundlage für Einfuhr- und Vermarktungsverbote von Gütern, insbesondere strahlenkontaminierter Lebensmittel herangezogen werden können, wenn sie auch nicht speziell als Notfallregelungen ausgebildet sind. Die Strahlenschutz-Grundnormen erfüllen den Zweck, die Bevölkerung vor Strahlungsgefahren zu schützen; sollten diese von Lebensmitteln oder sonstigen Gebrauchsgütern ausgehen, so verbietet sich auch deren Inverkehrbringen im Geltungsbereich der Richtlinien[7]. Hilfeleistungspflichten für den Fall bereits eingetretener Notfälle sehen die Strahlenschutz-Grundnormen nicht vor. Es besteht lediglich eine Meldepflicht gegenüber den benachbarten Mitgliedstaaten und der Kommission[8].

Zur Verhütung radiologischer Unfälle werden den Mitgliedstaaten nur relativ vage formulierte "Hauptgrundsätze für Maßnahmen zum Schutz der Bevölkerung" vorgeschrieben[9]. Diese umfassen Prüfung und Kontrolle der Schutzvorkehrungen von Anlagen sowie Dosismessungen zum Schutz der Bevölkerung (Art. 42).

b) Überwachungseinrichtungen nach Art. 35 EAGV

Nach Art. 35 EAGV haben die Mitgliedstaaten die Verpflichtung, für die Errichtung von Strahlenschutzüberwachungsanlagen Sorge zu tragen. Dies müssen nicht notwendig staatliche Einrichtungen sein, sondern können auch private Anlagen sein, deren Errichtung und Betrieb die Mitgliedstaaten zu überwachen haben[10]. Die Kommission hat ein Recht auf Zugang zu diesen Überwachungseinrichtungen, um ihre Arbeitsweise und Wirksamkeit zu überprüfen (Art. 35 Abs. 2 EAGV). Diese Art der Überwachung hat aber ebenfalls keine spezielle Zwecksetzung im Hinblick auf die Verhütung atomarer Unfälle oder gar auf die Begrenzung ihrer Folgen, sondern beschränkt sich

---

[7] Zu diesem Problem ausführlich, und im Ergebnis übereinstimmend, *Grunwald*, EuR 1986, S. 315 (320 ff.). Zu weiteren Rechtsakten der EG zum Schutz der Bevölkerung vor kontaminierten Lebensmitteln vgl. *Bischof*, Strahlenschutzvorsorgegesetz, S. 42 ff.

[8] Vgl. Art. 45 Abs. 5 der Richtlinie 80/836/Euratom, Abl. L 246/80, S. 14.

[9] *Ebenda*, Titel VII der Richtlinie, a.a.O., S. 13.

[10] Vgl. *Haedrich*, in Hdb. f. Europ. Wirtschaft, Art. 35 EAGV, Rn. 2. Diese Verpflichtung ist in der Bundesrepublik durch § 1 Nr. 1 des Strahlenschutzvorsorgegesetzes v. 19.12.1986 (BGBl 1986 I, S. 2610) umgesetzt; vgl. dazu *Bischof*, Strahlenschutzvorsorgegesetz, § 1, Rn. 7.

auf den (allgemeinen) Schutz vor Strahlungen[11]. Art. 35 behandelt nicht den Schutz der Arbeitskräfte oder der Bevölkerung vor Unfallgefahren als solchen[12].

c) Stellungnahme der Kommission nach Art. 34 und 37 EAGV

Der EAG-Vertrag sieht aber neben der Kompetenz zum Erlaß von Strahlenschutz-Grundnormen Einwirkungsmöglichkeiten der Kommission vor, wenn bei besonders gefährlichen Versuchen oder radioaktiven Ableitungen die Möglichkeit grenzüberschreitender Schädigung besteht. Nach Art. 34 Abs. 1 EAGV hat ein Mitgliedstaat vor der Vornahme besonders gefährlicher Versuche die Pflicht, eine Stellungnahme der Kommission einzuholen. Besteht die Möglichkeit grenzüberschreitender Auswirkungen, so ist deren Zustimmung erforderlich. Besonders gefährliche Versuche im Sinne des Art. 34 sind vor allem militärische Kernwaffenversuche, aber auch andere, bei denen mangels besonderer Vorkehrungen Radioaktivitätsmengen freiwerden können, die die Grundnormen übersteigen[13].

Art. 37 normiert eine Pflicht der Mitgliedstaaten, "Pläne" zur Ableitung radioaktiver Stoffe vorzulegen, anhand deren die Kommission feststellen kann, ob durch diese planmäßige Ableitung Schäden in anderen Mitgliedstaaten entstehen können. In diesem Fall ist durch die Kommission nach Anhörung einer Sachverständigengruppe eine Stellungnahme abzugeben (Art. 37 Abs. 2 EAGV). Die Kommission hat zur Präzisierung dieser Vorschrift eine Empfehlung abgegeben[14], nach der auch die unvorhergesehene Ableitung radioaktiver Stoffe erfaßt werden soll[15]. Damit sind insbesondere wohl Unfälle gemeint. Durch die Empfehlung wird allerdings letztlich nicht klar, ob hier Notfallpläne vorgelegt werden sollen oder, ob lediglich bei unfallartiger Freisetzung

---

[11] Eine weitergehende Regelung enthält aber § 1 Nr. 2 Strahlenschutzvorsorgegesetz, der die Zwecksetzung dieses Gesetzes auch auf "Ereignisse mit möglichen nicht unerheblichen radiologischen Auswirkungen" erstreckt.

[12] *Haedrich*, in Hdb. f. Europ. Wirtschaft, Art. 35 EAGV, Rn. 9.

[13] *Haedrich*, in Hdb. f. Europ. Wirtschaft, Art. 34 EAGV, Rn. 2. Der Tatbestand der besonders gefährlichen Versuche umfaßt zivile wie militärische Versuche; vgl. dazu *Grunwald* EuR 1986, S. 315 (336). Art. 34 gilt im übrigen auch für überseeische Gebiete und wurde auf französische Atomversuchsexplosionen angewandt, vgl. 3. Gesamtbericht über die Tätigkeiten der Gemeinschaft, S. 101 f. und 4. Gesamtbericht, S. 113.

[14] Empfehlung 82/181/Euratom v. 3.2.1982, Abl. L 82/83, S. 15.

[15] Ziffer 1 der Empfehlung; vgl. dazu *Haedrich*, in Hdb. f. Europ. Wirtschaft, Art. 37 EAGV, Rn. 2; sowie zu weiteren Einzelheiten *Kloepfer/Kohler*, Kernkraftwerk und Staatsgrenze, S. 110 f.

von Radioaktivität eine unverzügliche Meldung erfolgen soll. Das Anliegen der Empfehlung muß wohl dahingehend verstanden werden, daß sich die Pläne auch auf Fälle unvorhergesehener Freisetzung erstrecken, m. a. W. eine Notfallplanung umfassen, da "Pläne" für eine "unvorhergesehene" Freisetzung einen Widerspruch in sich selbst darstellen würden.

Die Kommission hat einige Stellungnahmen dieser Art im Rahmen der Planung von Kernkraftwerken und der Wiederaufarbeitungsanlage La Hague/Frankreich abgegeben[16].

Außerhalb der bisher genannten Bereiche bleiben die Bemühungen der Gemeinschaft zur Regelung von Fragen des Strahlenschutzes eher vereinzelt.

Dies ist nicht zuletzt auch auf den Widerstand von Mitgliedstaaten zurückzuführen, die ihre Energiepolitik in starkem Maße auf die Kernenergie ausgerichtet haben[17]. Strikte Regelungen über die bauliche Reaktorsicherheit bestehen nicht[18]. Hier existieren nur unverbindliche Empfehlungen[19].

Zu Fragen der Entsorgung atomarer Abfälle, die für die Zukunft in starkem Maße an Bedeutung gewinnen dürften, bestehen bislang lediglich Forschungs- und programmatische Vorarbeiten. Haftungsfragen sind gemeinschaftsrechtlich ebensowenig geregelt.

d) Information, Konsultation und gegenseitige Hilfeleistung bei Unglücksfällen

Pflichten der Mitgliedstaaten im Rahmen der unmittelbaren Notfallphase bei nuklearen Unglücksfällen oder Notstandssituationen ergeben sich vornehmlich aus den von den EG am 26. September 1986 in Wien unterzeichneten IAEA-Nuklearschutzabkommen[20]. Der Abschluß der beiden Vertragswerke wurde durch den Rat gebilligt[21].

---

16 Siehe Abl. L 68/87, S. 3; Abl. L 189/87, S. 42; Abl. L 228/87, S. 47; Abl. L 238/87, S. 30; Abl. L 233/89, S. 36.

17 *Rehbinder/Stewart*, Integration Through Law, S. 98; *Kloepfer*, Umweltrecht, § 6, Rn. 42.

18 Vgl. *Grunwald*, EuR 1986, S. 315 (338); *Kloepfer/Kohler*, Kernkraftwerk und Staatsgrenze, S. 107 ff.

19 Siehe die entsprechende Entschließung des Rates in Abl. C 185/75, S. 1.

20 Es handelt sich um das "Internationale Übereinkommen über die frühzeitige Benachrichtigung bei nuklearen Unfällen" und das "Internationale Übereinkommen über die Hilfeleistung bei nuklearen Unfällen oder radiologischen Notfällen", Text abgedruckt in: BGBl 1989 II, S. 434 ff.

21 Vgl. für das Benachrichtigungsabkommen 21. Gesamtbericht (1987), Rn. 703 sowie für das Hilfeleistungsabkommen, 23. Gesamtbericht (1989), Rn. 704.

Diese Abkommen, die als Gemeinschaftsrecht gelten[22], werden zum Teil noch durch hieran anknüpfende Vorschriften ergänzt. Zu dem Benachrichtigungsabkommen ist eine Entscheidung des Rates vom 14.12.1987[23] ergangen, die dessen Regelungen erweitert.

Das Benachrichtigungsabkommen bezieht sich auf Anlagen oder Tätigkeiten eines Vertragsstaates oder seiner Hoheitsgewalt oder Kontrolle unterstehender natürlicher Personen oder sonstiger Rechtsträger (Art. 1). Wenn im Rahmen eines Unfalles durch diese Anlagen oder Tätigkeiten radioaktive Stoffe freigesetzt werden oder freigesetzt werden können, die einen anderen Staat berühren oder diesen berühren können, so ist die IAEA sowie über diese oder unmittelbar der potentiell betroffene Staat zu informieren (Art. 2 in Verbindung mit Art. 1). Der Umfang der zu erteilenden Information wird in Art. 5 beschrieben. Danach sind im wesentlichen Zeitpunkt, Ort und Art des nuklearen Unfalles, die betroffene Anlage, die mutmaßliche Unfallursache sowie Form, Menge, Zusammensetzung und effektive Höhe der radioaktiven Freisetzung bekanntzugeben. Ferner sind Informationen über die derzeitigen und vorhergesagten meteorologischen und hydrologischen Bedingungen sowie Ergebnisse der Umweltüberwachung zu erteilen, die Rückschlüsse und Vorhersagen im Hinblick auf die grenzüberschreitende Freisetzung ermöglichen. Schließlich sind die bereits ergriffenen Schutzmaßnahmen zu notifizieren. Die genannten Angaben müssen in regelmäßigen Zeitabständen ergänzt und aktualisiert werden.

Eine direkte Information der Europäischen Gemeinschaften durch die Staaten, von denen eine Bedrohung ausgeht, wird durch das Benachrichtigungsabkommen nicht vorgesehen. Die EG unterfällt den Internationalen Organisationen im Sinne von Art. 4 des Abkommens, die durch die IAEA neben potentiell betroffenen Staaten informiert werden sollen. Das IAEA-Abkommen bewirkt somit eine Kanalisation der zu erteilenden Information über diese Organisation, bei der die EG nur eine nachgeordnete Rolle spielen.

---

[22] In diesem Zusammenhang bestehen allerdings vielerlei Probleme, die zum Teil erheblich umstritten sind. Zu Fragen der Abschlußkompetenz der Gemeinschaften sowie der innergemeinschaftlichen Geltung zur innergemeinschaftlichen Position völkerrechtlicher Verträge im Hinblick auf ihre Geltung und Anwendbarkeit vgl. unten S. 241 ff.; sowie die dort aufgeführte Literatur.

[23] Entscheidung des Rates 87/600/Euratom, Abl. L 371/87, S. 76 ff. Erweiternde Rechtsvorschriften zum Hilfeleistungsabkommen bestehen offensichtlich (noch) nicht; vgl. aber die Mitteilung der Kommission an den Rat über Gemeinschaftliche Zusammenarbeit für den Schutz und die Hilfeleistung im Falle eines nuklearen Unfalles oder einer anderen radiologischen Notstandssituation, Dok. KOM (89) 25 endg. v. 20.4.1989. Hier werden aber vor allem bilaterale Kooperationsmechanismen in den Vordergrund gestellt (Abschnitt II der Mitteilung).

Vermutlich zum Ausgleich dessen hat der Rat in der vorgenannten Entscheidung 87/600/Euratom eine Informationspflicht unmittelbar zu Gunsten der Kommission festgelegt (Art. 2). Da die Mitgliedstaaten aber bereits nach Art. 35 und 36 EAGV verpflichtet sind, Maßnahmen zur Überwachung der Radioaktivität der Umweltmedien zu treffen und die Ergebnisse dieser Maßnahmen der Kommission mitzuteilen, wird in der Entscheidung 87/600/Euratom als auslösender Faktor für eine Informationspflicht nur darauf abgestellt, daß tatsächlich "umfassende Maßnahmen" zum Schutz der Bevölkerung eingeleitet werden (Art. 9). Erst in diesem Fall sind die Informationen, die in Art. 3 näher umschrieben sind[24], an die Kommission und die möglicherweise betroffenen Mitgliedstaaten zu erteilen.

Neben den genannten Informationspflichten, die nur gegenüber internationalen Organisationen oder Staaten bestehen, hat der Rat in der Richtlinie 89/618/Euratom[25] auch Pflichten der Mitgliedstaaten zur Information ihrer Bevölkerung normiert. Die Richtlinie regelt zum einen die vorherige Unterrichtung der Bevölkerung über die für sie geltenden Gesundheitsschutzmaßnahmen und über Verhaltensmaßregeln für den Fall einer radiologischen Notstandssituation (Art. 5). Zum anderen normiert sie die Unterrichtung der tatsächlich betroffenen Bevölkerung im Falle einer solchen Notstandssituation (Art. 6). Diese ist über Einzelheiten derselben sowie über geltende Verhaltensmaßregeln zu informieren[26]. Schließlich bestehen noch besondere Unterrichtungspflichten gegenüber Personen, die als Rettungspersonal in bestimmten Notstandssituationen eingesetzt werden können, im Hinblick auf deren gesundheitliche Risiken sowie besondere Vorsichtsmaßnahmen (Art. 7).

Das Hilfeleistungsabkommen normiert weder eine Verpflichtung der Vertragsstaaten, Hilfeleistungen in radiologischen Notstandsfällen anzufordern noch diese entgegenzunehmen. Eine Verpflichtung zur oder ein Anspruch auf Hilfeleistung durch einen Vertragsstaat besteht ebenfalls nicht. Bereits vor, aber auch nach Tschernobyl aufgeworfene Fragen in diesem Zusammenhang[27] konnte das Abkommen daher nicht klären. Es enthält lediglich eine allgemeine Zusammenarbeitspflicht der Staaten (Art. 1), die umfassend formuliert ist,

---

24 Der Katalog dieser Informationen nach Art. 3 entspricht im wesentlichen demjenigen, der in Art. 5 des Benachrichtigungsabkommens festgehalten ist.

25 Richtlinie des Rates vom 27.11.1989 über die Unterrichtung der Bevölkerung bei einer radiologischen Notstandssituation geltenden Verhaltensmaßregeln und zu ergreifenden Gesundheitsschutzmaßnahmen, Abl. L 357/89, S. 31 ff.

26 Diese sind im Anhang II zur Richtlinie im Detail beschrieben.

27 Vgl. *Steiger*, Catastrophes naturelles ou technologiques dans les zones frontalières, S. 101 ff.; *Pelzer*, Legal Problems of International Danger Protection and of International Emergency Assistance in the Event of Radiation Accidents, S. 451 (460); *Zehetner*, UPR 1986, S. 201 (203 f.).

aber dennoch einen Schwerpunkt in der Vorsorgephase setzt (Abs. 2). Darüber hinaus regelt das Abkommen im wesentlichen Verfahrensfragen. Art. 2 Abs. 6 installiert die IAEA als Koordinations- und Kooperationszentrum[28] für den Katastrophenfall.

In Art. 3 werden Leitungs- und Kontrollbefugnisse des zu ersuchenden Staates festgehalten. Als Vorsorgemaßnahme sind der IAEA und den Vertragsstaaten nationale Stellen zu benennen, die ständig erreichbar sind und zur Abgabe oder Entgegennahme von Hilfsersuchen befugt sind (Art. 4). Schließlich sind noch Fragen der Kostenerstattung (Art. 7), des Ersatzes von Schäden die Hilfeleistungsmaßnahmen entstehen (Art. 10), sowie Vorrechte und Befreiungen des Hilfspersonals (Art. 8) normiert[29].

Das Hilfeleistungsabkommen geht ebenso wie die Frühwarn-Konvention nicht besonders auf die Rechtsstellung der Europäischen Gemeinschaften ein. Anders als bei der Frühwarn-Konvention haben die EG bislang keine Rechtsakte zur innergemeinschaftlichen Konkretisierung oder Erweiterung der Regelungen des Abkommens gesetzt. Überhaupt existiert Gemeinschaftsrecht, das den Mitgliedstaaten Rechte oder Pflichten im Zusammenhang mit Hilfsmaßnahmen bei Nuklearunfällen auferlegt, bislang nicht. Die Kommission hält zur Ergänzung des Abkommens den Abschluß bilateraler Abkommen zwischen den Mitgliedstaaten sowie die Erstellung grenzüberschreitender Notfallpläne für angebracht. Im Rahmen dessen regt sie die Errichtung eines "Korrespondentennetzes" an, um somit Kooperationsmechanismen, die bereits im Bereich des Katastrophenschutzes bestehen, zu systematisieren. Ziel dieser Bemühungen soll es sein, eine bessere Ausnutzung der bestehenden Notfallschutz-Ressourcen für einen Unglücksfall zu erreichen[30]. Im übrigen beschränken sich die Abkommen der Gemeinschaften auch hier auf den Forschungsbereich[31].

e) Zusammenfassung

Das Nuklearrecht der Europäischen Gemeinschaften enthält nur in Einzelbereichen Regelungen zum Schutz vor Strahlenunfällen. Der Abschnitt "Gesundheitsschutz" in Art. 30-39 EAGV zielt in erster Linie auf den Schutz von

---

28 *Zehetner*, Grenzüberschreitende Hilfe bei Unfällen und Störfällen, S. 126.

29 Zu weiteren Einzelheiten auch unter Verweis auf die Entstehungsgeschichte des Abkommens vgl. *Zehetner*, a.a.O., S. 123 ff.

30 Vgl. dazu Dok. KOM (89) 25 endg. v. 20.4.1989, S. 2 ff.

31 Zu den hier einschlägigen Forschungsthemen vgl. Dok. KOM (89) 25, S. 60.

Arbeitskräften und Bevölkerung beim normalen Umgang mit radioaktiven Stoffen. Lediglich die dargestellten Überwachungsmaßnahmen können als Vorsorgeregelung zum Schutz vor Unfallgefahren angesehen werden. Vorschriften etwa über bauliche Sicherheitsanforderungen an Atomanlagen oder über Sicherheitsmaßnahmen im Umgang mit Kernbrennstoffen fehlen weitgehend[32].

Für die unmittelbare Notfallphase bestehen Informations- und Konsultationspflicht, die im Zusammenhang mit der IAEA-Frühwarnkonvention aus dem Jahre 1986 entstanden sind. Pflichten zur gegenseitigen Hilfeleistung bei atomaren Notfällen bestehen nicht. In diesem Bereich sind im wesentlichen nur einige "prozedurale" Aspekte geregelt.

An Schadenersatzvorschriften und sonstigen Instrumenten der Nach-Notfall-Phase fehlt es ebenfalls weitgehend. Das IAEA-Hilfeleistungsabkommen erfaßt lediglich einige Haftungs- und Kostenübernahmeprobleme im Zusammenhang mit erbrachten Hilfeleistungsmaßnahmen. Somit besteht hier noch in vielerlei Hinsicht Regelungsbedarf.

2. Gefahrstoffrecht

An den Umweltbelastungen der Gegenwart haben in großer Zahl und Masse hergestellte Chemikalien einen erheblichen Anteil. Schätzungen gehen davon aus, daß in den EG etwa zwischen 60.000 und 100.000 chemische Stoffe in mehr als 1 Mio. Zubereitungen vertrieben werden[33]. Ihre Gefährlichkeit wird nicht nur durch Anzahl und Menge, die weite Verteilung in der Umwelt, sondern auch dadurch hervorgerufen, daß es vielfach an genauen Kenntnissen über ihre Wirkweise und Folgen einer Kumulation fehlt. Die Langzeitauswirkungen bestimmter Stoffe und Substanzen werden häufig erst nach Jahrzehnten erkannt[34]. Der Umgang mit gefährlichen Stoffen birgt allerdings auch ein erhebliches Potential an Risiken, die sich unfallartig realisieren und den Menschen und seine Umwelt höchst bedrohlichen Gefahren aussetzen können. Aufgabe eines Gefahrstoffrechts kann daher nicht nur der Schutz vor unmittel-

---

32 Versuche zur Aufnahme dieser Probleme auf Gemeinschaftsebene, haben bislang zu keinen Ergebnissen geführt. Siehe etwa die Entschließung von 22. Juli 1975 über die technologischen Probleme der Sicherheit bei der Kernenergie, Abl. C 185/75, S. 1; oder der Vorschlag für eine Verordnung über die Einrichtung eines gemeinschaftlichen Konsultationsverfahrens für Kraftwerke, von denen Auswirkungen auf das Hoheitsgebiet eines anderen Mitgliedstaates ausgehen können Abl. C 31/77, S. 3, die bislang jedenfalls nicht geltendes Recht geworden sind. Vgl. auch *Rehbinder/Stewart*, Integration Through Law, S. 99 ff.

33 Vgl. die Nachweise bei *Hoppe/Beckmann*, § 27, Rn. 1.

34 Vgl. die Beispiele bei *Bender/Sparwasser*, Rn. 797 ff.

baren Gesundheitsgefahren beim "normalen" Umgang mit chemischen Stoffen und die Verhinderung von Langzeitauswirkungen sein. Es muß darüber hinaus auch der Versuch einer rechtlichen Bewältigung von Notfallsituationen unternommen werden, wobei sicherlich der Augenmerk hauptsächlich, aber nicht alleine, auf Probleme der Verhinderung und Vorsorge zu richten ist.

Zur Abgrenzung des Rechtsgebietes wird herkömmlich zwischen Gefahrstoffrecht im weiteren und im engeren Sinne unterschieden[35]. Gefahrstoffrecht im weiteren Sinne umfaßt danach alle Regelungen, die dem Schutz vor gefährlichen Stoffen dienen[36]. Hierunter fallen auch eine Vielzahl von Normen, die den Eintrag von Schad- und Gefahrstoffen in Boden, Luft und Gewässer regeln und somit Gegenstand medialen oder medienbezogenen Umweltrechts sind[37]. Von diesen umweltmedialen Regelungen unterscheidet sich das Gefahrstoffrecht i.e.S. dadurch, daß sie nicht in erster Linie chemische Stoffe als Gefahrenquelle für ein bestimmtes Umweltmedium erfassen, sondern die Umwelt schlechthin vor der Gefährlichkeit dieser Substanzen schützen will[38]. Sein Regelungszweck besteht daher in erster Linie in der Gefahrstoffkontrolle, die vorwiegend präventiven Charakter hat. Er kann sich allerdings nicht darin erschöpfen. In Anbetracht der potentiellen Schadensrisiken muß das Gefahrstoffrecht auch Regelungen für Situationen vorsehen, in denen sich ein Risikopotential bereits verwirklicht hat, m.a.W. ein Unfall eingetreten ist. Diese sollen daher hier ebenso mit behandelt werden, wie Normen, die den Umgang mit gefährlichen Abfällen regeln. Fragen der Behandlung und des Umganges mit Risikomüll sind zwar an der Nahtstelle zwischen Abfallrecht und Gefahrstoffrecht angesiedelt, müssen aber wegen der potentiellen oder tatsächlichen Gefährlichkeit der Stoffe auch Regeln des Gefahrstoffrechts unterworfen werden.

a) Richtlinie über die Kennzeichnung, Einstufung und Verpackung

Die Europäischen Gemeinschaften haben im Gefahrstoff- oder Umweltchemikalienrecht inzwischen eine erhebliche Anzahl von Richtlinien erlassen, die größtenteils über den Weg der Harmonisierung innerstaatlichen Rechts den

---

[35] Siehe etwa *Kloepfer*, HdUR Bd. I, Sp. 626 f.; ders., Umweltrecht, § 13 Rn. 5 ff.; *Hoppe/Beckmann*, § 27, Rn. 5 f.; *Bender/Sparwasser*, Rn. 802 ff.

[36] Siehe statt vieler *Hoppe/Beckmann*, § 27, Rn. 5 m.w.N.

[37] Vgl. etwa die Beispiele bei *Kloepfer*, Umweltrecht, § 13, Rn. 5; auf medienbezogene EG-Regelungen ist an späterer Stelle einzugehen. Vgl. dazu unten S. 115 ff.

[38] *Kloepfer*, a.a.O., Rn. 6.

Umgang mit Gefahrstoffen regeln[39]. Vor allem in den 70er Jahren geschah dies in enger Abstimmung mit den USA mit dem Ziel der Liberalisierung des Handelsverkehrs zwischen den EG und den Vereinigten Staaten[40]. Die Entwicklung beginnt im Jahre 1967 mit der "Richtlinie zur Angleichung der Rechts- und Verwaltungsvorschriften für die Einstufung, Verpackung und Kennzeichnung gefährlicher Stoffe" v. 27.6.1976[41], die durch weitere Richtlinien erweitert, ergänzt und geändert wird. Diese Vorschriften zielen in erster Linie auf den Schutz derjenigen Personen ab, die regelmäßig mit Gefahrstoffen umgehen[42]. (Vorbeugenden) Notfallschutz bewirken sie allenfalls, indem sie durch Verpackungen und Kennzeichnungspflichten verhindern, daß infolge unsachgemäßen Umganges Gefahren entstehen oder sich verwirklichen. Fragen des Umganges mit Arznei- und Betäubungsmitteln sowie radioaktiven Stoffen, der Beförderung von Gefahrstoffen sind vom Anwendungsbereich dieser Richtlinie ausgenommen. Munition und Gegenstände, die gefährliche Stoffe als Zünd- oder Brennstoffe enthalten, sind ebenso ausgenommen wie gefährliche Stoffe, die nach dritten Ländern ausgeführt werden[43].

Neben den Vorschriften über Einstufung, Kennzeichnung und Verpackung stehen solche, die das Inverkehrbringen und Verwenden von gefährlichen Stoffen beschränken[44]. Auch diese haben als Schutzzweck vorwiegend die Gesundheit derjenigen im Auge, die mit solchen Stoffen umgehen und darüber hinaus in weitem Rahmen den Schutz der Bevölkerung und der

---

39 Die "ältere" Entwicklung (1978) dieses Gebietes ist ausführlich dargestellt bei *Rehbinder*, Das Recht der Umweltchemikalien, S. 65 ff.

40 Siehe dazu etwa 13. Gesamtbericht über die Tätigkeit der Europäischen Gemeinschaften (1979), Rn. 278 m.w.N.; sowie die ausführliche Darstellung bei *Wyman*, Control of toxic Substances, in Virginia Journal of International Law, Vol. 20, Nr. 2 (1979), S. 417 ff.; ferner zum Toxic Substances Control Act (TOSCA) v. 1976 Rack, RIW/AWD 1979, S. 13 ff.

41 Richtlinie 67/544/EWG, Abl. L 196/67, S. 1, zuletzt geändert durch Richtlinie v. 22. Juli 1988 (88/490/EWG), Abl. L 259/88, S. 1. Neben dieser "allgemeinen" Richtlinie bestehen weitere "Spezialrichtlinien" für bestimmte Stoffgruppen, so etwa für Lösungsmittel, Richtlinie 73/173/EWG v. 4. Juni 1973, Abl. L 189/73, S. 7, zuletzt geändert durch Richtlinie 88/379/EWG v. 7. Juni 1988, Abl. L 187/88, S. 14; ferner für Schädlingsbekämfungsmittel, Richtlinie 78/631/EWG v. 26. Juni 1978,Abl. L 206/78, S. 13, zuletzt geändert durch Richtlinie 84/291/EWG v. 18. April 1984, Abl. L 144/84, S. 1; für Farb- und Klebstoffe Richtlinie 77/728/EWG v. 7. November 1977, Abl. L 303/77, S. 23.

42 Siehe die Präambel der Richtlinie 67/548/EWG, a.a.O., S. 2.

43 Art. 1 Abs. 2 u. 3 der Richtlinie 67/548/EWG; für die Ausfuhr von Gefahrstoffen bestehen besondere EG-Regelungen.

44 Vgl. die Richtlinie zur Angleichung der Rechts- und Verwaltungsvorschriften der Mitgliedstaaten für Beschränkungen des Inverkehrbringens und der Verwendung gewisser gefährlicher Stoffe und Zubereitungen v. 27. Juli 1976 (76/769/EWG), Abl. L 262/76, S. 201 ff., zuletzt geändert durch Richtlinie 89/679/EWG v. 21. Dezember 1989, Abl. L 398/89, S. 24.

Umwelt[45]. Indem sie das Inverkehrbringen gefährlicher Substanzen verhindern, tragen diese Richtlinien sicherlich sowohl zur Verhinderung allmählich zunehmender Umweltverschmutzung als auch vorbeugend zur Verhinderung technisch industrieller Umweltnotfälle bei. Spezifische Regelungen zur Verhinderung dieser Notfälle oder gar Rechtspflichten für den Fall, daß solche Unglücksfälle eintreten, bestehen im Rahmen der erwähnten Gefahrstoffvorschriften allerdings nicht[46].

Eine etwas andere, den Schutz vor Gemeingefahren stärker in den Vordergrund stellende Zielsetzung als die bisher erwähnten Rechtsakte enthält die Richtlinie über giftige und gefährliche Abfälle aus dem Jahre 1978[47], die aus den oben dargelegten Gründen ebenfalls dem Gefahrstoffrecht zuzurechnen ist. Sie enthält aber ebenfalls keine spezifischen Regelungen über Notfallschutz, sondern hat neben dem Schutz derjenigen Personen, die mit gefährlichen Abfällen umgehen, allgemein den Schutz menschlicher Gesundheit sowie den Schutz der Umwelt vor schädlichen Auswirkungen, die durch den Umgang mit solchen Abfällen entstehen, zum Ziel[48].

b) Die Seveso-Richtlinie

Das erste Rechtsinstrument der Europäischen Gemeinschaften, das sich gezielt mit der Bewältigung technisch-industrieller Umweltnotfälle, verursacht durch gefährliche Stoffe, auseinandersetzt, ist die Richtlinie über die Gefahren schwerer Unfälle bei bestimmten Industrietätigkeiten v. 24. Juni 1982[49]. Diese als Seveso-Richtlinie bezeichnete Richtlinie unterscheidet sich in Ansatz und Struktur in mehrerlei Hinsicht von den bisher erwähnten Gemeinschaftsregeln zum Gefahrstoffrecht. Sie behandelt keine "systematischen" Gefahren, d. h. solche, die unter normalen, vorgesehenen Bedingungen von gefährlichen Stoffen ausgehen, wie dies das Anliegen

---

[45] Vgl. die Begründungserwägungen der vorgenannten Richtlinie 76/769/EWG.

[46] Dies gilt auch für weitere EG-Richtlinien im Gefahrstoff-Bereich, die Substanzen betreffen, die in erheblichem Maße die natürliche Umwelt verschmutzen, gefährden oder beeinträchtigen, von denen aber kein potentielles Unfallrisiko ausgeht. Siehe etwa die Richtlinie 73/404/EWG v. 22. November 1973 zur Angleichung der Rechtsvorschriften der Mitgliedstaaten über Detergentien, Abl. L 347/73, S. 51, zuletzt geändert durch Richtlinie 86/94/EWG v. 10. März 1986, Abl. L 80/86, S. 51.

[47] Richtlinie 78/319/EWG v. 20. März 1978, Abl. L 84/78, S. 43.

[48] Vgl. Abs. 4 der Begründungserwägungen sowie Art. 5 Abs. 1.

[49] Richtlinie 82/501/EWG, Abl. L 230/82, S. 1, zuletzt geändert durch Richtlinie 88/610/EWG v. 24. November 1988, Abl. L 336/88, S. 14.

der vorerwähnten Gefahrstoff-Vorschriften ist. Sie erfaßt vielmehr außergewöhnliche Gefahren, die unter anormalen Bedingungen oder Betriebszuständen von solchen Substanzen ausgehen. Dies sind Unfallgefahren, z.B. durch Explosionen, Brände, massives unkontrolliertes Entweichen gefährlicher Substanzen[50]. Sie soll daher der Vorsorge, Bekämpfung und Beherrschung nicht geplanter und nicht bestimmungsgemäßer Störungen und Gefahren dienen. Aus diesem Grund hat die Richtlinie einen anlagenbezogenen Ansatz. Da von gefährlichen Stoffen Unfallgefahren insbesondere dann ausgehen, wenn diese in bestimmten technischen Verfahren hergestellt, behandelt oder verarbeitet wurden, ist es naheliegend, bei der Überwachung der Anlagen anzusetzen, um somit einen Stoff-Schutz nicht durch Stoffkontrolle, sondern durch Anlagensicherheit zu erreichen. Die Vermeidung, Bekämpfung und Beherrschung nicht bestimmungsgemäßer Störungen versucht die Richtlinie daher mit Vorschriften über die Sicherheit von Anlagen zu gewährleisten[51]. Das erste Ziel besteht darin, schon im Stadium der Planung einer Anlage und auch während ihres Betriebes die Wahrscheinlichkeit von Unfällen durch Untersuchung möglicher Ursachen, Kontrolle der kritischen Punkte, Vorhersehung der Verkettung von Ereignissen, die sie auslösen könnten, durch Festlegung je strengerer Sicherheitsmaßnahmen, desto mehr Risikofaktoren für Mensch und Umwelt vorhanden sind, zu vermindern[52].

Das nächste Ziel der Richtlinie besteht darin, die Folgen eines Unfalles möglichst zu begrenzen, um somit seine Auswirkungen gering zu halten[53]. Sie stellt sich daher als erstes Regelungsinstrument des Gemeinschaftsrechts im Gefahrstoffbereich dar, das sowohl die verschiedenen Aspekte der Vorsorge als auch die unmittelbare Notfallphase erfaßt. Kennzeichnend ist, daß die Richtlinie zum einen eine laufende Anpassung an sich verändernde tatsächliche Gegebenheiten fordert und im weiteren umfangreiche Informationsrechte enthält[54].

---

[50] Siehe dazu auch die Kommentierungen zum ersten Entwurf für diese Richtlinie, Dok. KOM (79) 384 endg. v. 16. Juli 1979, S. 12 f. Den gleichen Ansatz verfolgt auch die 12. Verordnung zur Durchführung des Bundes-Immissionsschutzgesetzes (Störfallverordnung) v. 27. Juni 1980 (BGBl 1980 I, S. 772), deren Neufassung v. 27. Juli 1985 (BGBl 1985 I, S. 1586), die die Seveso-Richtlinie umsetzt. Vgl. dazu *Kloepfer*, Chemikaliengesetz, S. 25 f.

[51] Gleiches gilt auch für die bereits erwähnte Störfallverordnung, die schon in ihrer ersten Fassung aus dem Jahre 1980 auf Anlagen abstellt, bei denen gefährliche Stoffe "ganz erhebliche Gefahren" verursachen können, siehe dazu die Amtliche Begründung zur Störfall-Verordnung, BR Drucks. 108/80, S. 24 ff.

[52] Vgl. die Begründung zum 1. Richtlinienentwurf, Dok. KOM (79) 384 endg., S. 12.

[53] Siehe ebenda. S. 13.

[54] Siehe dazu auch *Prieur*, RJE 1989, S. 261 (262 ff.).

aa) Der Anwendungsbereich der Richtlinie

Die Richtlinie betrifft die Verhütung von und Folgenbegrenzung beim Auftreten schwerer Unfälle bei bestimmten Industrietätigkeiten (Art. 1 Abs. 1). Wesentliche Abgrenzungskriterien sind daher zum einen der Terminus schwerer Unfall und zum anderen die erfaßten Industrietätigkeiten. Der Begriff des "schweren Unfalles" wird definiert in Art. 1 Abs. 2c der Richtlinie. Schwere Unfälle im Sinne der Richtlinie sind danach im Zusammenhang mit einer unkontrollierten Entwicklung einer Industrietätigkeit auftretende Ereignisse, wie zum Beispiel größere Emissionen, Bränden oder Explosionen, die sofort oder später eine ernste Gefahr für die Menschen innerhalb oder außerhalb eines Betriebes und/oder für die Umwelt zur Folge haben und bei denen ein gefährlicher Stoff oder mehrere gefährliche Stoffe eingesetzt werden oder anfallen.

Für den Anwendungsbereich der Richtlinie kommt es also auf eine "mögliche" Freisetzung gefährlicher Stoffe an, die in den Anhängen II-IV zur Richtlinie mengenabhängig spezifiziert werden. Art. 1 Abs. 2a enthält auch eine Legaldefinition für die erfaßten Industrietätigkeiten. Dies sind sowohl alle Tätigkeiten in Industrieanlagen, wie sie im Anhang I zur Richtlinie aufgeführt sind, als auch die im Anhang II aufgeführten Lagerungen außerhalb der in Anhang I erwähnten Anlagen. Von der Richtlinie werden daher zwar innerbetriebliche Transporte erfaßt, Transportaktivitäten außerhalb solcher Anlagen, insbesondere im öffentlichen Verkehrsraum, fallen aber völlig aus ihrem Anwendungsbereich heraus.

Nach Art. 2 der Richtlinie sind, ähnlich wie im sonstigen EG-Gefahrstoffrecht[55], auch hier Nuklearanlagen, militärische Anlagen, Herstellung und Lagerung von Munitions- und Sprengstoffen und Bergbautätigkeiten von ihrem Anwendungsbereich ausgenommen. Abgesehen vom Nuklearsektor bestehen für diese Anlagen bislang keine Sicherheitsvorschriften nach dem Vorbild der Seveso-Richtlinie.

Einrichtungen zur Beseitigung von giftigen und gefährlichen Abfällen sind ebenfalls ausgenommen, wenn für diese Gemeinschaftsregelungen gelten, die auf die Verhütung schwerer Unfälle abzielen. Da die bislang bestehenden Gemeinschaftsrechtsvorschriften über die Beseitigung gefährlicher Abfälle spezifische Regelungen zur Unfalverhütung nur ansatzweise enthalten, ist die Seveso-Richtlinie grundsätzlich auch auf Abfallbeseitigungsanlagen anzuwenden und zur Ergänzung spezifisch abfallrechtlicher Regelungen heranzuziehen. Nach Art. 9 findet die Richtlinie im übrigen nicht nur auf neu zu errichtende Anlagen Anwendung, sondern auch auf bestehende Industrieanlagen.

---

[55] Vgl. dazu oben S. 83 ff.

bb) Verpflichtungen der Mitgliedstaaten nach der Richtlinie

Die Richtlinie legt den Mitgliedstaaten verschiedene Pflichten zu unmittelbarem Handeln und zur Ausgestaltung des innerstaatlichen Rechts auf. Dabei handelt es sich sowohl um Pflichten, die die Vorsorgephase, als auch um solche, die die Notfallphase betreffen.

Die Pflichten der Vorsorgephase lassen sich in generelle und spezifische Verpflichtungen unterscheiden[56]. Die generellen Pflichten sind in Art. 3 und 4 der Richtlinie niedergelegt. Diese fordern generalklauselartig Aktivitäten der Mitgliedstaaten ein, die den Betreiber einer Anlage veranlassen sollen, notwendige Maßnahmen zur Vorsorge oder der Begrenzung von Unfallfolgen zu treffen und über seine Sicherheitsmaßnahmen gegenüber den zuständigen Behörden Nachweis führen zu können.

Diese sehr allgemein formulierten Verpflichtungen sind für sich genommen wenig effizient, insbesondere da sie durch Termini wie "notwendig" (Art. 3) und "geeignet" (Art. 4) den Mitgliedstaaten keine präzisen Umsetzungsverpflichtungen auferlegen und den jeweils unterschiedlichen nationalen Vorstellungen über das "Notwendige" oder "Geeignete" breiten Raum geben.

Spezifische und detaillierte Anforderungen für den Vorsorgebereich enthält aber Art. 5. Danach soll der Betreiber einer Industrieanlage, die der Richtlinie unterfällt, den zuständigen Behörden eine Reihe von Informationen über die vorkommenden und entstehenden gefährlichen Substanzen, die Anlage selbst und über mögliche schwere Unfallsituationen erteilen[57]. Die Informationen über mögliche schwere Unfallsituationen erstrecken sich auf innerbetriebliche Gefahrenabwehrpläne, die vom Betreiber zu erstellen sind, aber auch auf Angaben, die die zuständigen Behörden in die Lage versetzen sollen, Alarm- und Gefahrenpläne für die Umgebung eines Betriebes zu erstellen. Die vom Betreiber zu erteilenden Informationen über seine Anlage sind regelmäßig auf den neuesten Stand zu bringen, um neuen technischen Erkenntnissen Rechnung tragen zu können (Art. 5 Abs. 3). Bemerkenswert ist in diesem Zusammenhang, daß zwar eine Fülle von Informationen angefordert werden, daß aber keinerlei inhaltliche Anforderungen und Sicherheitsvorkehrungen oder Gefahrenabwehrpläne normiert werden.

Als Vorbeugemaßnahme zur Begrenzung der Folgen eines tatsächlich eintretenden Unglücksfalles enthält Art. 8 Abs. 1 inzwischen detaillierte Anforderungen daran, wie und in welchem Umfang die Öffentlichkeit über Sicher-

---

[56] Zu dieser Unterscheidung siehe *Prieur*, RJE 1989, S. 261 (262 f.); ähnlich auch *v. Moltke*, Industry and Environment, Vol. 6 (1983), S. 15.

[57] Siehe auch *Prieur*, a.a.O., S. 263; sowie *v. Moltke*, ibidem.

heitsmaßnahmen und Verhaltensmaßregeln für den Fall eines Unfalles zu informieren ist[58]. Die im einzelnen mitzuteilenden Angaben sind nunmehr in dem im Jahre 1988 neu gefaßten Anhang VII[59] zur Richtlinie umfangreich beschrieben; sie sind in angemessenen Abständen zu wiederholen und zu aktualisieren.

Art. 8 Abs. 2 enthält darüber hinaus eine grenzüberschreitende Unterrichtungspflicht, ähnlich wie sie sich inzwischen noch in einigen anderen umweltrechtlichen Richtlinien wiederfindet[60]. Danach sind gleichzeitig den "übrigen interessierten Mitgliedstaaten als Grundlage für notwendige Konsultationen im Rahmen ihrer bilateralen Beziehungen die gleichen Informationen" zur Verfügung zu stellen, die die Mitgliedstaaten an ihre eigenen Staatsangehörigen verteilen. Der Umfang der hier zu erteilenden Informationen läßt sich ebenfalls aus dem Katalog des Anhanges VII zur Richtlinie ermitteln[61]. Die Unterrichtung hat zum gleichen Zeitpunkt wie diejenige der Bevölkerung des jeweiligen Mitgliedstaates zu erfolgen.

Für die Notfallphase haben die Mitgliedstaaten sicherzustellen, daß der Betreiber einer Anlage im Falle eines schweren Unfalles die Behörden unverzüglich unterrichtet und ihnen weitere Informationen zuteil werden läßt (Art. 10 Abs. 1). Diese sind umgehend über den Eintritt des Unfalles in Kenntnis zu setzen. Sobald sie dem Betreiber bekannt sind, hat er weiter nähere Umstände des Unfalles sowie die eingeleiteten Sofortmaßnahmen bekanntzugeben (Art. 10 Abs. 1), ferner eine Einschätzung mittel- und langfristiger Auswirkungen und zukünftig zu treffende Vorbeugemaßnahmen zu notifizieren (Art. 10 Abs. 1c). Den Mitgliedstaaten selbst obliegt die Kontrolle darüber, ob die Betreiber ihren Pflichten ausreichend nachkommen (Art. 10 Abs. 2).

Informationspflichten des jeweiligen Mitgliedstaates bestehen im Falle eines bereits eingetretenen Unfalles ausdrücklich nur gegenüber der Kommission (Art. 11 Abs. 1). Weitere Informationspflichten gegenüber der Bevölkerung eines Mitgliedstaates oder gegenüber anderen potentiell betroffenen Mitgliedstaaten finden im Wortlaut der Richtlinie keine Stütze. Vielmehr sind sogar die Kommission und ihre Beamten und Bediensteten an der Verbreitung der

---

[58] Die ursprünglich relativ vage Fassung des Art. 8 Abs. 1 wurde durch die (zweite) Richtlinie zur Änderung der Richtlinie 82/501/EWG v. 24. November 1988 neu gefaßt (Richtlinie 88/610/EWG v. 24.11.1988, Abl. L 336/88, S. 14).

[59] Abl. L 336/88, S. 18.

[60] Siehe etwa Art. 7 der UVP-Richtlinie (85/337/EWG), Abl. L 174/85, S. 40 oder Art. 10 der Richtlinie zur Bekämpfung der Luftverunreinigung durch Industrieanlagen (84/360/EWG) Abl. L 188/84, S. 20.

[61] Anders noch *Jans*, Grenzüberschreitendes Umweltrecht, S. 67, der bei seiner Kritik von der ursprünglichen Richtlinienfassung ausgeht.

erhaltenen Information gehindert (Art. 13 Abs. 3). Wegen des relativ klaren Wortlauts von Art. 8 Abs. 1 "Personen ... werden über die Sicherheitsmaßnahmen und das Verhalten im Falle eines Unfalles unterrichtet ..." kann eine Informationspflicht, gegenüber der Bevölkerung bei bereits eingetretenen Notfällen, auch nicht aus teleologischen oder systematischen Erwägungen gefolgert werden. Der Wortlaut des Art. 8 Abs. 1 erstreckt sich nur auf Informationen und Untersuchungen im Rahmen von Vorsorgemaßnahmen zur Folgenbegrenzung von Unfällen. Die Möglichkeit der Mitgliedstaaten, weitergehende Regelungen auch für die Notfallphase zu treffen, ersetzt nicht eine entsprechende Regelung in der Richtlinie, die eine Umsetzungspflicht erzeugt.

cc) Die permanente Anpassung der Richtlinie

Die Seveso-Richtlinie ist bislang zweimal geändert worden. Im Rahmen der ersten Änderung[62] wurden im wesentlichen nur die Kataloge der Anhänge I-III ergänzt und erweitert. Die zweite Änderungsrichtlinie hatte hauptsächlich die bereits dargestellte Neufassung des Art. 8 zum Gegenstand[63]. Darüber hinaus sieht die Richtlinie selbst ihre permanente Änderung vor, um eine Anpassung an neue tatsächliche Gegebenheiten zu ermöglichen und somit ihre Effektivität zu garantieren[64].Die Anpassung erfolgt im wesentlichen durch eine Änderung der Anhänge, die in Art. 14-16 geregelt ist. Art. 14 sieht eine Anpassung des Anhanges V, in dem die Mitteilungspflichten des Anlagenbetreibers in der Vorsorgephase festgehalten sind, vor. Das hierbei einzuhaltende Verfahren wird in Art. 15/16 beschrieben. Nach Art. 15 hat der für die Änderung zuständige Ausschuß durch Anpassung des Anhanges 5 den Katalog derjenigen Informationen, die der Betreiber zu erteilen hat, den sich verändernden technischen Gegebenheiten anzupassen. Diese Art der Änderung und Anpassung durch einen Ausschuß mag zwar Bedenken laut werden lassen, da es um eine Art und Weise der Rechtsetzung handelt, die so im EWGV nicht vorgesehen ist. Allerdings besteht der Ausschuß aus Vertretern der Mitgliedstaaten und einem Vorsitzenden, der durch die Kommission berufen wird. Dies entspricht dem nach wie vor bestehenden, wenn vielleicht auch kritikwürdigen Faktum, daß bei der Rechtsetzung der Gemeinschaft die Kommission und noch stärker der aus Vertretern der Mitgliedstaaten zusammengesetzte Rat die entscheidenden Organe sind, nicht das Parlament.

---

[62] Richtlinie 87/216/EWG v. 19. März 1987, Abl. L 85/87, S. 36.

[63] S. oben S. 89 f.

[64] *Prieur*, RJE 1989, S. 261 (263).

Art. 19 betrifft die Änderung der Anhänge I-III, die den Anwendungsbereich der Richtlinie abgrenzen. Von diesem Verfahren wurde im Zuge der ersten Änderungsrichtlinie Gebrauch gemacht. Auch dieses Instrument hat die Funktion, die permanente Anpassung an sich verändernde Einschätzungen über die Unfall-Gefährlichkeit bestimmter Substanzen oder Verfahrenstechniken zu ermöglichen.

c) Schutz vor gefährlichen Abfällen

Zum Schutz vor gefährlichen Abfällen existieren eine Reihe von gemeinschaftlichen Rechtsakten, die allerdings zum überwiegenden Teil der Vorsorge und der Verhinderung "normaler", schleichender Gefahren für den Menschen und seine Umwelt dienen. Bestimmungen zur Vorbeugung von Unfällen oder Normen über den Umgang mit Unfallsituationen, also solche der Notfallphase, bestehen in diesem Bereich allenfalls vereinzelt. Diese Regelungen sind naturgemäß im übrigen auch nicht - wie die Seveso-Richtlinie - anlagenbezogen, sondern erfassen Abfall als, jeweils für ihren Anwendungsbereich, mehr oder weniger präzise definierte[65] Stoffkategorie, sind also ebenso stoffbezogen wie die übrigen Gefahrstoffregeln.

Die bereits erwähnte Richtlinie über giftige und gefährliche Abfälle[66] hat als Normzweck ebenfalls den Schutz vor jeder Art von Gemeingefahren[67]. Zu diesem Zweck sieht sie umfassende strukturelle und administrative Kontrollverfahren für die Überwachung giftiger und gefährlicher Abfälle vor[68], für Unfallsituationen enthält sie aber keine eigenen Regelungen. Vielmehr überläßt sie den Mitgliedstaaten in Art. 13 die Möglichkeit, in Gefahrensituationen Maßnahmen zu treffen, die zweckdienlich erscheinen, selbst wenn sie vorübergehend von der Richtlinie abweichen. Die Richtlinie enthält also gerade eine Ausnahmeklausel für Unfallsituationen. Auch weitere "Spezial"-Richtlinien des Gemeinschaftsrechts, die die Beseitigung gefährlicher Abfälle zum Gegenstand haben, enthalten keine unfallspezifischen Regelungen[69].

---

[65] Zum gemeinschaftsrechtlichen Abfallbegriff und seinen vielfältigen "Schattierungen" vgl. *Offermann-Clas*, NVwZ 1985, S. 377 (387 f.) m.w.N.; dies. DVBl 1981, S. 1125 (1129 f.) sowie neuerdings auch zwei Urteile des EuGH v. 28.3.1990, verb. Rs. C-206 u. 207/88, C-358/88, in Kurform veröffentlicht in EuZW 1991, S. 253 f.

[66] Richtlinie 78/319/EWG v. 20. März 1978, Abl. L 84/78, S. 43.

[67] Siehe Absatz 4 der Begründungserwägungen.

[68] Zu weiteren Einzelheiten in diesem Zusammenhang siehe *Haines*, Überwachung von Sonderabfällen, S. 60 ff.

[69] Siehe etwa die Richtlinie vom 6. April 1976 über die Beseitigung polychlorierter Biphenyle und Teerphenyle (76/403/EWG), Abl. L 108/76, S. 41 oder die Richtlinie vom 20. Februar 1978 über Abfälle aus der Titandioxid-Produktion (78/176/EWG), Abl. L 54/78, S. 19.

aa) Grenzüberschreitende Verbringung

Veranlaßt durch die skandalösen Vorgänge um das monatelange Verschwinden der 41 Fässer mit hochgiftigen Abfällen von der Unglücksstelle in Seveso haben die Gemeinschaften im Dezember 1984 die "Richtlinie über die Überwachung und Kontrolle - in der Gemeinschaft - der grenzüberschreitenden Verbringung gefährlicher Abfälle"[70] erlassen. Diese wird in der Literatur deshalb z. T. auch als Seveso II-Richtlinie bezeichnet[71]. Sie lehnt sich in ihrem Geltungsbereich an die Richtlinie über giftige und gefährliche Abfälle an[72].

Angesichts der zunehmenden grenzüberschreitenden Verbringung gefährlicher Abfälle über weite Entfernungen ist es das Ziel der Richtlinie, eine möglichst lückenlose Überwachung und Kontrolle der Abfälle vom Zeitpunkt ihres Anfalles bis zu ihrer Aufbereitung bzw. endgültigen sicheren Beseitigung zu gewährleisten[73]. Da sie nicht vorrangig Sicherheitsanforderungen an die Durchführung des Transports normiert, sondern vielmehr Fragen der Notifizierung über den jeweiligen Verbleib regelt, muß die Richtlinie auch schon aus diesem Grund dem Gefahrstoffrecht, nicht dem später noch zu behandelnden Transportrecht zugeordnet werden, wenn sie auch Transportvorgänge miterfaßt[74].

Als wesentliche Regelung sieht die Richtlinie deshalb eine allgemeine Notifizierungspflicht für Vorgänge der grenzüberschreitenden Beseitigung gefährlicher Abfälle vor (Art. 3). Zur Notifizierung ist die Verwendung eines einheitlichen Begleitscheines, dessen Inhalt im Anhang I zur Richtlinie festgelegt ist, vorgesehen (Art. 3 Abs. 2). Eine grenzüberschreitende Verbringung darf erst erfolgen, wenn die Notifizierung durch den betroffenen Staat bestätigt worden ist (Art. 4 Abs. 1)[75]. Für den Empfangsstaat besteht darüber hinaus die Möglichkeit, Einwände aus Gründen des Schutzes der Umwelt, zur Wahrung der Sicherheit und der öffentlichen Ordnung oder zum Schutz der Gesundheit zu erheben, soweit diese mit dem übrigen Gemeinschaftsrecht oder internationalen Übereinkommen in Einklang stehen (Art. 4 Abs. 3). Dieser

---

[70] Richtlinie 84/631/EWG v. 6. Dez. 1984, Abl. L 326/84, S. 31. Vgl. im übrigen nunmehr auch den Vorschlag für eine Verordnung des Rates zur Überwachung und Kontrolle der Verbringung von Abfällen in die und aus der Gemeinschaft v. 10. 10. 1990, Abl. C 289/90, S. 9.

[71] Siehe *Bruha*, ZaöRV 44 (1984), S. 1 (52).

[72] *Szelinski*, UPR 1984, S. 364 (368).

[73] Siehe Absatz 7 der Begründungserwägungen.

[74] Zu den zumindest auch im Ansatz erfaßten Transportvorgängen vgl. unten S. 109 f.

[75] In der Bundesrepublik sind in den Flächenstaaten zumeist die Länder-Mittelbehörden für die Bestätigung der Notifizierung zuständig. Siehe dazu die Aufstellung bei *Hösel/v. Lersner*, § 13c AbfG Rn. 6.

Vorbehalt dürfte entsprechend Art. 36 EWGV auszulegen sein. Die Behörden des Versandmitgliedstaates oder eines Transitmitgliedstaates können darüber hinaus Auflagen für die Beförderung der Abfälle in ihrem Hoheitsgebiet festlegen (Art. 4 Abs. 6).

Regelung zur Vorbeugung von Unfallgefahren, die aus der Verbringung der Abfälle herrühren, enthält im wesentlichen nur Art. 8 der Richtlinie:

a) Die Abfälle müssen richtig verpackt sein.

b) Die Verpackungen müssen mit entsprechenden Aufschriften versehen sein, aus denen die Art, die Zusammensetzung und die Menge der Abfälle sowie die Fernsprechnummern der Person(en) zu entnehmen sind, bei denen während der Verbringung jederzeit Anweisungen oder Ratschläge eingeholt werden können.

c) Die bei Gefahr oder Unfällen zu befolgenden Anweisungen müssen mit den Abfällen mitgeführt werden.

d) Die unter b und c genannten Anweisungen und Aufschriften müssen in den Sprachen der betroffenen Mitgliedstaaten abgefaßt sein.

Die Richtlinie enthält aber keinerlei inhaltliche Vorgaben für die Anweisungen, die bei Gefahr oder Unfällen zu befolgen sind. Entsprechende Bestimmungen der Seveso-Richtlinie können zur Präzisierung nicht herangezogen werden, da diese außerbetriebliche Transportvorgänge ausklammert[76]. Die Richtlinie über die grenzüberschreitende Verbringung gefährlicher Abfälle enthält daher nur ganz allgemeine Vorbeugeregelungen, nicht aber detaillierte und spezifische Regelungen zur Verhütung technisch-industrieller Umweltnotfälle bei der Verbringung dieser Stoffe. An Regelungen für eine unmittelbare NotfallPhase fehlt es darüber hinaus in der Richtlinie ebenso wie an Haftungsbestimmungen.

bb) Rechtsetzungsvorhaben im Hinblick auf zivilrechtliche Haftung

Allerdings verpflichtet Art. 11 Abs. 3 der Richtlinie den Rat, bis zum 30. September 1988 Bedingungen für die Anwendung der zivilrechtlichen Haftung des Erzeugers im Schadensfall oder der zivilrechtlichen Haftung aller sonstigen Personen festzulegen, die für die betreffenden Schäden haftbar gemacht werden können sowie ferner eine Versicherungsregelung zu treffen. Als Rechtssetzungsverfahren ist Art. 100 EWGV vorgesehen. Ein solcher Richtlinienvorschlag liegt inzwischen vor; er ist allerdings bislang noch nicht

---

76 Vgl. dazu oben S. 88.

in Kraft getreten[77]. Das erklärte Ziel des Richtlinienentwurfes besteht darin, dem in den UmweltAktionsprogrammen der Gemeinschaft[78] postulierten Verursacherprinzip Geltung zu verschaffen, und zwar unter Bedingungen, die der Vollendung des Binnenmarktes dienen sollen[79]. Zu diesem Zweck sieht der Entwurf eine verschuldensunabhängige Haftung vor, die auf den Abfallerzeuger kanalisiert wird (Art. 3). Die Haftungsregelung, die Transporteure ausnimmt, folgt der Tatsache, daß vornehmlich der Abfallerzeuger ein wirtschaftliches Interesse daran hat, sich der Stoffe möglichst kostengünstig zu entledigen und damit einen Anreiz schafft, sie einer illegalen Beseitigung zuzuführen[80]. Der Richtlinienvorschlag nimmt allerdings Schäden aus, die durch radioaktive Abfälle oder durch Abfälle oder Verschmutzungen infolge von Ölschäden verursacht sind, soweit sie unter einzelstaatliche Rechtsvorschriften in Umsetzung des Pariser Atomhaftungsübereinkommens, des Brüsseler Zusatzübereinkommens sowie der Protokolle dazu[81] oder des Internationalen Übereinkommens über die zivilrechtliche Haftung bei Ölschäden und des internationalen Übereinkommens zur Schaffung eines internationalen Entschädigungsfonds für Ölschäden fallen[82].

Bemerkenswert ist im übrigen, daß nach Art. 6 Abs. 2 des Entwurfes "die Tatsache, daß der Erzeuger im Besitz einer Genehmigung der öffentlichen Hand ist, ihn nicht von seiner Haftung befreit". Diese Vorschrift dürfte die in der Bundesrepublik gegenwärtig noch vehement geführte Diskussion um Bestand und Reichweite der Legalisierungswirkung von anlagen- oder abfallrechtlichen Genehmigungen[83] in ihrem Bereich, jedenfalls was die Haftung für Schäden durch Abfälle betrifft, weitgehend obsolet werden lassen.

---

[77] Siehe den Vorschlag für eine Richtlinie des Rates über die zivilrechtliche Haftung für die durch Abfälle verursachten Schäden v. 15. Sept. 1989, Dok KOM 89/282 endg. Der Richtlinienvorschlag ist - ohne Begründungserwägungen - auch abgedruckt in: Abl. C 251/89, S. 3.

[78] Siehe oben, S. 4, Fußn. 17.

[79] Siehe Ziffer 2 der Begründserwägungen zum Richtlinienentwurf, Dok. KOM (89) 282 endg., S. 1.

[80] Siehe Dok KOM 89/282, S. 3, Ziffer 5.

[81] Siehe dazu oben S. 69 ff.

[82] Siehe dazu oben S. 71 ff.

[83] Zum Meinungsstand siehe *Hoppe/Beckmann*, Umweltrecht § 15, Rn. 23, 56; dieses Problem stellt sich allerdings für die Abfallhaftung im allgemeinen in geringerer Schärfe als bei den sog. Altlasten, da die Legalisierung einer Abfallentsorgung etwa durch eine Anlagengenehmigung ferner liegt als etwa bei einer Bodenkontamination. Abgrenzungsprobleme dürften allerdings entstehen, wenn ein Anlagenbetreiber sich der Abfälle auf dem Betriebsgrundstück entledigt hat. Für die Anlagenhaftung dürften sich nunmehr auch Neuerungen aus dem am 1.1.1991 in Kraft getretenen Gesetz über die Umwelthaftung (BGBl 1990 I, S. 2634/UmweltHG) ergeben. Dies gilt jedoch nur für Schäden, durch Anlagen im Sinne des Gestzes verursacht werden, nicht für davon losgelöste Abfälle. Zu den Problemen in diesem Zusammenhang siehe *Hager*, NJW 1991, S. 134 (135).

Sollte die Richtlinie über die zivilrechtliche Haftung für die durch Abfälle verursachten Schäden in Kraft treten, so wird sie wohl auch die zur Zeit noch geführte Diskussion, ob und inwieweit eine Haftung für Schäden durch Abfälle von der Produkthaftpflicht-Richtlinie[84] umfaßt wird, überflüssig werden. Ob und in welchem Umfang Abfälle der ebenfalls verschuldensunabhängigen Haftung nach dem durch die Richtlinie vorgegebenen Produkthaftpflichtrecht unterfallen, hängt von der Reichweite des Produktbegriffes ab[85]. Eine Haftung kommt daher im Ergebnis nur insoweit in Betracht, als der Abfall bereits mit der Zweckbestimmung der wirtschaftlichen Weiterverwertung entsteht oder diese später erhält. Abfall, der ohne diese Zweckbestimmung entsteht, kann dem Produktbegriff nicht unterfallen. Es muß also eine Kommerzialisierungsabsicht bestehen, um den Abfall zum Produkt werden zu lassen[86]. Daher besteht im Ergebnis nur eine eingeschränkte Haftung für Abfälle nach dem Produkthaftungsrecht, die sich im wesentlichen auf Grundstoffe für Recyclingprodukte erstreckt[87]. Risikomüll, von dem ein besonderes Gefährdungspotential im Hinblick auf industrielle Abfälle ausgeht, ist dagegen in der Regel nicht erfaßt. Allein die Verabschiedung der geplanten Richtlinie vermag daher eine zufriedenstellende Lösung des Haftungsproblems zu erzielen.

d) Zusammenfassung

Die behandelten Regeln des EG-Gefahrstoffrechts enthalten eine Vielzahl von Normen zur Vorbeugung und Verhinderung von Gefahren, die beim Umgang mit diesen Stoffen bestehen. Diese Sicherheitsanforderungen beziehen sich in dieser überwiegenden Zahl aber nicht speziell auf Unfallgefahren.

Diese Lücke schließt im Rahmem ihres Anwendungsbereiches die Seveso-Richtlinie mit anlagebezogenen Regeln zur Verhütung schwerer Unfälle. Darüber hinaus enthält sie auch als einziges Rechtsinstrument in diesem Bereich Normen für die eigentliche Notfallphase, die in ihrem Schwerpunkt aus Informationspflichten bestehen. Den Nachteil der anlagebezogenen Ausrichtung der Richtlinie, eben nur solche Gefahren zu erfassen, die von gefährlichen Stoffen "innerhalb" von Anlagen ausgehen, gleicht sie dadurch aus, daß sie sich inzwischen auch in weitem Umfang auf Lagerstätten erstreckt und den

---

[84] Richtlinie v. 25. Juli 1985 zur Angleichung der Rechts- und Verwaltungsvorschriften der Mitgliedstaaten über die Haftung für fehlerhafte Produkte (85/374/EWG), Abl. L 210/85, S. 29.

[85] Zum Meinungsstand vgl. *Taschner/Frietsch*, Produkthaftungsgesetz und EG-Produkthaftungsrichtlinie, § 2 ProdHaftG, Rn. 25 ff.; *Schmidt-Salzer*, Produkthaftung, Art. 7 Rn. 31; *Hösel/v. Lersner*, § 2 AbfG, Rn. 46 (am Ende).

[86] Vgl. dazu insbesondere *Taschner/Frietsch*, a.a.O. sowie zu § 1 ProdHaftG, Rn. 74 ff.

[87] *Taschner/Frietsch*, a.a.O., Art. 2 der Richtlinie, Rn. 8.

Umgang mit den unter die Anwendung der Richtlinie fallenden Gefahrstoffen - bis auf den ausgenommenen Bereich des außerbetrieblichen Transports - weitgehend abdeckt. Auch die besonders gefahrenträchtige Entsorgung gefährlicher Abfälle durch thermische Zersetzung oder Verbrennung wird von ihr erfaßt, da entsprechende Anlagen ebenfalls unter ihren Anwendungsbereich fallen[88]. Produktbezogene Maßnahmen für die Notfallphase dürften im übrigen auch wegen der Vielzahl der möglichen Fallkonstellationen, Beteiligten, potentiell Verantwortlichen usw. kaum zu fassen sein.

Für die Notfall-Nachsorge und Haftungsphase muß das Gefahrstoffrecht der Gemeinschaften noch als defizitär bezeichnet werden. Lediglich eine Richtlinie über die Haftung für Schäden, verursacht durch Abfälle, ist in Vorbereitung. Regeln zum Ausgleich von Schäden, verursacht durch Störfälle bei Industrie-Anlagen, bestehen nicht.

Diese Lücke wird auch durch das Produkthaftpflichtrecht nicht geschlossen werden können, nicht zuletzt deshalb, weil beim "gestörten" Betrieb von Produktionsanlagen noch kein Produkt besteht, das eine Haftung auslösen könnte.

3. Gentechnikrecht

Um ein relativ neues Rechtsgebiet, das sich voraussichtlich schnell entwikkeln wird, handelt es sich bei dem Recht der Gentechnik. Die Gentechnik ist ein Teilgebiet der Biotechnologie, bei der es um die gezielte Verwendung lebender Organismen im Dienste des Menschen geht[89]. Nachdem nunmehr auch auf Bundesebene ein Gentechnikgesetz verabschiedet wurde[90] und die Europäischen Gemeinschaften zwei Richtlinien erlassen haben, die sich mit genetisch veränderten Organismen beschäftigen[91], ist es wohl abzusehen, daß das Recht der Gentechnik - oder allgemeiner - der Biotechnologie als eigenständiges Teilrechtsgebiet des Umweltrechts hervortreten wird[92].

Ausgangspunkt der gentechnologischen Entwicklung ist die Entdeckung, daß die Steuerung und Produktion von Leben über das DNA-Molekül erfolgt. Die

---

[88] Vgl. Ziffer 5 des Anhanges I zur Richtlinie, Abl. L 230/82, S. 8.

[89] *Kloepfer*, Umweltrecht, § 13, Rn. 188.

[90] Gesetz zur Regelung von Fragen der Gentechnik v. 20. Juni 1990, BGBl 1990 I, S. 1080.

[91] Siehe dazu unten, S. 99 ff.

[92] Anders *Kloepfer*, Umweltrecht, § 13 Rn. 7, 203, der, der Tatsache Rechnung tragend, daß der Schwerpunkt des Umweltgentechnikrechts - zumindest bis zum Erlaß des Gentechnik-Gesetzes - seinen Schwerpunkt im Gefahrstoffrecht hat, dies auch zum Gefahrstoffrecht im engeren Sinne zählt.

Gentechnik befaßt sich mit der Isolierung, Bestimmung, Übertragung der DNA-Moleküle als Erbsubstanz[93]. Die Entwicklung der letzten 10-15 Jahre hat es dabei erstmals ermöglicht, auch Gene des Menschen zu isolieren, sie in beliebiger Menge zu vermehren und mit dem Erbgut jedweder anderen Organismenart zu verbinden[94]. Es zeichnet sich die Möglichkeit ab, durch die Rekombination von Genen gesteuert neue - auch menschliche - Lebewesen konstruieren oder züchten zu können. Eine ethische Bewertung dieser Entwicklung ist hier nicht möglich. Sie muß zum einen von einem grundsätzlichen Standpunkt ausgeführt werden, andererseits aber auch Chancen und Risiken dieser Technologie im Rahmen einer Technikfolgenabschätzung in den Blick nehmen. Chancen könnten etwa darin bestehen, daß durch die Erzeugung neuer, besonders genügsamer oder resistenter Pflanzen oder durch genetische Veränderung bei Insekten der Einsatz von Dünge- oder Pflanzenschutzmitteln stark verringert werden könnte. Möglicherweise könnten durch gentechnische Manipulationen auch schadstoffvertilgende Bakterien zur Bekämpfung von Boden- oder Gewässerverunreinigungen oder Beseitigung bestimmter Abfälle geschaffen werden[95]. Die Chancen werden aber noch durchaus sehr unterschiedlich beurteilt[96]. Zum Teil wird der Gentechnologie die Bedeutung einer weiteren industriellen Revolution beigemessen[97]. Das Umwelt-Gentechnikrecht hat in diesem Zusammenhang die Aufgabe, sich mit den spezifischen Gefahren zu beschäftigen, die von der Gentechnik für die Umwelt ausgehen[98]. Diese liegen vor allem darin, daß gentechnisch veränderte Organismen, die in die Umwelt gelangen, dort unkontrollierte Prozesse in Gang setzen und hierdurch die Umwelt nachhaltig verändern oder schädigen können[99]. Dies kann auf zweierlei Art und Weise geschehen. Zum einen können Gefahren durch das ungewollte Entweichen gentechnisch veränderter Organismen bei Laborversuchen entstehen, zum anderen aber auch durch unbekannte Ne-

---

93 Siehe dazu *Ladeur*, NuR 1987, S. 60 (62).

94 Zu diesen technisch-medizinischen Möglichkeiten siehe *Sperling*, in Lukes/Scholz, Rechtsfragen der Gentechnologie 1986, S. 10 ff. Siehe ferner auch den ausführlichen Bericht der Enquête-Kommission "Chancen und Risiken der Gentechnologie", BT-Drucksache 10/6775, S. 194 ff.

95 Vgl. dazu den Bericht der "Enquête-Kommission", a.a.O., S. 99 ff., 114 f.

96 Kritisch dazu siehe etwa *Groth*, KJ 1988, S. 247 ff.

97 Siehe etwa *Lukes*, DVBl 1986, S. 1221.

98 *Kloepfer*, Umweltrecht, § 13, Rn. 189.

99 Siehe den Bericht der Enquête-Kommission, a.a.O., S. 194 ff., 203 ff.; *Groth*, KJ 1988, S. 427 ff.; *Ladeur*, NuR 1987, S. 60 ff.; *Lukes*, DVBl 1986, S. 1221 ff., jew. m.w.N.; zur Risiko-Abschätzung siehe auch den Jahresbericht des Umweltbundesamtes, S. 67 ff., danach fehlt es bislang auch noch an geeigneten Prüf- und Bewertungskriterien für eine Risikoabschätzung. Siehe ferner *Nicklisch*, Rechtsfragen der Biotechnologie, S. 37 ff. (41 f.).

benwirkungen absichtlich freigesetzter Organismen dieser Art[100]. Gefahren des Eintretens technisch-industrieller Umweltnotfälle dürften dabei aber im Bereich unkontrollierter Freisetzung hochgefährlicher gentechnisch-modifizierter Organismen größer sein, als bei der beabsichtigten Ausbringung, die wahrscheinlicher zu Gefahren durch unvorhergesehene Langzeitauswirkungen führen können.

Die Europäischen Gemeinschaften haben - dieser Zweiteilung folgend - im April 1990 zwei Richtlinien erlassen. Es handelt sich um die Richtlinie über die Anwendung gentechnisch veränderter Mikroorganismen im geschlossenen Systemen[101] und die Richtlinie über die absichtliche Freisetzung genetisch veränderter Organismen in die Umwelt[102]. Eine Richtlinie über den Schutz der Arbeitnehmer gegen Gefahren durch biologische Arbeitsstoffe bei der Arbeit[103] ist bislang noch nicht verabschiedet.

a) Die Richtlinie über die Anwendung genetisch veränderter Mikroorganismen in geschlossenen Systemen

Die Richtlinie über die Anwendung genetisch veränderter Mikroorganismen in geschlossenen Systemen hat das Ziel, mögliche schädliche Auswirkungen auf die menschliche Gesundheit und die Umwelt zu begrenzen. Zu diesem Zweck erstreckt sie sich von ihrem Ansatz her auch auf die Abfallbewirtschaftung und die Unfallverhütung[104]. Die Richtlinie weist eine Reihe struktureller Übereinstimmungen mit der sog. Seveso-Richtlinie auf. Sie dürfte als eine Ergänzung der Seveso-Richtlinie[105], die sich mit Gefahren beim Umgang mit Chemikalien in bestimmten Anlagen beschäftigt, für den Bereich der Biotechnologie anzusehen sein. Ebenso wie diese ist sie ausschließlich anlagen- und produktionsbezogen[106].

Auch hier lassen sich allgemein formulierte Pflichten der Mitgliedstaaten, aber auch detaillierte Anforderungen an die Anwender, seien sie gewerblicher oder auch anderer Art, benennen. Zur ersten Kategorie zählt die Pflicht der

---

[100] *Sundermann*, in HdUR Bd. II, Sp. 786; *Kloepfer*, Umweltrecht, § 13 Rn. 190.

[101] Richtlinie 90/219/EWG v. 23. April 1990, Abl. L 117/90, S. 1.

[102] Richtlinie 90/220/EWG v. 23. April 1990, Abl. L 117/90, S. 15.

[103] Siehe Abl. C 150/88, S. 6.

[104] Siehe dazu auch die Begründungserwägungen zum ursprünglichen Richtlinienentwurf der Kommission, Dok. KOM (88) 160 endg., S. 5 f.

[105] Richtlinie 82/501/EWG, Abl. L 230/82, S. 1, vgl. dazu oben S. 87 ff.

[106] *Pernice*, NVwZ 1990, S. 414 (420); siehe auch *Delbrück*, EuZW 1990, S. 371 (373).

Mitgliedstaaten, "allgemeine Maßnahmen zu treffen, damit die Anwendung genetisch veränderter Mikroorganismen in geschlossenen Systemen keine nachteiligen Folgen für die menschliche Gesundheit und die Umwelt zur Folge hat" (Art. 6 Abs. 1). Daraus dürften sich jedenfalls nicht ohne weiteres sehr präzise Rechtsfolgen ableiten lassen.

Die Richtlinie sieht aber auch konkrete Anforderungen an die Ausgestaltung des mitgliedstaatlichen Rechts vor. Diesen liegen zweierlei Unterscheidungen mit jeweils unterschiedlichen Rechtsfolgen zugrunde. Zunächst teilen sich die gentechnisch veränderten Mikroorganismen in zwei Gruppen auf. Die Gruppe I bilden die Mikroorganismen, die die Kriterien des Anhanges II zur Richtlinie erfüllen (Art. 4 Abs. 1). Hierbei handelt es sich um solche, denen geringes Risikopotential beigemessen wird, und bei denen verhältnismäßig einfache Regeln guter Hygiene und Sicherheitspraxis zur Verhinderung von Gefahren ausreichen müßten[107]. Eines der Hauptkriterien zur Einstufung in diese Gruppe ist, daß weder der Ausgangsorganismus noch der veränderte Mikroorganismus selbst pathogen wirkt[108]. In die Gruppe II werden alle Mikroorganismen eingeordnet, die nicht der Gruppe I unterfallen und bei denen Einschließung, Abfallkontrolle und unter Umständen Notstandsmaßnahmen erhebliche Bedeutung zukommt[109].

Eine weitere Unterscheidung richtet sich nach dem Zusammenhang, in dem die in Frage stehenden Organismen verwendet oder angewendet werden. Hier werden Arbeitsgänge für Lehr-, Forschungs- oder Entwicklungszwecke oder für nichtindustrielle bzw. nichtkommerzielle Zwecke, die in kleinem Maßstab durchgeführt werden (Typ A) von den übrigen Arbeitsgängen (Typ B) unterschieden (Art. 2 d). Unter die Kategorie B fallen gewerbliche Herstellungs- oder Anwendungsverfahren. Diese Unterscheidung fußt auf der wohl zutreffenden Einschätzung, daß bei industriellen Vorgehensweisen ein erhöhtes Risiko bestehen dürfte[110]. Anhand dieser Differenzierungen sieht die Richtlinie ein gestaffeltes System von Anmeldepflichten bis hin zu Genehmigungserfordernissen vor[111]. Bei der Verwendung von Mikroorganismen der Gruppe I bei Arbeitsgängen des Typs A besteht grundsätzlich nur eine Pflicht, Aufzeichnungen herzustellen (Art. 9 Abs. 1). Werden die Organismen der Gruppe I in Anlagen der Kategorie B eingesetzt, besteht eine Pflicht zur vorherigen Anmeldung (Art. 9 Abs. II). Verschärfte Anforderungen bestehen bei Mikro-

107 Vgl. Dok. KOM (88) 160 endg., S. 6.

108 Zu weiteren Einzelheiten siehe Anhang II zur Richtlinie.

109 Vgl. auch Dok. KOM (88) 160 endg., S. 6.

110 Siehe Dok. KOM (80) 160, endg., S. 7.

111 Siehe auch *Delbrück*, EuZW 1990, S. 371 (374).

organismen der Gruppe II. Werden diese in Anlagen des Typs A verwendet, besteht ebenfalls eine Anmeldepflicht (Art. 10 Abs. 1). Gleiches gilt bei Verwendung derselben bei Arbeitsgängen des Typs B, also im wesentlichen bei gewerblichen und industriellen Herstellungs- und Anwendungsverfahren. Hier bestehen aber erweiterte Anforderungen an die im Rahmen der Anmeldung vorzulegenden Angaben. Diese umfassen insbesondere Informationen über die Anlage selbst, über die Abfallbewirtschaftung sowie über die Unfallverhütung und geplante Maßnahmen für den Notfall (Art. 10 Abs. 2).

Für die erstmalige Verwendung genetisch veränderter Mikroorganismen in bestimmten Anlagen werden diese Anforderungen verschärft. Hier besteht bereits auf der geringsten Gefahrstufe eine Anmeldepflicht, während die Verwendung von Organismen der Gruppe II in Anlagen des Typs B einem Genehmigungsvorbehalt unterliegt (Art. 8 Abs. 1 und Art. 11 Abs. 4).

Der Umfang der vom Anmelder vorzulegenden Unterlagen ergibt sich - soweit nicht für die höchste Risikogruppe in Art. 10 Abs. 2 festgelegt - aus Anhang V, Teil A-C. Die Behörden der Mitgliedstaaten haben die Unterlagen auf Vollständigkeit im Hinblick auf die Anforderungen der Richtlinie zu überprüfen. Sie können gegebenenfalls Auflagen machen oder eine Änderung der Anwendungsbedingungen anordnen (Art. 11 Abs. 1-3).

Neben diesen Anmelde- und Genehmigungserfordernissen sieht die Richtlinie noch weitere allgemeine Pflichten für die Anwender vor (Art. 6 Abs. 2-4, 14-16), deren Beachtung die Mitgliedstaaten sicherzustellen haben. Deren systematische Stellung erscheint nicht völlig klar, sie sind zumindest aber keine Voraussetzung für eine Anmeldung oder Genehmigung (und dürften daher in ihrer Wirksamkeit beeinträchtigt sein).

Art. 6 Abs. 2-4 verpflichtet den Anwender, eine Vorabbewertung der Risiken vorzunehmen, die mit der Anwendung gentechnisch veränderter Mikroorganismen in geschlossenen Systemen für die menschliche Gesundheit und die Umwelt einhergehen. Diese ist nach bestimmten Kriterien zu erstellen und mit dieser Anmeldung vorzulegen. Es bestehen aber weder präzise noch generalklauselartig formulierte Ausschlußgründe, die dazu führen könnten, eine Anwendung wegen eines allzu hohen Risikos auszuschließen.

Schließlich liegt ein weiterer Regelungsschwerpunkt bei den erforderlichen Vorkehrungen für Unfälle, insbesondere den Notfallplänen (Art. 14-16).

Art. 14 sieht die Erstellung von Notfallplänen sowie die Information der Bereitschaftsdienste über Art und Umfang möglicher Gefahren vor (lit. a). Darüber hinaus ist eine Unterrichtung potentiell betroffener Personen über Sicherheitsmaßnahmen und das Verhalten in Unfallsituationen vorgesehen. Diese Unterrichtung ist in bestimmten Abständen zu wiederholen. In diesem

Bereich der Notfallvorsorge sind die Anforderungen der Richtlinie mit denen der Seveso-Richtlinie weitgehend identisch[112]. Als Regelung für die eigentliche Notfallphase sieht Art. 15 vor, daß bei einem Unfall die zuständige Behörde sofort zu unterrichten ist. Dabei ist über die näheren Umstände des Unfalles sowie über die getroffenen Notfallmaßnahmen zu informieren. Den jeweiligen Mitgliedstaaten obliegt es, potentiell betroffene weitere Mitgliedstaaten zu unterrichten (Art. 15 Abs. 2). Weitere Pflichten zur Durchführung von Notfallmaßnahmen ergeben sich für die Mitgliedstaaten aus Art. 15 Abs. 2 und Art. 16. Die Vorschrift des Art. 16 Abs. 1a verpflichtet die Mitgliedstaaten, die Aufstellung und Durchführung von Notfallplänen mit anderen möglicherweise von einem Unfall betroffenen Mitgliedstaaten abzusprechen. Inhaltlich dürfte dies wohl einer Abstimmungspflicht gleichkommen. Die Regelung geht aber jedenfalls über bisherige Verpflichtungen im Hinblick auf Notfallpläne - etwa aus der Seveso-Richtlinie - hinaus.

Den Mitgliedstaaten obliegt im übrigen die Unterrichtung der Kommission über die Einzelheiten und Umstände eines Unfalls (Art. 16 Abs. 1b) auf Grund deren diese Analysen und Einschätzungen zum Zwecke der zukünftigen Verhinderung derartiger Unfälle zu treffen hat (Art. 16 Abs. 2)[113]. Schließlich sieht die Richtlinie Regelungen über die Geheimhaltung bzw. Veröffentlichung von Informationen vor. Den Mitgliedstaaten steht es danach offen, die Öffentlichkeit in die Anmeldeverfahren einzubeziehen (Art. 13). Die gleichen Informationen, die sie der innerstaatlichen Öffentlichkeit zugänglich machen, stellen sie den übrigen interessierten Mitgliedstaaten als "Grundlage für notwendige Konsultationen im Rahmen der bilateralen Beziehungen" zur Verfügung. Diese Vorschrift findet sich ähnlich formuliert bereits in einer Reihe umweltrechtlicher Richtlinien wieder[114]. Sie führt dazu, daß zumindest die staatlichen Stellen der Mitgliedstaaten in gleichem Umfang wie eigene Staatsangehörige informiert werden. Inwieweit die anderen Mitgliedstaaten ihrerseits wiederum die Öffentlichkeit informieren oder einbeziehen, bleibt wohl diesen überlassen. Eine Verpflichtung zur Konsultation enthält die Richtlinie selbst nicht. Verstärkte Bedeutung werden diese Informationsvorschriften möglicherweise erst im Zusammenhang mit der am 7.6.1990 in Kraft getretenen Umweltinformationsrichtlinie erlangen[115]. Andererseits ent-

---

112 Richtlinie 82/501/EWG, Abl. L 230/82, S. 1, vgl. dort Art. 5 Abs. 1c sowie Art. 8 Abs. 1. Hier sind allerdings die Anforderungen an die Notfallpläne noch detaillierter normiert.

113 Dies entspricht den Vorschriften der Art. 11 und 12 der Seveso-Richtlinie.

114 Siehe etwa Art. 7 S. 2 der UVP-Richtlinie, (85/337/EWG), Abl. L 175/85, S. 40 ff. Eine ähnliche Formulierung findet sich auch in Art. 8 abs. 2 der Seveso-Richtlinie.

115 Richtlinie über den freien Zugang zu Informationen über die Umwelt (90/313/EWG), Abl. L 158/90, S. 56. Siehe dazu auch *Kremer*, NVwZ 1990; S. 843, sowie unten S. 130 ff.

hält Art. 19 aber auch eine Reihe von Geheimhaltungspflichten im Hinblick auf diejenigen Informationen, die vom Anmelder vorgelegt werden und an deren vertraulicher Behandlung er ein nachprüfbar begründetes Interesse hat.

Hier tritt ein grundsätzlicher Zielkonflikt zwischen dem Schutz des Menschen und der Umwelt auf der einen Seite und demjenigen industrieller und technischer Geheimnisse auf der anderen zutage, der für weite Bereiche des Rechts der technischen Sicherheit kennzeichnend ist. Er dürfte durch die vagen Formulierungen des Art. 19 nicht gelöst sein.

Im übrigen schließt die Richtlinie nach dem Vorbild der Seveso-Richtlinie außerbetriebliche Transportvorgänge in weitem Rahmen von ihrem Anwendungsbereich aus[116].

Wenn sich an dieser Richtlinie auch - wie *Kloepfer* es formuliert - eine partielle Schrittmacher-Funktion des europäischen Umweltrechts nicht nur gegenüber dem Umweltrecht der Bundesrepublik Deutschland zeigt[117], so mag doch bezweifelt werden, ob die in ihr vorgesehenen Vorkehrungen zum Schutz des Menschen und seiner Umwelt hinreichend sind. In Anbetracht des eminenten, ja z. T. noch überhaupt nicht abschätzbaren Gefahrenpotentials bestimmter gentechnisch veränderter Mikroorganismen muß bezweifelt werden, ob die überwiegend vorgesehenen Anmeldepflichten, die hinsichtlich behördlicher Prüfungsmöglichkeiten etwa hinter dem Standard anderer Zulassungsverfahren zurückbleiben, als hinreichend angesehen werden können. Sie versetzen nämlich die Anwender in die Lage, nach Ablauf der vorgeschriebenen Wartefristen ihre Tätigkeit aufzunehmen, ohne einer behördlichen Nachprüfung unterzogen worden zu sein, wenn die zuständige Behörde diese Fristen verstreichen läßt, ohne aktiv zu werden. Hier dürfte sicherlich eines der Defizite zu sehen sein. Hervorzuheben ist aber, daß die Richtlinie relativ präzise Vorgaben über die Erstellung und Durchführung von Notfallplänen sowie über Informations- und Benachrichtigungspflichten für den Fall des tatsächlichen Eintritts von Notfällen bereithält.

b) Die Richtlinie über die absichtliche Freisetzung genetisch veränderter Organismen in die Umwelt

Die Richtlinie über die absichtliche Freisetzung genetisch veränderter Organismen dient in weitaus geringerem Maße als die zuvor behandelte dem Schutz von Umwelt und Gesundheit, sondern hat stärker die Angleichung der

---

[116] Vgl. Art. 7 der Richtlinie.

[117] *Kloepfer*, Umweltrecht, § 13, Rn. 204.

Rechts- und Verwaltungsvorschriften zur Verminderung von ungleichen Wettbewerbsbedingungen oder Handelshemmnissen für gentechnische Erzeugnisse zum Ziel[118]. Darüber hinaus dürfte für die beiden Richtlinien auch eine jeweils andere Gefahrenlage maßgeblich sein. Plötzlich aufgetretene Notfälle können in erster Linie von der unbeabsichtigten Freisetzung hochgradig pathogener Substanzen aus geschlossenen Systemen ausgehen, wenn etwa Sicherheitssysteme zusammenbrechen oder vorgesehene Sicherheitsmaßnahmen sich als nicht ausreichend erweisen. Dem gegenüber dürften bei absichtlichen Freisetzungen Gefahren vor allem durch unbekannte oder fehlerhaft eingeschätzte langfristige- oder Langzeitauswirkungen entstehen, die dann durchaus aber auch zu Notfällen der hier zu untersuchenden Art führen können. Notfallsituationen unmittelbar im Anschluß an eine beabsichtigte Freisetzung dürften in der Regel nicht zu erwarten sein, da diese durch entsprechende Versuche im Vorfeld einer Freisetzung ausgeschlossen werden können[119]. Die Freisetzungsrichtlinie regelt neben allgemeinen Pflichten in getrennten Abschnitten die absichtliche Freisetzung zu verschiedenen Zwecken mit Ausnahme des Inverkehrbringens (Art. 5-9) sowie das Inverkehrbringen von Produkten, die gentechnisch veränderte Organismen enthalten (Art. 10-18). Sie ist nicht anlagenbezogen, enthält vielmehr Standards für die Produktion bzw. die Umwelt bei der Freisetzung und Produktstandards für das Inverkehrbringen[120]. Die allgemeinen Pflichten der Mitgliedstaaten sind in Art. 4 festgehalten. Sie entsprechen im wesentlichen denjenigen aus der Richtlinie über Anwendungen in geschlossenen Systemen[121], sind jedoch hier weniger ausdifferenziert. Die Festlegung des Anwendungsbereiches der Richtlinie entspricht im wesentlichen ebenfalls der Parallelrichtlinie, sie bezieht sich allerdings nicht nur auf Mikroorganismen, sondern alle Organismen, die in einer Art gentechnisch verändert worden sind, wie es auf natürliche Weise durch Kreuzen oder Rekombination nicht möglich ist. Ferner wird auch hier der Bereich der außerbetrieblichen Beförderung ausgeschlossen (Art. 1 Abs. 2).

aa) Absichtliche Freisetzung

Zur Vorbeugung von Gefahren bei der absichtlichen Freisetzung im Rahmen von Forschungs-, Entwicklungs- oder sonstigen Zwecken außerhalb des Inverkehrbringens sieht die Richtlinie ein Verfahren der Anmeldung und Zu-

---

118 Vgl. die 4 Begründungserwägungen zur Richtlinie (Abl. L 117/90, S. 15).

119 Zur Gefahreneinschätzung vgl. *Del Bino*, EurUm 1988, S. 31 (33 f.).

120 Vgl. *Delbrück*, EuZW 1990, S. 371 (374).

121 Vgl. dort Art. 6, 11 und 17.

stimmung vor. Der Anmelder darf eine Freisetzung nur vornehmen, wenn die schriftliche Zustimmung der zuständigen Behörde vorliegt (Art. 6 Abs. 4). Dies kommt im Ergebnis einem Genehmigungsvorbehalt gleich[122]. Die Anmeldung muß Informationen enthalten, die eine Beurteilung der Gefahren von Sofort- und Spätfolgen gentechnisch veränderter Organismen oder Kombinationen derselben für die menschliche Gesundheit und die Umwelt ermöglichen (Art. 5 Ziff. 2). Die Einzelanforderungen sind in Art. 5 und dem Anhang II zur Richtlinie näher beschrieben, unter anderem gehören hierzu Informationen über Überwachung, Kontrollmaßnahmen, Abfallbehandlung und Notfalleinsatzpläne (Art. 5 Ziff. 2 a)-v)).

Die zuständige Behörde hat die Informationen im Hinblick auf ihre Übereinstimmung mit der Richtlinie zu überprüfen (Art. 6). Eine Anhörung der Öffentlichkeit ist fakultativ vorgesehen (Art. 7). Die Anmeldung ist in gekürzter Form der Kommission und den übrigen Mitgliedstaaten vor der Entscheidung mitzuteilen (Art. 9). Über mögliche Beteiligungen im Rahmen des Verfahrens werden keine Aussagen getroffen[123].

bb) Inverkehrbringen

Die Art. 10-18 der Richtlinie regeln das Verfahren zur Erteilung einer EG-weit gültigen Verkehrsgenehmigung für gentechnisch veränderte Produkte. Voraussetzung für eine Genehmigung bzw. Zustimmung der Behörden sind nach Art. 20 die Vornahme einer Umweltverträglichkeitsprüfung nach Art. 11 der Richtlinie, die Vereinbarkeit mit sonstigen einschlägigen EG-Produktvorschriften und eine Risikoanalyse entsprechend den oben erwähnten Vorschriften über die Freisetzung. Aus dieser Verweisung ergibt sich nicht eindeutig, welche Anforderungen an den vorbeugenden Notfallschutz hier erfüllt sein müssen. Für eine Freisetzung im oben genannten Sinne sind im Rahmen der Anmeldung "Informationen über Überwachung, Kontrollmaßnahmen, Abfallbehandlung und Noteinsatzpläne" zu erteilen (Art. 5 Ziff. 2 a)-v)). Diese Informationen beziehen sich auf das Verfahren der Freisetzung, das i.d.R. in den Händen des Anmelders liegt. Mit dem Inverkehrbringen sind derartige Überwachungsmaßnahmen dem Inhaber einer Verkehrsgenehmigung aber entzogen. Der Anmelder kann daher keine Angaben über fortwährende Überwachungs- und Vorbeugemaßnahmen machen; entsprechende Anwenderpflichten sieht die Richtlinie nicht vor. Für Risiken, die sich im Laufe der Anwendung

---

122 Siehe auch *Delbrück*, EuZW 1990, S. 377 (375).

123 Anders, aber ohne nähere Begründung wohl *Delbrück*, EuZW 1990, S. 371 (375), der von einer "Benachrichtigungspflicht" ausgeht.

des Produkts über einen längeren Zeitraum realisieren, bestehen daher keine Vorschriften im Hinblick auf Notfallvorsorge. Gerade diese längerfristigen Risiken dürften aber aus den oben genannten Gründen typischerweise mit der beabsichtigten Freisetzung gentechnisch veränderter Organismen einhergehen. Eine effiziente Risikovorsorge kann daher nach der derzeitigen Ausgestaltung der Richtlinie nur im Verfahren zur Erteilung der Verkehrsgenehmigung erfolgen.

Der Umfang der in diesem Verfahren vorzulegenden Unterlagen ergibt sich aus Art. 11 i.V.m. Anhang II und III. Die zuständige Behörde überprüft die Übereinstimmung der vorgelegten Angaben mit der Richtlinie. Sie kann das Inverkehrbringen entweder ablehnen oder die Akte mit einer befürwortenden Stellungnahme an die Kommission weiterleiten (Art. 12 Abs. 1 und 2). Diese konsultiert die übrigen Mitgliedstaaten. Nur wenn kein Mitgliedstaat Bedenken erhebt, darf die Genehmigung ohne weiteres erteilt werden. Erhebt ein Mitgliedstaat Einwendungen, so entscheidet die Kommission unter Einbeziehung des nach Art. 21 zu bildenden Regelungsausschlusses endgültig über die Zulassung (Art. 13).

Zum Schutz der Allgemeinheit vor Gefahren besteht lediglich die allgemein formulierte Verpflichtung der Mitgliedstaaten, alle notwendigen Maßnahmen zu ergreifen, damit sichergestellt wird, daß die Anwender die vorgesehenen Einsatzbedingungen enthalten (Art. 13 Abs. 6). Die Ausgestaltung der Notfallvorsorge der Richtlinie weist insgesamt betrachtet daher einige Defizite auf. Wie bereits dargelegt, fehlt es an hinreichend präzisen Vorgaben über die Ausgestaltung von Überwachungs- und Kontrollmaßnahmen sowie Notfallplänen bei der Anwendung gentechnisch veränderter Organismen. Benachrichtigungspflichten potentieller Anwender bei auftretenden Notfällen bestehen ebenfalls nicht. Eine Unterrichtung der Öffentlichkeit über Sicherheitsmaßnahmen für einen Notfall oder eine Mitteilungspflicht über einen tatsächlich eingetretenen Unfall ist nicht vorgesehen. Fordert man die Beseitigung dieser Mängel, so wird man sich leicht dem Einwand ausgesetzt sehen, bis zu einem Inverkehrbringen der fraglichen Substanzen seien alle Gefahren durch entsprechende Vorkehrungen soweit ausgeschlossen, daß eine ernstzunehmende Gefahr von Notfällen nicht bestehe. Im übrigen gebe es solche Regelungen zum Schutz der Allgemeinheit auch im Atomrecht oder etwa im Pflanzenschutzmittelzulassungsrecht nicht; sie seien auch praktisch nicht durchführbar. Dem ist jedoch entgegenzuhalten, daß die möglichen Gefahren eines Inverkehrbringens und damit nahezu unbegrenzter Freisetzungsmöglichkeiten gentechnisch manipulierter Produkte sich etwa von den Risiken der Atomtechnologie dadurch unterscheiden, daß bislang noch überhaupt keine präzisen Aussagen über Langzeitauswirkungen getroffen werden können. Auch durch experimentelle Vorfeldversuche läßt sich dieses Risiko im Hinblick auf seine Langzeitauswirkungen noch nicht hinreichend bewerten[124]. Aus diesem Grund hat zumindest für eine Übergangsphase die Forderung nach weitergehenden Notfallvorkehrungen, die rasch und effizient zum Einsatz gelangen können, ihre Berechtigung.

Die Richtlinie über die Freisetzung gentechnisch veränderter Organismen muß daher der Vorwurf treffen, an dieser Stelle entsprechende Möglichkeiten ausgelassen zu haben. Sie geht zwar über die meisten der mitgliedstaatlichen Regelungen[125] hinaus, indem sie die Freisetzung ermöglicht und überdies mit einem EG-weit verbindlichen Zulassungsverfahren verbindet. Chancen zur Etablierung eines - zumindest EG-weit gültigen - Meldesystems über die Freisetzung[126] und die damit einhergehenden Folgen, wodurch zumindest für die Zukunft eine bessere Risikoabschätzung ermöglicht würde, läßt sie jedoch aus.

c) Zusammenfassung

Das Gentechnikrecht der Europäischen Gemeinschaften führt in weiten Bereichen zu einheitlichen, EG-weiten Regelungen zum Schutz vor Unfällen bei gentechnischen Anlagen und Einrichtungen. Hervorzuheben sind insbesondere die relativ detaillierten Sicherheitsanforderungen für den Umgang mit genetisch veränderten Mikroorganismen in geschlossenen Systemen. Für diesen Bereich bestehen auch grenzüberschreitende Informations-, Hinweis- und Warnpflichten.

Weniger günstig muß die Beurteilung über den Notfallschutz in der Richtlinie betreffend die absichtliche Freisetzung ausfallen. Sie richtet ihren Augenmerk in weitem Maße auf die technische Harmonisierung, und damit auf die Beseitigung von Handelshemmnissen.

Die Richtlinie dürfte in weiten Teilen der Gemeinschaft den Handelsverkehr mit gentechnisch veränderten Organismen überhaupt erst "eröffnen". Dabei kommt der Notfallschutz in einigen Bereichen zu kurz. Insbesondere wird wohl der Tatsache, daß mit der Freisetzung gentechnisch veränderter Organismen möglicherweise Kausalabläufe in Gang gesetzt werden, die in ihrer Gefährlichkeit, geschweige denn in ihren Konsequenzen, überhaupt nicht ab-

---

124 Siehe *Ladeur*, NuR 1987, S. 60 (64); vgl. im übrigen auch den Bericht der Enquête-Kommission "Chancen und Risiken der Gentechnologie", BT-Drs. 10/6775, S. 213 ff.

125 Siehe den Nachweis in Dok. KOM (88) 160 endg., S. 3 ff.

126 Ein solches Meldesystem hat etwa die Enquête-Kommission - zumindest in Teilbereichen - gefordert. Siehe etwa den Bericht, a.a.O., S. 237.

schätzbar sind, nicht hinreichend Rechnung getragen. Abschließend muß dem Gentechnikrecht der EG wohl der Vorwurf gemacht werden, daß es zur Etablierung einer Technologie mit unbekannten Risiken beiträgt, ohne Haftungsfragen auch nur im Ansatz zu behandeln.

Normative Grundlagen für grenzüberschreitende Zusammenarbeit bei Notfällen, wenn sie denn einmal eintreten sollten - und sei es auch nur in der Form eines Verweises auf bilaterale Hilfeleistungsabkommen[127] -, sind ebenfalls nicht zu verzeichnen.

4. Transport gefährlicher Güter

Unfälle mit Fahrzeugen, die gefährliche Güter befördern, können katastrophale Folgen haben. Selbst wenn die Zahl größerer Unfälle gering ist, besteht zurecht in der Öffentlichkeit eine erhebliche Besorgnis über die Risiken bei Gefahrstoff-Transporten. Diese Besorgnis wird vor allem durch Ereignisse, wie die Explosion eines Flüssiggastankwagens im spanischen Los Alfaques im Jahre 1978 oder die Tanklastzugexplosion im hessischen Herborn im Jahre 1987 hervorgerufen. Betrachtet man nur diese Fälle, so verstellt dies aber den Blick auf die wahre Dimension, die mit Gefahrguttransporten einhergeht. Nach sehr stark differenzierenden Schätzungen von Fachleuten liegt der Anteil von Gefahrstoffen am Gesamtaufkommen aller transportierten Güter zwischen 25 % und zwei Dritteln[128]. Allein in der Bundesrepublik Deutschland wurden im Jahre 1985 ca. 377 Millionen Tonnen Gefahrgut, davon etwa 200 Millionen Tonnen im Straßengüterverkehr, befördert. Dies sind größtenteils Mineralölprodukte und chemische Erzeugnisse. Nach entsprechenden Statistiken wurden im Jahr 1984 bei derartigen Transporten etwa 550 Unfälle registriert, wobei sich 55 % auf der Straße, 30 % mit Schiffen und 5 % auf der Schiene ereigneten[129]. Wenn sich auch das Zusammenwirken mehrerer Faktoren häufig nicht präzise ein- und zuordnen läßt, so werden doch 88 % dieser Unfälle auf menschliches Versagen zurückgeführt, hingegen nur 12 % auf technische Mängel[130].

Das Recht des Transports gefährlicher Güter kann genaugenommen den jeweiligen Rechtsmaterien des Gefahrstoff-, Chemikalien-, Gentechnik-, Atom-

---

127 Vgl. oben S. 54 ff.

128 Vgl. einerseits *Ridder*, Gefahrgut-Handbuch, Teil A I-1, S. 5 und andererseits *Eilenberger*, Transport-Recht 1987, S. 174 (176). Zu den tatsächlichen Dimensionen siehe auch *Bierau/Nicodemus*, Wirtschaft und Statistik 1986, S. 813 ff.

129 Vgl. *Eilenberger*, a.a.O., S. 176, m.w.N.

130 Vgl. die Nachweise bei *Eilenberger*, a.a.O., S. 176.

rechts usw. zugeordnet werden. Eine davon losgelöste Behandlung in einem gesonderten Abschnitt gebietet sich aber aus zwei Gründen: Zum einen sind Fragen der Beförderung bzw. des Transportes in der Mehrzahl der im Rahmen der Arbeit bereits behandelten Einzelgebiete ausdrücklich ausgeklammert[131], zum anderen bestehen hier gleichartige Problemlagen, die sich quer durch diese hindurchziehen. Darüber hinaus wird auch im EWG-Vertrag der Transportbereich als ein eigenständiger Industriezweig behandelt, indem sich Art. 74 bis 84 ausschließlich auf das Transportwesen beziehen[132].

Das Transportrecht ist innerhalb der Europäischen Gemeinschaften in weitem Maße durch völkerrechtliche Verträge determiniert[133]. Dies ist darauf zurückzuführen, daß bei stark außenhandelsorientierten und Transitländern, wie insbesondere der Bundesrepublik, ein erhebliches Interesse an der problemlosen Abwicklung des grenzüberschreitenden Verkehrs sowie auch an der Einhaltung einheitlicher internationaler Sicherheitsstandards besteht. Diese Abkommen erfassen, wie sich aus den jeweiligen Anlagen ergibt, jedenfalls grundsätzlich auch die Beförderung radioaktiver Stoffe[134].

Die Abkommen bedürfen der Umsetzung in innerstaatliches Recht. Obwohl sie für internationale Transportvorgänge gelten, werden sie i.d.R. von den Vertragsstaaten ganz oder teilweise auch für deren innerstaatliche Transporte verbindlich gemacht. Eine vollständige Ausdehnung auf rein innerstaatliche Transportvorgänge würde naheliegen, da unterschiedliche Kriterien für die Sicherheitsanforderungen - je nachdem, ob sich ein Transport nur innerhalb der Staatsgrenzen abspielt oder die Grenzen überschreitet - sich kaum hinreichend effizient durchhalten lassen[135].

Das geltende Gemeinschaftsrecht nimmt sich in diesem Bereich derzeit noch relativ bescheiden aus und besteht lediglich aus wenigen Vorschriften.

---

131 Siehe dazu oben S. 88 ff, 103 ff.

132 *Gehrmann/Hannequart/Maier*, Transport gefährlicher Güter, S. 5; zu diesen Kompetenzvorschriften; vgl. im einzelnen unten S. 157 ff.

133 Siehe dazu oben S. 48 ff. Dort sind Straßen-, Eisenbahn- und der Transport mit Binnenschiffen betroffen. Der Seetransport, der überwiegend außerhalb des Geltungsbereiches der Gemeinschaftsverträge vonstatten geht, wird in den oben dargestellten internationalen Seerechtsabkommen behandelt.

134 Vgl. dazu für den Eisenbahnverkehr die Anlagen I (Ordnung für die internationale Eisenbahnbeförderung gefährlicher Güter), zum Übereinkommen über den internationalen Eisenbahnverkehr (COTIF) v. 9.5.1980, abgedruckt im Anlagenband zum BGBl II 1985, Nr. 18, Rn. 700 ff. Für den Straßenverkehr siehe Anlage A zum Europäischen Übereinkommen über die internationale Beförderung gefährlicher Güter auf der Straße v. 30.9.1957, hier in der Fassung v. 1. Juli 1977, abgedruckt im Anlagenband zum BGBl II 1977, Nr. 44, Rn. 700 ff.

135 Siehe den Abschlußbericht der Kommission "Transport gefährlicher Güter und Abfälle", Dok. KOM (87) 182 endg., S. 46 f.

a) Transport gefährlicher Stoffe und Abfälle

Als eine dieser Regelungen ist die Richtlinie "über die Überwachung und Kontrolle - in der Gemeinschaft - der grenzüberschreitenden Verbringung gefährlicher Abfälle"[136] zu erwähnen. Wie sich bereits aus dem Titel erahnen läßt, und sich bei näherer Betrachtung der Motivationslage und des legislatorischen Antriebs, der zum Erlaß der Richtlinie geführt hat, bestätigt, hat diese weniger das Anliegen, Fragen der Transportsicherheit zu regeln, als vielmehr sicherzustellen, daß die zuständigen Stellen über den jeweiligen Verbleib der gefährlichen Abfälle unterrichtet sind. Deshalb ist sie dem Gefahrstoffrecht zuzurechnen. Neben detaillierten Anforderungen an das Notifizierungsverfahren, mit dem der Verbleib der Abfälle überwacht werden soll (Art. 3-7), enthält sie aber auch Vorgaben über Sicherheitsanforderungen beim Transport, die allerdings relativ offen und unscharf formuliert sind. So wird den Abfallbesitzern die Verpflichtung auferlegt, die zuständigen Behörden über "die zur Gewährleistung der Transportsicherheit zu treffenden Maßnahmen und insbesondere die Beachtung der von den betroffenen Mitgliedstaaten für Ausübung der Transporttätigkeit festgelegten Bedingungen durch das Transportunternehmen zu unterrichten"[137]. Nach Art. 8 müssen die Abfälle richtig verpackt sein. Die bei Gefahr oder Unfällen zu befolgenden Anweisungen müssen mit den Abfällen mitgeführt werden (Abs. 1 Buchst. a u. c). Weitere detaillierte Sicherheitsanforderungen enthält die Richtlinie nicht.

Die Mitgliedstaaten haben der Kommission in zweijährigem Turnus unter anderem über bedeutsame Unregelmäßigkeiten bei der grenzüberschreitenden Verbringung von Abfällen, aus denen sich ernsthafte Gefährdungen ergeben könnten oder bereits ergeben haben, Bericht zu erstatten.

Im übrigen formuliert die Richtlinie die allgemeine Pflicht der Mitgliedstaaten, "zum Schutz der menschlichen Gesundheit und der Umwelt in Übereinstimmung mit der Richtlinie die erforderlichen Maßnahmen zur Überwachung und Kontrolle der grenzüberschreitenden Verbringung gefährlicher Abfälle innerhalb der Gemeinschaft oder bei der Einfuhr und/oder Ausfuhr zu treffen" (Art. 1).

Geleitet von der Erkenntnis, daß die Mehrzahl der Unfälle unter Beteiligung von Gefahrtransporten im Straßenverkehr auf menschliches Versagen zurückgeführt werden kann[138], hat der Rat am 21. Dezember 1989 die Richtlinie

---

136 Richtlinie 84/631/EWG v. 6.12.1984, Abl. L 326/84, S. 31.

137 Art. 3 Abs. 3, 3. Spiegelstrich.

138 Vgl. den Abschlußbericht über die Studie der Kommission "Transport gefährlicher Güter und Abfälle", Dok. KOM (87) 182 endg. v. 16.6.1987, S. 50.

"über die Schulung der Fahrer von Fahrzeugen zur Beförderung gefährlicher Güter auf der Straße"[139] erlassen. Die Richtlinie verpflichtet Fahrer, die im innerstaatlichen und grenzüberschreitenden Verkehr Gefahrguttransporte im Sinne der Richtlinie durchführen, Inhaber eines Schulungsnachweises zu sein. Die nähere Eingrenzung der unter die Richtlinie fallenden Transporte erfolgt unter Verweisung auf das ADR[140] (Art. 1). Die Schulung setzt sich aus einem theoretischen Lehrgang, verbunden mit praktischen Übungen, zusammen, bei denen den Fahrern das Gefährdungspotential ihrer Transporte veranschaulicht werden soll. Darüber hinaus sollen ihnen Kenntnisse über Gefahrenverhütungs- und Notfallmaßnahmen vermittelt werden (Art. 4). Ein Schulungsnachweis hat eine befristete Geltungsdauer von 5 Jahren mit Verlängerungsmöglichkeit (Art. 5). Die Mitführung des Schulungsnachweises wird ab dem 1. Juli 1992 gefordert (Art. 8 Buchst. a). Die Neuerung durch diese Richtlinie besteht vor allem darin, daß sie zum einen die in Bezug genommenen Vorschriften des ADR über die Fahrerausbildung für alle Mitgliedstaaten verbindlich macht[141] und im übrigen - dies ist der hervortretende Aspekt - diese auch auf rein innerstaatliche Transportvorgänge erstreckt, während das ADR selbst nur für grenzüberschreitende Transporte gilt.

Über die genannten Rechtsinstrumente hinaus sind von der Kommission noch weitere Rechtsetzungsakte "projektiert", die insbesondere im Straßenverkehr etwa die Ausbildung von Leitungspersonal oder die Durchsetzung bestehender Sicherheitsvorschriften verbessern sollen[142]. Ausreichend konkrete Ergebnisse sind in diesem Zusammenhang aber noch nicht zu verzeichnen. Straßentransporte sind ansonsten lediglich an bestehenden allgemeinen Vorschriften des Gemeinschaftsrechts über den Straßenverkehr zu messen.

b) Transport radioaktiver Stoffe und Abfälle

Während in vielen Bereichen des Gefahrstoffrechts Transportvorgänge von den einschlägigen Rechtsvorschriften ausdrücklich ausgenommen sind, ist die Beförderung radioaktiver Stoffe von den sog. Strahlenschutzgrundnormen im

---

139 Richtlinie 89/684/EWG, Abl. L 398/89, S. 33 ff.

140 Europäisches Abkommen über die internationale Beförderung gefährlicher Güter auf der Straße v. 30. Sept. 1957, vgl. dazu oben S. 49.

141 Allerdings ist lediglich Irland nicht Vertragsstaat des ADR, vgl. Fundstellennachweis B zum BGBl Teil II, Stand 31.12.1989, S. 296.

142 Siehe Dok. KOM (87) 182 endg., S. 50 f.

Sinne der Art. 30/31 AGV mit umfaßt[143]. Allerdings liegt diesen Grundnormen im wesentlichen ein Grenzwert-Konzept im Hinblick auf die Strahlenexposition der Bevölkerung oder von Arbeitskräften, wobei hier jeweils noch Differenzierungen nach bestimmten Merkmalen erfolgen[144]. Die Grundnormenrichtlinie enthält hingegen aber keine spezifischen Vorschriften über den Transport. Inzwischen hat die Kommission einen Vorschlag zur Änderung dieser Grundnormenrichtlinie im "Hinblick auf die vorherige Genehmigung der Verbringung radioaktiver Abfälle" unterbreitet[145]. Dieser Vorschlag sieht die Überwachung des jeweiligen Verbleibes der Abfälle durch Anordnung eines Notifizierungsverfahrens nach dem Vorbild der Richtlinie 84/631 EWG[146] vor. Anforderungen an die Transportsicherheit sind aber auch hierin nicht enthalten. Dieser Richtlinienvorschlag geht auf eine Entschließung des Europäischen Parlaments v. 6.7.1988 zu den Ergebnissen des Untersuchungsausschusses über die Behandlung und den Transport von Nuklearmaterial[147] zurück, in der das Parlament die Vorlage einer umfassenden Gemeinschaftsregelung für den grenzüberschreitenden Transport nuklearer Abfälle (solange diese unumgänglich sind) forderte. Diesen Anforderungen dürfte der vorgelegte Änderungsvorschlag noch nicht genügen[148].

c) Seetransport

Auch zur Gewährleistung der Sicherheit im Seeverkehr sind nur wenige Regeln des Gemeinschaftsrechts zu verzeichnen. Durch die Richtlinie vom 21. Dezember 1978[149] hat der Rat die Mindestanforderungen an Tankschiffe fest-

---

143 Siehe Art. 2 der Richtlinie 80/836 Euratom, Abl. L 246/80, S. 1, zuletzt geändert durch die Richtlinie 84/467/Euratom, Abl. L 265/84, S. 4. Vgl. im übrigen auch *Grunwald*, EUZW 1990, S. 209 (212); zum Ausmaß und den tatsächlichen Hintergründen von Atomtransporten vgl. *Stellpflug*, Der weltweite Atomtransport, S. 1 ff.

144 Zu Einzelheiten siehe oben S. 91 ff.; sowie *Eriskat/v. Pander*, DVBl 1984, S. 69 ff.

145 Siehe Abl. C 5/90, S. 7 ff = Dok. KOM (89) 559 (mit ausführlicher Begründung) sowie 23. Gesamtbericht über die Tätigkeit der Gemeinschaften (1989) Rn. 701.

146 Richtlinie über die Überwachung und Kontrolle - in der Gemeinschaft - der grenzüberschreitenden Verbringung gefährlicher Abfälle, Abl. L 326/84, S. 31.

147 Abl. C 235/88, S. 70 ff.

148 Die Kommission beabsichtigt jedoch für die kommenden Jahre weitere Maßnahmen auf diesem Sektor, siehe 23. Gesamtbericht Rn. 706; Bulletin-EG Heft 5/89, S. 48. Zu den tatsächlichen Ausmaßen und den weiteren Rechtssetzungsvorhaben siehe Kommission der EG (Hrsg.), Energie in Europa, Heft 13 (89), S. 74 ff. und Heft 14 (89), S. 35 ff. Allgemein zur "Entsorgung" radioaktiver Abfälle siehe *Grunwald*, EuZW 1990, S. 209 (211 ff.).

149 Richtlinie "über Mindestanforderungen an das Einlaufen von bestimmten Tankschiffen in Seehäfen der Gemeinschaft und das Auslaufen" (79/116/EWG), Abl. L 33/79, S. 33, geändert durch Richtlinie 79/1034/EWG, Abl. L 315/79, S. 16.

gelegt, die in die Seehäfen der Gemeinschaft ein- oder auslaufen. Diese beschreibt die Angaben, die von Öl-, Gas- und Chemikalientankern von 1600 BRT und mehr rechtzeitig vor dem Einlaufen in einen Hafen der Gemeinschaft den zuständigen Behörden eines Mitgliedstaates mitzuteilen sind. Sie erstrecken sich auf etwaige Mängel oder Vorfälle, die die normale und sichere Manövrierfähigkeit des Schiffes beeinträchtigen und damit eine potentielle Gefahr für die Umwelt begründen (Art. 1 Abs. 1 A). Des weiteren ist eine Checkliste über die Sicherheitseinrichtungen und -vorkehrungen bereitzuhalten, die auf Anforderung dem Lotsen oder der zuständigen Behörde vorzulegen ist (Art. 1 Abs. 1 A ii). Ein Recht zur Zurückweisung für den Fall, daß diese Anforderungen nicht erfüllt werden, sieht die Richtlinie nicht vor. Dies dürfte aber, mangels gegenteiliger Normierung in der Richtlinie, den Mitgliedstaaten ohnehin zustehen. Im übrigen obliegt es ihnen ja gerade, dafür Sorge zu tragen, daß alle Schiffe, die in ihre Häfen einlaufen, die Kriterien der Richtlinie erfüllen (Art. 1 Abs. 1 Satz 1). Während der Einfahrt in die Hoheitsgewässer eines Mitgliedstaates sind den Behörden eines Mitgliedstaates Vorfälle zu melden, die die Sicherheit oder Leichtigkeit des Verkehrs gefährden oder eine Umweltgefahr begründen können (Art. 1 B i). Wenn dies auch nicht ausdrücklich ausgesprochen wird, so gelten diese Meldepflichten wohl erst recht für einen bereits eingetretenen Notfall. Sie haben aber darüber hinaus den Sinn, die Behörden eines Mitgliedstaates frühzeitig in die Lage zu versetzen, noch Abwehr- und Vorsorgemaßnahmen ergreifen zu können, bevor es zu erheblichen Umweltbeeinträchtigungen kommt. Sieht man davon ab, daß die Mitgliedstaaten verpflichtet sind, einander über eine bestehende Gefährdung ihres Gebietes oder ihrer See- und Küstenzonen zu unterrichten, so enthält die Richtlinie keine weiteren Regelungen über die bei Eintritt eines Notfalles zu ergreifenden Maßnahmen, geschweige denn irgendwelche Haftungsnormen zum Ausgleich eingetretener Verschmutzungen.

Da erhebliche Gefahr für Personen und Umwelt nicht nur von Tankerhavarien ausgeht, sondern auch von Beförderung gefährlicher Stückgüter, die ebenfalls zu Schiffsunglücken mit katastrophalen Auswirkungen führen können, hat die Kommission im Mai 1989 in Ergänzung der vorgenannten Richtlinie über Tankschiffe einen Vorschlag über eine entsprechende Richtlinie betreffend Schiffe, die gefährliche oder schädliche Versandstücke befördern, unterbreitet[150]. Dieser entspricht in weiten Teilen dem Vorbild der Tankschiff-Richtlinie, insbesondere im Hinblick auf die von den Schiffen abzugebenden Meldungen. Sie sieht ausdrücklich eine Pflicht der Schiffe vor, jedes Austreten von gefährlichen Stoffen innerhalb des Schiffes sowie jede Ableitung in

[150] Abl. C 147/89, S. 3.

das Meer unter Einhaltung bestimmter Formalia anzuzeigen (Art. 6, 2. Spiegelstrich). Im Gegensatz zur Richtlinie über Tankschiffe haben die Seeverkehrsbehörden eines Küstenstaates auch alle in seinen Hoheitsgewässern anwesenden Schiffe, die potentiell von einem Notfall betroffen sein könnten, auf die Anwesenheit gefährliche Güter befördernder Schiffe aufmerksam zu machen und sie zu besonderer Vorsicht und Wachsamkeit aufzufordern (Art. 8). Inwieweit eine solche Regelung praktikabel sein mag, bleibt ggfs. abzuwarten.

Sollte die Richtlinie über die Mindestanforderungen an Schiffe, die in Seehäfen der Gemeinschaft einlaufen oder aus ihnen auslaufen und gefährliche oder schädliche Versandstücke befördern, in Kraft treten, so würde sie sicherlich einen Fortschritt im Hinblick auf die Vorbeugung von Gefahren, die von derartigen Seetransporten ausgehen, darstellen. An detaillierten Hinweis-, Warn- oder Verhaltenspflichten für Schiffsbesatzungen oder sonstige potentiell betroffene Personen bei bereits eingetretenen Notfällen, die zu einer Eindämmung der Schadensfolgen führen könnten oder gar an Haftungsregelungen, wird es aber auch weiterhin noch fehlen.

Keine nennenswerten Regelungen bestehen im übrigen für den Bereich der Binnenschiffahrt. Zwar existiert seit 1982 eine Richtlinie über die technischen Vorschriften bei Binnenschiffen[151], diese regelt aber keine Fragen des Gefahrstofftransports, sondern verweist insoweit auf die Verordnung über die Beförderung gefährlicher Güter auf dem Rhein (ADNR)[152] und läßt Schiffe, die deren Anforderungen genügen, zum Verkehr in der gesamten Gemeinschaft zu (Art. 6).

d) Zusammenfassung

Die vorstehenden Ausführungen zum Transportrecht zeigen, daß die Rechtsetzung der Europäischen Gemeinschaften auf diesem Gebiet noch erhebliche Lücken aufweist. Neben den angesprochenen Bereichen, in denen es in vielerlei Hinsicht Defizite gibt - so vor allem an Regeln für die Notfallphase oder an Haftungsnormen[153] - wird etwa auch der zunehmend bedeutsamer werdende Transport von Gefahrstoffen auf dem Luftweg überhaupt nicht erfaßt.

Es stellt sich die Frage nach dem Weg, auf dem hier Verbesserungen erreicht werden können. Dafür ist zu berücksichtigen, daß - zumindest in engen Be-

---

[151] Richtlinie 82/714/EWG v. 4.10.1982, Abl. L 301/82, S. 1.

[152] Vgl. dazu oben S. 50.

[153] Zur Forderung nach der Einführung von entsprechenden Gefährdungshaftungs-Tatbeständen siehe auch *Gehrmann/Hannequart/Maier*, Transport gefährlicher Güter, S. 106 f.

reichen - bereits völkerrechtliche Abkommen existieren, die entsprechende Fragen ausführlich und detailiert behandeln[154]. Es handelt sich meist um komplexe Dokumente, deren Ausarbeitung mehrere Jahre in Anspruch genommen hat und an denen zumeist die überwiegende Zahl - wenn nicht alle - Mitgliedstaaten als Vertragsstaaten beteiligt sind. Eine Ausgestaltung des Gemeinschaftsrechts könnte und sollte sich daher eng an die bereits erarbeiteten Regeln anlehnen. Ein Beitritt der Gemeinschaften im Rahmen ihrer Kompetenzen sowie eine innergemeinschaftliche Umsetzung[155] kann allerdings nicht als ausreichend angesehen werden. Da die erwähnten Abkommen in aller Regel nur den internationalen, d.h. grenzüberschreitenden Transport erfassen und die Mitgliedstaaten für den innerstaatlichen Transport abweichende oder überhaupt keine Bestimmungen entwickelt haben[156], kann ein einheitliches Schutzniveau nur durch entsprechende interne Rechtssetzung der Gemeinschaften erfolgen, die sich an bereits bestehenden Normierungen internationaler Abkommen orientiert[157].

II. Umweltmedienbezogene Notfallschutzregelungen

Nach der Betrachtung ursachenbezogener Umweltschutzvorschriften des Gemeinschaftsrechts und ihrem notfallschützerischen Gehalt soll nunmehr der Frage nachgegangen werden, inwieweit umweltmedienbezogene Rechtsvorschriften Aspekte des Schutzes vor technisch-industriellen Umweltnotfällen regeln. Hierfür kommen die bereits bestehenden Normen über den Schutz der Gewässer, des Bodens und der Luft vor Verunreinigung und Schädigung in Betracht.

1. Gewässerschutz

Das Recht des Gewässerschutzes stellt einen Teilausschnitt des Wasserrechts dar, der herkömmlich mit dem Wasserwirtschafts- oder Wasserhaushaltsrecht gleichgesetzt wird und damit dem Wasserwegerecht gegenübersteht[158]. Her-

---

[154] Siehe dazu oben S. 48 ff. Die Anhänge zum ADR, RID und ADNR etwa umfassen jeweils mehrere hundert Seiten.

[155] Zur Vertragsschließungskompetenz und der innergemeinschaftlichen Wirkung der von den Gemeinschaften abgeschlossenen Verträge vgl. unten S. 175 ff.

[156] Vgl. dazu die Mitteilung der Kommission über den Transport gefährlicher Güter und Abfälle, Dok. KOM (87) 162 endg., S. 4.

[157] Siehe auch *Gehrmann/Hannequart/Maier*, Transport gefährlicher Güter, S. 103 f.

[158] Zur Unterscheidung zwischen Wasserwirtschafts- und Wasserwegerecht siehe *Salzwedel*, in: Grundzüge des Umweltrechts, S. 573 ff.

kömmlich wird das Gewässerschutzrecht mit dem Wasserhaushaltsrecht gleichgesetzt[159]. Diese Einordnung läßt sich jedoch nicht streng durchhalten, da auch einzelne Vorschriften des Wasserwegerechts dem Schutz der Gewässer vor Verunreinigung dienen[160]. Historisch ist das Recht der Wasserwirtschaft wohl der bei weitem älteste Teil des Umweltrechts, wie die Ruinen antiker Wasserbewirtschaftungssysteme beweisen[161]. Die Europäischen Gemeinschaften haben seit Mitte der 70er Jahre fußend auf 3 Basis-Richtlinien[162], die durch weitere Richtlinien konkretisiert sind und noch weiter konkretisiert werden sollen, eine Vielzahl von Gewässervorschriften erlassen[163]. Darüber hinaus sind sie Vertragspartner von Internationalen Übereinkommen, die Fragen des Gewässerschutzes zum Gegenstand haben[164].

a) Richtlinien zum Gewässerschutz

Die genannten Richtlinien etablieren ein System von Genehmigungen für die Ableitung und Einleitung wassergefährdender Stoffe, die jeweils in zwei Gruppen eingeteilt werden. Für die gefährlicheren Stoffe der Gruppe I[165] wird ein grundsätzliches Einleitungsverbot angestrebt[166]. Für die als weniger gefährlich eingestuften Stoffe der Gruppe II bestehen jeweils Grenzwerte nach Maßgabe bereits erlassener Konkretisierungsrichtlinien. Diese Grenzwerte sehen sowohl maximale Konzentrationen als auch zulässige Höchstmengen für bestimmte Zeiträume vor[167]. Die "Richtlinie über die Ableitung bestimmter

---

159 So etwa *Salzwedel*, a.a.O.

160 *Kloepfer*, Umweltrecht, § 11, Rn. 3.

161 Vgl. *Hartkopf/Bohne*, Umweltpolitik, Bd. 1, S. 336.

162 Dabei handelt es sich um die Richtlinie betreffend die Verschmutzung infolge der Ableitung bestimmter gefährlicher Stoffe in die Gewässer der Gemeinschaft v. 4.5.1976 (76/464/EWG), Abl. L 129/76, S. 23; die Richtlinie über den Schutz des Grundwassers gegen Verschmutzung durch bestimmte gefährliche Stoffe v. 17.12.1979 (80/68/EWG), Abl. L 20/80, S. 43; sowie die Richtlinie über die Qualität von Wasser für den menschlichen Gebrauch v. 15.7.1980 (80/778/EWG), Abl. L 229/80, S. 11.

163 Zum aktuellen Stand siehe Fundstellennachweis des geltenden Gemeinschaftsrechts (16. Ausgabe, Stand: Dez. 1990), Ziffer 15.10.20.20.

164 Siehe (Pariser) Übereinkommen zur Verhütung der Meeresverschmutzung vom Lande aus, v. 4. Juni 1974, BGBl 1981 II, S. 871, in Kraft seit 1.4.1982; Übereinkommen zum Schutz des Rheins gegen chemische Verunreinigung v. 3. Dezember 1976, BGBl 1978 II, S. 1054, in Kraft seit 5.12.1979.

165 Dies sind vor allem organische Phosphor-, Zinn- und Halogenverbindungen, Schwermetallverbindungen, kanzerogene Stoffe und aus Erdöl gewonnene Kohlenwasserstoffe und beständige Mineralöle. Vgl. jew. Anhang I zu den Richtlinien 76/464/EWG und 80/68/EWG.

166 Vgl. Art. 4 der Richtlinie 76/464/EWG; Art. 3 der Richtlinie 80/68/EWG.

167 Vgl. Art. 5 der Richtlinie 76/464/EWG.

gefährlicher Stoffe in die Gewässer der Gemeinschaft"[168] erfaßt dabei im Ansatz auch die im Recht der Bundesrepublik Deutschland noch nicht hinreichend geklärte Indirekteinleiterproblematik[169]. Die "Richtlinie über die Qualität von Wasser für den menschlichen Gebrauch"[170] nimmt eine Sonderstellung ein, insofern als sie Standards für die Entnahme, nicht für die Einleitung, vorsieht. Auch das internationale Abkommen über den Schutz des Rheins gegen chemische Verunreinigung, bei dem die EWG Vertragspartner ist[171], sieht Regelungen vor, die im wesentlichen mit den genannten Vorschriften der beiden erstgenannten Gewässerrichtlinien übereinstimmen[172]. Gleiches gilt für die Pariser Konvention zur Verhütung der Meeresverschmutzung vom Land aus, wenn auch hier die Verpflichtungen der Vertragsstaaten offener und unbestimmter gefaßt sind. Kernbestand der genannten Richtlinien und Vertragswerke ist also die Einführung eines Genehmigungserfordernisses für die Einleitung bestimmter gefährlicher Stoffe aus den Gruppen, die in den Listen I und II, die sogenannten schwarzen und grauen Listen, aufgeführt sind[173]. Notfallschützerischer Gehalt kommt diesen Vorschriften allenfalls insofern zu, als sie durch "Niedrighalten" von Verschmutzungsgraden plötzlich auftretenden Folgeerscheinungen lang andauernder Verschmutzungen und Beeinträchtigungen zu verhindern helfen.

Vorschriften, die zur Verhütung von Umweltnotfällen - zumindest auch - dienen, weist das EG-Gewässerschutzrecht ansonsten nur an einigen wenigen Stellen auf. So sieht die Grundwasserrichtlinie vor[174], daß bei Maßnahmen, die der Beseitigung von Stoffen der Liste I dienen, zuvor eine behördliche Prüfung durchzuführen ist, wenn die (Beseitigungs-)Maßnahmen zu einer indirekten Ableitung führen können. In diesem Fall müssen die Behörden die Maßnahme vorbereiten oder dafür Sorge tragen, daß alle notwendigen technischen Sicherheitsvorkehrungen getroffen werden. Hier liegt ein erster Ansatz anlagenbezogener Sicherheitsvorschriften vor, die dazu dienen, eine Verschmutzung, und damit auch einen Notfall, zu verhindern. Eine anlagenbezogene Regelung enthält auch Art. 7 des Rhein-Chemieabkommens[175]. Danach

---

168 Richtlinie 76/464/EWG.

169 Siehe Art. 3 Ziff. 2; zur Problematik im Rahmen des Wasserhaushaltsrechts der Bundesrepublik vgl. *Kloepfer*, Umweltrecht, § 11, Rn. 55 f.

170 Richtlinie 80/778/EWG, Abl. L 229/80, S. 11.

171 Siehe oben S. 47.

172 Vgl. dort Art. 2-6.

173 Zur Entwicklung vgl. *Scheuer*, ZfW 1982, S. 65 f.; *Jessurun D'Oliveira*, RIW/AWD 1983, S. 322 ff.; zur Entwicklung bis 1975 vgl. *Zuleeg*, ZfW 1975, S. 133 ff.

174 Siehe Art. 3 Abs. 2, 2. Spiegelstrich der Richtlinie 80/68/EWG (Abl. L 20/80, S. 44 f.).

175 Übereinkommen zum Schutz des Rheins gegen chemische Verunreinigung v. 3. Dezember 1976, BGBl 1978 II, S. 1058.

sind die Vertragsstaaten verpflichtet, alle gesetzgeberischen und Verwaltungsmaßnahmen zu treffen, um zu gewährleisten, daß das Lagern und Ablagern der Stoffe aus den Anhängen I und II so vorgenommen wird, daß für das Rheinwasser keine Gefahr der Verunreinigung besteht. Diese Norm könnte man als die "Lex Sandoz" bezeichnen, wäre sie nicht bereits vor, sondern erst nach dem Brand in der Basler Chemiefabrik im Jahre 1986 formuliert worden. Diese Rheinverschmutzungs-Katastrophe hat sie noch nicht zu verhindern vermocht.

Schließlich ist noch Art. 3 des Übereinkommens zur Verhütung der Meeresverschmutzung vom Lande aus[176] zu erwähnen, das bei der Legaldefinition des Begriffes "Verschmutzung" auch solche erfaßt, die von menschlichen Bauwerken (man-made structures) ausgehen. Dadurch wird zwar noch keine Pflicht zur Überwachung wassergefährdender Anlagen normiert, es zeigt aber vielleicht einen ersten schwachen Ansatz in diese Richtung.

Im übrigen weist das Wasserrecht der Gemeinschaften keine medienspezifischen Notfallregelungen zur Verhinderung, dem Umgang mit oder der Haftung für durch technische Vorgänge verursachte Umweltnotfälle auf.

b) Bewertung

Es erhebt sich im Sinne eines bestmöglichen, EG-weit einheitlichen Notfallschutzes die Forderung nach einer auf Gewässerschutz ausgerichteten, anlagenbezogenen Stör- und Unfallvorsorge, wie sie etwa im Recht der Bundesrepublik Deutschland, insbesondere durch die fünfte Novelle des Wasserhaushaltsgesetzes im Jahre 1986 aufgenommen und durch die Landeswassergesetze ausgebaut worden ist[177]. Hier ist zunächst an Vorschriften über die (genehmigungsabhängige) Errichtung und den Betrieb von Anlagen, in denen Stoffe nach Maßgabe der Anhänge I und II zu den Gewässerschutzrichtlinien gelagert, bearbeitet oder hergestellt werden, zu denken. Diese sollten sich ferner auch auf Rohrleitungen zum Transport dieser Stoffe, m.a.W. die sog. Pipelines sowie Abwasseranlagen erstrecken. Im einzelnen kommen qualitative Anforderungen an die Ausrichtung der Anlagen, Normen über die Erstellung von Notfallplänen sowie die Unterrichtung der potentiell von einem Unfall betroffenen Öffentlichkeit - auch grenzüberschreitend - in Betracht.

---

[176] Übereinkommen v. 4.6.1976, BGBl 1981 II, S. 871.

[177] Vgl. dazu insbesondere *Kloepfer*, Umweltrecht, § 11, Rn. 128, m.w.N.

Schließlich stellt sich auch hier die Forderung nach Vorschriften über die Haftung für Schäden, die an und durch Verunreinigung von Gewässern entstanden sind[178].

c) Überschneidung mit Gefahrstoffrecht

Ein derart ausgestaltetes Recht des Gewässerschutzes würde notwendig zu Überschneidungen mit dem Gefahrstoffrecht führen[179]. Es stellt sich daher die Frage, ob und inwieweit Regelungen des Gefahrstoffrechts schon jetzt einen hinreichenden Schutz der Gewässer bieten. Die stoffbezogenen Regelungen des EG-Gefahrstoffrechts tragen sicherlich auch zum Schutz der Gewässer bei, indem sie Sicherheitsstandards beim Umgang mit gefährlichen Stoffen normieren und somit zur Verhütung von Unfällen beitragen. Allerdings unterfallen diesen Gefahrstoffregelungen zumeist nur Stoffe mit hochgradig toxischen, ätzenden oder kanzerogenen Wirkungen[180], nicht aber Substanzen, die von ihrer chemischen Beschaffenheit an sich ungefährlich sind, sich aber extrem wassergefährdend auswirken können. Als Beispiel hierfür sind vor allem Mineralöle und Mineralölprodukte zu erwähnen.

Anlagenbezogene Vorschriften weist das Gefahrstoffrecht nur in der Seveso-Richtlinie auf[181]. Diese enthält, wie oben im einzelnen dargestellt, relativ weitreichende Regelungen für die Vorsorgephase und auch für eine Notfallphase. Dem Anwendungsbereich der Richtlinie unterfallen im übrigen grundsätzlich nicht nur Anlagen zur Herstellung und Umwandlung gefährlicher Chemikalien, sondern auch solche zur Be- und Verarbeitung von Rohöl und Rohölerzeugnissen, zur Trockendestillation von Kohle, zur thermischen Abfallbeseitigung, zur Herstellung von Metallen und Nicht-Metallen auf elektrischem Wege sowie zur Herstellung oder Verarbeitung von Gasen, die als Energieträger dienen[182]. Ferner wird auch die von den Anlagen getrennte La-

---

178 In der BRD ist eine solche Haftung - zumindest für Teilbereiche - durch § 22 WHG bereits angeordnet, siehe dazu *Gieseke/Wiedemann/Czychowski*, § 22 WHG, Rn. 2 ff., *Rest*, VersR 1987, S. 6 (13 f.).

179 Dies ist im Wasserrecht der Bundesrepublik bereits der Fall, vgl. dazu *Kloepfer*, Umweltrecht, § 11, Rn. 128.

180 Siehe die Anhänge zu den Richtlinien über das Inverkehrbringen und die Verwendung, die Kennzeichnung und Verpackung sowie über giftige und gefährliche Abfälle, nachgewiesen oben S. 85.

181 Siehe oben S. 87 f.

182 Vgl. den Anhang I zur Richtlinie, Abl. L 30/82, S. 8.

gerung bestimmter gefährlicher Substanzen erfaßt[183]. Der Betrieb der genannten Anlagen stellt aber nur dann eine Industrietätigkeit im Sinne der Richtlinie dar, wenn hierbei einer oder mehrere gefährliche Stoffe eingesetzt werden und die Gefahr eines Unfalles besteht (Art. 1 Abs. 2 a). Der Begriff der gefährlichen Stoffe im Sinne der Richtlinie wird in Art. 5 i.V.m. dem Anhang III bestimmt. In diesem Anhang werden die Stoffe enumerativ unter Angabe der jeweils relevanten Menge aufgeführt. Aus systematischen Gründen wird man kaum umhin können, auch die gefährlichen Stoffe im Sinne des Art. 1 Abs. 2 a der Richtlinie so zu bestimmen. Ob danach eine Anlage zur Bearbeitung von Erd- oder Rohöl unter den Terminus "Industrietätigkeit" im Sinne der Richtlinie zu fassen ist, obwohl sie sich hochgradig wassergefährdend auswirken kann, wird davon abhängen, ob eine der im Anhang aufgeführten Substanzen in der erforderlichen Menge beim Verarbeitungsprozeß auftritt. Roh- oder Erdöl ist jedenfalls in der Auflistung nicht aufgeführt und dürfte als unraffiniertes Gemenge, das hauptsächlich aus Kohlenwasserstoffen, aber auch - je nach Herkunft - aus einer Vielzahl anderer Substanzen besteht[184], jedenfalls nicht unter die Auflistung fallen. Getrennte Erdöllager dürften nach dem Anhang II ebensowenig unter die Richtlinie fallen. Ferner fallen auch Leitungs- oder Rohrsysteme (Pipelines) zum weiträumigen, zumeist grenzüberschreitenden Transport von Öl, Gas und ähnlichen Stoffen nicht unter die Seveso-Richtlinie. Diese sind im Katalog des Anhanges I, der die umfaßten Anlagen umschreibt, nicht aufgeführt.

Im übrigen läßt sich dies auch im Umkehrschluß aus Art. 1 Abs. 2 a folgern. Danach unterfallen dem Begriff "Industrietätigkeiten" nach Maßgabe des oben bereits Ausgeführten auch die "Transporte innerhalb des Betriebes für betriebsinterne Zwecke und der dazugehörigen Lagerungen innerhalb des Betriebes". Während Lagerungen außerhalb des Betriebes selbständig erfaßt sind[185], werden Transporte durch fest installierte Anlagen und Systeme ebensowenig erwähnt, wie Straßen-, Schienen- oder Schiffstransporte.

Irgendwelche Genehmigungserfordernisse, die bei Errichtung und Aufnahme des Betriebes von Neuanlagen, die Einhaltung der Sicherheits- und Notfallvorkehrungen gewährleisten könnten, sieht die Richtlinie ebenfalls nicht vor.

---

183 Siehe Anhang II zur Richtlinie, a.a.O., S. 9.

184 Vgl. dazu die Stichworte Erdöl und Rohöl in Meyers Enzyklopädischem Lexikon, Bd. 8, S. 90 ff., Bd. 20, S. 242.

185 Vgl. Art. 1 Abs. 2 a, 2. Spiegelstrich i.V.m. Anhang II.

Sie dürfen letztlich im Ermessen der Mitgliedstaaten stehen[186]. Schon die wenigen vorstehenden Ausführungen zum Verhältnis von Wasserrecht und Gefahrstoffrecht haben gezeigt, daß keinesfalls davon gesprochen werden kann, ein hinreichender Schutz der Gewässer vor notfallartig auftretenden Verunreinigungen sei bereits durch das Gefahrstoffrecht, insbesondere der "Richtlinie über die Gefahren schwerer Unfälle bei bestimmten Industrietätigkeiten" erreicht.

Im Sinne eines möglichst effektiven und EG-weit einheitlichen Schutzes der Gewässer vor schwerwiegenden und plötzlich auftretenden Verunreinigungen muß es daher bei der Forderung nach Genehmigungstatbeständen bleiben, die für die Errichtung und den Betrieb wassergefährdender Anlagen die Umsetzung von angemessenen Notfallvorsorge- und -interventionsmaßnahmen ermöglichen. Auch für bestehende Einrichtungen dieser Art sollten von Betreibern zumindest Informationen über Gefährdungslagen und Notfallpläne nach dem Vorbild der Seveso-Richtlinie verlangt werden können. Schließlich erscheint es auch angezeigt, den mitgliedstaatlichen Behörden auf der Basis von Gemeinschaftsrecht grenzüberschreitender Hinweis-, Warn- und Konsultationspflichten für die Vorsorge- und die eigentliche Notfallphase aufzuerlegen, soweit grenzüberschreitende Gewässer potentiell betroffen sind. Im letzten Punkt wird man zwar einige völkerrechtliche Verpflichtungen zwischen den Mitgliedstaaten annehmen können[187], die aber durchaus gemeinschaftsrechtlich noch konkretisiert werden könnten.

2. Immissionsschutzrecht

Unter den Begriff Immissionsschutzrecht wurden herkömmlich diejenigen Rechtsvorschriften zusammengefaßt, die sich mit der Bekämpfung von Lärm, Erschütterungen und Luftverunreinigungen befassen. Die Europäischen Gemeinschaften haben seit Beginn der 70er Jahre auch in diesem Bereich eine Vielzahl von Vorschriften, hauptsächlich Richtlinien, erlassen, die sich grob in zwei Gruppen unterteilen lassen. Zum einen ist hier das Recht zum Schutz vor Geräuschemissionen durch technische Produkte vom Kraftfahrzeug, über

---

186 Siehe etwa Art. 5 der Richtlinie, der die Mitgliedstaaten verpflichtet, die "erforderlichen" Maßnahmen zu treffen, damit der Betreiber einer Anlage gehalten ist, die vorgesehenen Mitteilungen vorzulegen.

187 Vgl. dazu oben S. 31 ff.

Flugzeuge, Baumaschinen bis hin zu Rasenmähern zu erwähnen[188]. Diese Richtlinien können als Paradebeispiel für die techni-sche Harmonisierung mit umweltschützerischem Bezug angesehen werden[189]. Für den Gegenstand der vorliegenden Untersuchung sind sie jedoch sämtlich ohne Belang, da sie keinerlei Relevanz im Hinblick auf Notfallschutz aufweisen. Auf der anderen Seite stehen die Vorschriften zur Bekämpfung von Verunreinigungen der Luft durch Schadstoffe[190]. Diese sind als die eigentlich umweltmedienbezogenen Vorschriften des Immissionsschutzrechts anzusetzen, da sie sich dem Schutz des Umweltmediums "Luft" widmen. Auch hier sind eine Reihe von Richtlinien zu nennen, die sich speziell mit Schadstoffemissionen durch Kraftfahr-

[188] Vgl. etwa: Richtlinie 70/157/EWG v. 6.2.1970 zur Angleichung der Rechtsvorschriften der Mitgliedstaaten über den zulässigen Geräuschpegel und die Auspuffvorrichtung von Kraftfahrzeugen, Abl. L 42/70, S. 16, Änderung Abl. L 192/87, S. 43; Richtlinie 84/533/EWG v. 17.9.1984 zur Angleichung der Rechtsvorschriften der Mitgliedstaaten über den zulässigen Schalleistungspegel von Motorkompressoren, Abl. L 300/84, S. 123, Änderung Abl. L 233/85, S. 11; Richtlinie 80/51/EWG v. 20.12.1979 zur Verringerung der Schallemissionen von Unterschallluftfahrzeugen, Abl. L 18/80, S. 26, Änderung Abl. L 117/83, S. 15; Richtlinie 79/113/EWG v. 19.12.1978 zur Angleichung der Rechtsvorschriften der Mitgliedstaaten betreffend die Ermittlung des Geräuschemissionspegels von Baumaschinen und Baugeräten, Abl. L 33/79, S. 15, letzte Änderung Abl. L 233/85, S. 9; Richtlinie 84/534/EWG v. 17.9.1984 zur Angleichung der Rechtsvorschriften der Mitgliedstaaten betreffend den zulässigen Schalleistungspegel von Turmdrehkränen, Abl. L 300/84, S. 130; Änderung Abl. L 220/87, S. 60; Richtlinie 84/535/EWG v. 17.9.1984 zur Angleichung der Rechtsvorschriften der Mitgliedstaaten über den zulässigen Schalleistungspegel von Schweißstromerzeugern, Abl. L 300/84, S. 142, Änderung Abl. L 233/85, S. 16; Richtlinie 84/536/EWG v. 17.9.1984 zur Angleichung der Rechtsvorschriften der Mitgliedstaaten über den zulässigen Schalleistungspegel von Kraftstromerzeugern, Abl. L 300/84, S. 149, Änderung Abl. L 233/85, S. 18; Richtlinie 84/537/EWG v. 17.9.1984 zur Angleichung der Rechtsvorschriften der Mitgliedstaaten über den zulässigen Schalleistungspegel handbedienter Betonbrecher und Abbau-, Aufbruch- und Spatenhämmer, Abl. L 300/84, S. 156, Änderung Abl. L 233/85, S. 20; Richtlinie 86/662/EWG v. 22.12.1986 zur Begrenzung des Geräuschemissionspegels von Hydraulikbaggern, Seilbaggern, Planiermaschinen, Ladern und Baggerladern, Abl. L 384/86, S. 1; Richtlinie 84/538/EWG v. 17.9.1984 zur Angleichung der Rechtsvorschriften der Mitgliedstaaten über den zulässigen Schalleistungspegel von Rasenmähern, Abl. L 300/84, S. 171, letzte Änderung Abl. L 81/88, S. 71.

[189] Zum Begriff vgl. *Grabitz-Langheine*, Art. 100 EWGV, Rn. 56; zur Bedeutung der technischen Normierung siehe ferner *Anselmann*, RIW/AWD 1986, S. 936 ff.; sowie *Bruha*, Normen und Standards im Warenverkehr mit Drittstaaten, S. 55 ff., m.w.N. (insbesondere im Hinblick auf Drittlandsbeziehungen).

[190] Allgemein zum Luftreinhalterecht der EG vgl. *Offermann-Clas*, NJW, 1986, S. 1389; diess. La législation communautaire en matière de lutte contre la pollution atmosphérique, S. 573 ff.

zeuge[191], mit bestimmten Schadstoffen[192] oder Schadstoffen bestimmter Herkunft[193] beschäftigen. Im übrigen errichten sie Luftqualitätsnormen im Hinblick auf bestimmte schädliche Substanzen[194]. Sämtlichen genannte Richtlinien liegt eine Grenzwertkonzeption zugrunde. Diejenigen über den Schadstoffausstoß von Fahrzeugen, Anlagen usw. nor-mieren Emissionsgrenzwerte, während die Richtlinien über die Luftqualität im Hinblick auf bestimmte Schadstoffe letztlich Immissionsstandards festlegen. Damit sollen die Richtlinien einer schleichenden Umweltschädigung durch Kumulation der jeweils in Bezug genommenen Schadstoffe entgegenwirken. Vorschriften speziell im Hinblick auf Notfallschutz enthalten sie nicht.

a) Luftqualitätsnormen

Lediglich die Richtlinien über die Luftqualitätsnormen betreffend Stickstoffdioxid, Schwefeldioxid und Schwebestaub[195] enthalten jeweils nahezu gleichlautend in Art. 11 die Vorschrift, bei der Festsetzung von Grenzwerten sowie

---

191 Vgl. etwa Richtlinie 70/220/EWG v. 20.3.1970 zur Angleichung der Rechtsvorschriften der Mitgliedstaaten über Maßnahmen gegen die Verunreinigung der Luft durch Abgase von Kraftfahrzeugmotoren mit Fremdzündung, Abl. L 76/70, S. 1, letzte Änderung Abl. L 36/88, S. 1; Richtlinie 75/716/EWG v. 24.11.1975 zur Angleichung der Rechtsvorschriften der Mitgliedstaaten über den Schwefelgehalt bestimmter flüssiger Brennstoffe, Abl. 307/75, S. 22, Änderung Abl. L 91/87, S. 19; Richtlinie 85/210/EWG v. 20.3.1985 zur Angleichung der Rechtsvorschriften der Mitgliedstaaten über den Bleigehalt von Benzin, Abl. L 96/85, S. 25, letzte Änderung Abl. L 225/87, S. 33; Richtlinie 88/77/EWG v. 3.12.1987 zur Angleichung der Rechtsvorschriften der Mitgliedstaaten über Maßnahmen gegen die Emission gasförmiger Schadstoffe aus Dieselmotoren zum Antrieb von Fahrzeugen, Abl. L 36/88, S. 33.

192 Vgl. Richtlinie 82/884/EWG v. 3.12.1982 betreffend einen Grenzwert für den Bleigehalt in der Luft, Abl. L 378/82, S. 15.

193 Siehe Richtlinie 84/360/EWG des Rates v. 28.6.1984 zur Bekämpfung der Luftverunreinigung durch Industrieanlagen, Abl. L 188/84, S. 20; Richtlinie 88/609/EWG v. 24.11.1988 zur Begrenzung von Schadstoffemissionen von Großfeuerungsanlagen in die Luft, Abl. L 336/88, S. 10.

194 Richtlinie 80/779/EWG des Rates v. 15.7.1980 über Grenzwerte und Leitwerte der Luftqualität für Schwefeldioxid und Schwebestaub, Abl. L 229/80, S. 30, Änderung Abl. L 319/81, S. 18; Richtlinie 85/203/EWG des Rates v. 7.3.1985 über Luftqualitätsnormen für Stickstoffdioxid, Abl. L 87/85, S. 1, Änderung Abl. L 372/85, S. 36. Die Rechtsakte der Gemeinschaft zum Schutz des Waldes gegen Luftverschmutzung bedürfen keiner besonderen Erwähnung, da sie im wesentlichen nur organisatorische Fragen regeln. Vgl. Verordnung (EWG) Nr. 3528/86 des Rates v. 17.11.1986 über den Schutz des Waldes in der Gemeinschaft gegen Luftverschmutzung, Abl. L 326/86, S. 2; Durchführungsvorschrift Abl. L 53/87, S. 14; Verordnung (EWG) Nr. 526/87 der Kommission v. 20.2.1987 mit Durchführungsbestimmungen zur Verordnung (EWG) Nr. 3528/86 des Rates über den Schutz des Waldes in der Gemeinschaft gegen Luftverschmutzung, Abl. L 53/87, S. 14.

195 Siehe die Nachweise oben bei Fußn. 193.

der Überschreitung bestehender Grenzwerte mit anderen Mitgliedstaaten Konsultationen aufzunehmen. Die Richtlinien selbst setzen jeweils bestimmte Grenzwerte für die ihnen unterfallenden Schadstoffe in der Luft fest. Diese Grenzwerte können für bestimmte Gebiete nach Art. 11 Abs. 1 i.V.m. Art. 4 Abs. 1 und 2 herabgesetzt werden. Sollte es sich hier um Grenzgebiete handeln, darf die Herabsetzung erst nach Konsultation mit dem Nachbarstaat erfolgen. Für den Fall einer Überschreitung oder der Gefahr einer Überschreitung dieser durch die Richtlinie festgesetzten oder nach Konsultationen zustandegekommenen Grenzwerte, die ihren Ursprung im betroffenen oder einem anderen Mitgliedstaat haben kann, obliegt daher den Mitgliedstaaten eine Pflicht zur Konsultation, die den Zweck verfolgen soll, hier Abhilfe zu schaffen. Im übrigen sind in den aufgeführten Richtlinien zum Schutz der Luft vor Verunreinigung Regelungen, die sich auch nur mit der Bewältigung ungewöhnlicher, plötzlich auftretender, wenn auch nicht gefährlicher Verschmutzungssituationen beschäftigen, nicht vorzufinden. Dies muß wohl darauf zurückgeführt werden, daß sie sich mit der Eindämmung von Stoffen beschäftigen, denen kein oder jedenfalls kein hohes Notfallpotential innewohnt. Dort wo durch technische Zwischenfälle ein erhöhter Ausstoß der Schadstoffe eintritt oder eintreten kann, besteht somit in der Regel kein Handlungsbedarf im Hinblick auf Notfallmaßnahmen. Dies ist wohl auch der Grund dafür, daß das (Genfer) Übereinkommen über weiträumige grenzüberschreitende Luftverunreinigung, das auch die EG mit abgeschlossen haben[196], nur Regelungen zur Überwachung von Luftverunreinigungen sowie über den Informationsaustausch, aber keine Notfallregelungen vorsieht[197].

b) Bewertung

Es erhebt sich somit die Frage, ob eigene, medienbezogene Notfallvorschriften für Verunreinigungen der Luft gefordert werden müssen. Anders als im Gewässerschutz ergibt sich bei dem Schutz der Luft und damit der Menschen, Tiere und Pflanzen eine über die "normale" Luftverschmutzung hinausgehende Bedrohung in aller Regel nur durch die plötzliche unbeabsichtigte Freisetzung hochtoxischer Substanzen, wie durch die Beispiele von Seveso oder Bhopal belegt wird. Gleiches gilt auch für die ungewollte Freisetzung von Radioaktivitat in die Luft. Unfallartig und plötzlich eintretende Ereignisse, die durch allmählich erfolgte, kumulative Prozesse unter Beteiligung von an

---

196 Vgl. d. Beschluß des Rates v. 11.6.1981, Abl. L 171/81, S. 11. Der Text des Abkommens ist abgedruckt ab S. 13 ff. (engl.); 19 ff. (franz.) 25 ff. (deutsch) = BGBl 1982 II, S. 374 ff.

197 Vgl. näher dazu oben S. 51.

sich ungiftigen Substanzen, die zu spät entdeckt worden sind und nur noch mit Notfallmaßnahmen bekämpft werden können (sog. creeping emergencies[198]), sind bislang nicht bekannt geworden[199]. Hochgiftige oder radioaktive Substanzen, die - durch die Luft verbreitet - Notfälle hervorrufen, unterfallen aber bereits den jeweiligen ursachenbezogenen Rechtsvorschriften. Für die gefährlichen Chemikalien ist dies die Seveso-Richtlinie[200] und für radioaktive Substanzen das Strahlenschutzrecht[201]. Ein Handlungsbedarf für das EG-Immissionsschutzrecht, der über die bereits aufgezeigten Defizite im ursachenbezogenen Recht hinausgeht, besteht gegenwärtig nicht. Eigene Notfallvorschriften in diesem Bereich würden das ohnehin schon häufig beklagte Normendickicht des sekundären Gemeinschaftsrechts unnötigerweise verdichten. Zur Verbesserung des Schutzes der Luft vor Notfällen ist daher ein Ausbau der entsprechenden Regelungen des Gefahrstoff- und Strahlenschutzrechts zu fordern[202].

3. Bodenschutz

Obwohl die Europäischen Gemeinschaften in ihrem 4. Aktionsprogramm zum Umweltschutz für die Jahre 1987-1992[203] den Schutz des Bodens größere Aufmerksamkeit gewimet und ihn in die umweltschützerischen Zielvorgaben aufgenommen haben[204], sind nennenswerte Rechtsvorschriften, die sich unmittelbar dem Schutz des Bodens widmen, nicht zu verzeichnen[205]. Insbesondere an bodenschützerischen Rechtsvorschriften zur Verhütung oder dem Umgang mit Notfällen der hier zu untersuchenden Art fehlt es gänzlich. Bevor jedoch im Sinne des Anliegens dieser Untersuchung der Ruf nach Notfall-

---

198 Zum Begriff vgl. oben, S. 25.

199 Das Auftreten von "Smog" bei inversionsarmen Wetterlagen kann qua definitionem nicht zu den hier behandelten Notfällen gezählt werden.

200 Vgl. oben S. 87 ff.

201 Siehe supra S. 75 ff.

202 Dabei muß allerdings zugestanden werden, daß sich eine Trennung zwischen dem Immissionsschutz- und dem Gefahrstoffrecht vielfach nur schwer vornehmen läßt. Dies wird durch das Beispiel der Umsetzung der gemeinschaftsrechtlich dem Gefahrstoffrecht zuzurechnenden Seveso-Richtlinie in der Bundesrepublik durch eine Ausführungsvorschrift zum BImSchG umgesetzt worden ist. Siehe die Bekanntmachung der Neufassung der zwölften Verordnung zur Durchführung des Bundes-Immissionsschutzgesetzes (Störfall-Verordnung-12. BImSchV) v. 19.5.1988 (BGBl 1988 I, S. 625); zu den Einzelheiten der Neufassung vgl. *Hansmann*, NVwZ 1988, S. 1000 (1002 ff.).

203 Abl. C 328/87, S. 1.

204 Siehe a.a.O., S. 3, Buchst. j.

205 Vgl. *Leidig*, Bodenschutz im Rechtssystem, S. 66 ff.

schutzvorschriften laut wird, sollte zuvor der Frage nachgegangen werden, welcher Art ein zur Verursachung von Umweltnotfällen geeignetes Risikopotential ist und ob dies nicht - ähnlich wie zuvor im Immissionsschutzrecht - durch andere Vorschriften abgedeckt ist oder ggfs. besser abgedeckt werden könnte.

Bedrohungen des Umweltmediums Boden lassen sich grundsätzlich in stoffliche und nicht-stoffliche Beeinträchtigungen unterscheiden. Zu den stofflichen sind der Eintrag von Dünge-, Boden"verbesserungs"- und Pflanzenschutzmitteln, von Luftschadstoffen und Streusalzen sowie der Auftrag von Abfällen zu rechnen. Auch industrielle und sonstige Altlasten, denen häufig ein hohes Notfallpotential, wie etwa durch die Freisetzung von Abgasen oder das Entweichen wassergefährdender Substanzen, innewohnt[206], dürften cum grano salis zu den stofflichen Einwirkungen zu rechnen sein. Zu den nichtstofflichen Beeinträchtigungen zählen der Bodenverbrauch durch Flächenversiegelung sowie Einwirkungen auf die Bodenstruktur durch Verdichtung und Erosion[207]. Die stofflichen Einwirkungen lassen sich, zumindest soweit sie Notfälle hervorrufen können, auf Substanzen zurückführen, die dem Gefahrstoffrecht unterliegen oder zumindest wassergefährdend sind[208]. Mit der unbeabsichtigten Freisetzung von gefährlichen Substanzen in die Atmosphäre gehen regelmäßig auch Bodenschädigungen im Niederschlagsgebiet einher; das Ablassen gefährlicher Flüssigkeiten führt, jedenfalls wenn es in beachtlichen Mengen erfolgt, zur Schädigung von Grund- oder Oberflächengewässern. Dies gilt auch für die Freisetzung gefährlicher Abfälle, die hier ohnehin dem Gefahrstoffrecht zugeordnet werden[209]. Die Kontamination mit Radioaktivität, die sich genau genommen weder dem stofflichen noch dem nicht-stofflichen Bereich zuordnen läßt, wird durch das Strahlenschutzrecht erfaßt. Lediglich Emissionen, die von Altlasten ausgehen, wie etwa die Freisetzung von Methangas aus ehemaligen Hausmülldeponien, können hier herausfallen, wenn es sich bei den dort vorfindlichen Substanzen nicht um solche handelt, die den Gefahrstoffen zugerechnet werden können. Hier dürfte es sich aber zumeist um regional begrenzte und unterschiedliche Problemlagen handeln, die in engem Zusammenhang mit den jeweiligen Industrialisierungsstandards eines Mitgliedstaates einhergehen und außerdem i.d.R. keinen aktuellen wirtschaftlichen Bezug aufweisen werden. Die Schaffung eines "Gemeinschafts-

---

206 Siehe etwa den Bericht des Sachverständigenrates für Umweltfragen - Altlasten - vom 13. Dezember 1989, S. 1 ff. Nachweise zur - inzwischen schon nahezu unübersehbar gewordenen Literatur - siehe bei *Kloepfer*, Umweltrecht, § 12, Rn. 132 ff.

207 Siehe dazu *Erbguth*, UPR 1984, S. 241 ff.

208 Letzteres dürfte insbesondere für das Auslaufen von Mineralölprodukten aus Tanks oder ähnlichen Behältnissen gelten.

209 Vgl. dazu oben S. 92 f.

rechts der Altlastensanierung" erscheint deshalb weder erforderlich noch angemessen.

Die Verhinderung neuer Altlasten hingegen kann in weiten Teilen durch das Gefahrstoffrecht geleistet werden.

Den nicht-stofflichen Einwirkungen, wie etwa Flächenversiegelung oder Beeinträchtigung der Bodenstruktur durch Verdichtung oder Erosion, wohnt entweder kein Notfallpotential inne oder sie führen, wie etwa Bodenerosionen in Gebirgslagen, die langfristig Erdrutsche verursachen können, zu Naturkatastrophen, die aus dem Gegenstand der vorliegenden Untersuchung herausfallen[210].

Für das Europäische Gemeinschaftsrecht ergibt sich somit derzeit kein Handlungsbedarf im Hinblick auf den Schutz des Bodens vor technisch-industriellen Umweltnotfällen. Eine Verbesserung des Schutzes des Umweltmediums Boden vor derartigen Notfällen kann und sollte in ausreichendem Maße durch Regeln des Gefahrstoff-, Strahlenschutz- oder Gewässerschutzrechts erreicht werden.

4. Zusammenfassung

Die Erörterungen zum medialen Notfallschutz im EG-Umweltrecht haben deutlich gemacht, daß lediglich im Gewässerschutz ein Bedarf an Vorschriften im Hinblick auf die Verhütung und den Umgang mit bereits eingetretenen Notfällen sowie Haftungsbestimmungen besteht. Gefahren für die übrigen Umweltmedien Boden und Luft werden zum Teil bereits durch ursachenbezogene Regeln erfaßt; soweit dies nicht der Fall ist, sollte dort angesetzt werden. Spezifisch notfallbezogene Regelungen wären hier unangebracht und könnten zu einer Normenzersplitterung mit im Ergebnis eher kontraproduktiven Wirkungen führen. Für den Gewässerschutz geht es vorwiegend darum, wassergefährdende Stoffe zu erfassen, die aus dem Gefahrstoffrecht herausfallen, sich aber dennoch schädlich auf Grund- und Oberflächengewässer auswirken können.

III. Übergreifende Rechtsinstrumente

Nach der Untersuchung des ursachenbezogenen und medialen Umweltrechts der Europäischen Gemeinschaften auf seinen normativen Gehalt im Hinblick

---

210 Vgl. zur Begriffsbestimmung oben S. 25 f.

Umweltnotfallschutz sollen nunmehr noch einige übergreifende Rechtsinstrumente in das Blickfeld gerückt und der Frage nachgegangen werden, ob sie in dieser Hinsicht von Bedeutung sind. Als solche kommen die Richtlinien über die Umweltverträglichkeitsprüfung, den freien Zugang zu Informationen über die Umwelt sowie über die Haftung für fehlerhafte Produkte in Betracht.

1. Umweltverträglichkeitsprüfung

Am 27. Juli 1985 erließ der Rat der Europäischen Gemeinschaften die "Richtlinie über die Umweltverträglichkeitsprüfung bei bestimmten öffentlichen und privaten Projekten"[211]. Diese Richtlinie geht zurück auf die Aktionsprogramme der EG für den Umweltschutz aus den Jahren 1973/77[212] und stellt einen vorläufigen Höhepunkt der umweltrechtlichen und -politischen Aktivitäten der Gemeinschaft dar, da sie - anders als sonstige Richtlinien im Umweltbereich - erstmals ein Verfahrensinstrument installiert[213]. Sie wird deshalb für das Verwaltungsverfahren der Mitgliedstaaten auf lange Sicht erhebliche Auswirkungen[214] haben, die möglicherweise dazu nötigen, das verwaltungsrechtliche System der Mitgliedstaaten an entscheidenden Stellen zu überprüfen[215]. Die Richtlinie selbst wird in ihrer (ersten) Entwurfsbegründung[216] als erste Anwendung der Grundsätze einer Vorsorgepolitik bezeichnet, denen zufolge die beste Umweltpolitik darin besteht, Umweltbelastungen von vorneherein zu vermeiden, statt sie erst später in ihren Auswirkungen zu bekämpfen[217]. Sie stellt nach ihrem Selbstverständnis also insofern eine Neuerung dar, als sie "präventiv" eine sachgerechte Einschätzung der potentiellen Umweltgefahren eines bestimmten Vorhabens sicherstellen und deren Einbeziehung in Planungs- und Genehmigungsver-

---

211 Richtlinie 85/337/EWG, Abl. L 175/85, S. 40 ff.

212 Abl. C 112/73; Abl. C 139/77; vgl. auch die Entwurfsbegründung der Kommission v. 11. Juni 1980, Dok. KOM (80) 313 endg., S. 1; vgl. auch das 3. und 4. Aktionsprogramm, Abl. C 46/83, S. 1 ff.; Abl. C 328/87, S. 1 ff.

213 Zur UVP als Verfahrensinstrument vgl. *Schmidt-Assmann*, FS f. Doehring, S. 888 (889); ähnlich auch schon *Salzwedel*, Umweltverträglichkeitsuntersuchungen bei Verkehrsplanungen, S. 7; ähnlich *Cupei*, NuR 1985, S. 297; ders., Wirtschaft und Verwaltung 1985, S. 63 (66); *Erbguth*, BayVBl 1983, S. 129 (129); *Bunge*, ZfU 1984, S. 405 (406). Umfassende Darstellungen der Richtlinie und Umsetzungsproblematik im Hinblick auf das deutsche Recht finden sich in den Monographien von *Cupei*, Umweltverträglichkeitsprüfung, und *Weber*, Die Umweltverträglichkeitsrichtlinie im deutschen Recht.

214 Siehe dazu *Schmidt-Assmann*, a.a.O., S. 890 f.; *Wahl*, DVBl 1988, S. 86, *Bartlsperger*, DVBl 1987, S. 1.

215 Vgl. dazu *Everling*, NVwZ 1987, S. 1 ff.; *Schwarze*, NJW 1986, S. 1067.

216 Dok. KOM (80) 313 endg., S. 3.

217 A.a.O. bei Ziff. 6.

fahren im weitesten Sinne gewährleisten soll. Dabei ist sie ein unselbständiger Teil verwaltungsbehördlicher Verfahren über die Zulässigkeit von Vorhaben und umfaßt die Ermittlung, Beschreibung und Bewertung der Auswirkungen von Vorhaben auf den Mensch, die Umwelt sowie Kultur- und Sachgüter[218]. Die Richtlinie weist einen integrativen Ansatz auf, der darin besteht, daß die Auswirkungen eines Vorhabens nicht isoliert im Hinblick auf die jeweils unterschiedlichen Umweltmedien und -sektoren untersucht werden, sondern in einer Gesamtbetrachtung aller Umweltgüter unter Berücksichtigung der jeweiligen Wechselwirkungen[219]. Wenn sich auch - wie Kloepfer wohl zutreffend formuliert[220] - um kaum eine andere umweltrechtliche Kategorie so viele Mißverständnisse ranken wie um die Umweltverträglichkeitsprüfung, so läßt sich dennoch deutlich feststellen, daß sie keine unmittelbar notfallbezogenen Regelungen enthält. Sie dient ausschließlich der Vorsorge zur Verhinderung von Umweltschäden und damit mittelbar auch der Verhinderung von Notfällen. Die vom Projektträger vorzulegenden Angaben zur Einschätzung der Umweltverträglichkeit erstrecken sich auch auf diejenigen Maßnahmen, mit denen bedeutende nachteilige Auswirkungen (auf die Umwelt)[221] vermieden, eingeschränkt und soweit möglich ausgeglichen werden sollen[222]. Dies dürfte sich im weitesten Sinne auch auf Notfallvorsorgemaßnahmen erstrecken, wenn hier auch sicherlich kein Schwerpunkt liegt.

Der Vorteil der Umweltverträglichkeitsprüfung als eines integrativen, bereichs- und medienübergreifenden Instruments für einen vorbeugenden Notfallschutz besteht aber darin, daß sie - anders als ein medienbezogenes oder sektoral angelegtes Erlaubnis- und Genehmigungsverfahren - eine umfassende Einschätzung verschiedenartiger technischer Risiken, die von einem Vorhaben ausgehen können, ermöglicht. Insbesondere können dabei auch synergetische Wirkungen verschiedener Risikofaktoren Berücksichtigung finden[223].

Zur Entscheidungsoptimierung trägt im übrigen die zwingend vorgesehene Öffentlichkeitsbeteiligung (Art. 6 Abs. 2) sowie die Beteiligung grenznachbarlicher Behörden, wenn ein Vorhaben potentiell erhebliche Auswirkungen auf die Umwelt in einem anderen Mitgliedstaat hat (Art. 7)[224], bei. Es beste-

---

218 Vgl. *Hoppe/Beckmann*, Umweltrecht, § 8, Rn. 57.

219 Siehe Art. 3 der Richtlinie; vgl. auch *Hoppe/Beckmann*, a.a.O., Rn. 61; sowie *Deutscher* Rat für Landespflege, Gutachten, S. 455 (456 f.).

220 Umweltrecht, § 4, Rn. 81.

221 Einfügung d.d. Verf.

222 Art. 5 Abs. 2, 2. Spiegelstrich.

223 Siehe *Weber*, UVP, S. 12.

224 Ausführlich zur grenzüberschreitenden Behördenbeteiligung vgl. *Randelzhofer/Harndt*, S. 15 ff.

hen hier zwar im wesentlichen nur Informationspflichten[225]. Die auf dieser Basis eingeholten Angaben sind aber im Genehmigungsverfahren zu berücksichtigen (Art. 8). Allerdings wird die UVP durch die Richtlinie nur für eine geringe Anzahl von Anlagen zwingend vorgeschrieben[226]. Jedoch sind darunter im wesentlichen diejenigen zu finden, von denen ein erhebliches Unfallrisiko ausgeht, wie Raffinerien, Kohlevergasungs- oder -verflüssigungsanlagen, thermische und Kernkraftwerke, Hüttenwerke, Anlagen zur Verarbeitung oder Erzeugung von Asbest sowie integrierte chemische Anlagen; ferner Anlagen zur Beseitigung oder Endlagerung atomarer, chemischer oder sonstiger giftiger und gefährlicher Abfälle sowie Projekte des Verkehrswege- und Seehafenbaues[227]. Für eine Vielzahl weiterer Anlagen und Projekte wird die UVP nur fakultativ vorgesehen[228]. Gleichwohl dürfte ihr - insgesamt gesehen - eine nicht unerhebliche Bedeutung im Feld der Vorsorge und Verhinderung von Notfällen, verursacht durch industrielle Großanlagen, beizumessen sein.

Im übrigen ist sie für den Notfallschutz ohne Bedeutung.

2. Freier Informationszugang zu Umweltdaten

Am 7. Juni 1990 hat der Rat der Europäischen Gemeinschaften die "Richtlinie über den freien Zugang zu Informationen über die Umwelt"[229] erlassen. Er kommt damit für das Gemeinschaftsrecht einer Forderung nach, die etwa für die Bundesrepublik seit den 70er Jahren die Schaffung eines allgemeinen Akteneinsichtsrechts - insbesondere auch unter Verweis auf europäische Nachbarstaaten und außereuropäische Beispiele[230] - verlangt hat[231]. Inhaltlich betrifft die Richtlinie alle bei Behörden vorhandenen Informationen in Bild,

---

[225] Zu Umfang und Bedeutung "notwendiger" Konsultationen mit grenznachbarlichen Behörden vgl. *Randelzhofer/Harndt*, S. 15 ff.

[226] Vgl. Art. 4 Abs. 1 in Verbindung mit Anhang I.

[227] Siehe die Definitionen im einzelnen, die in Anhang I aufgeführt sind.

[228] Art. 4 Abs. 2, Verb. m. Anhang II.

[229] Richtlinie 90/313/EWG, Abl. L 158/90, S. 56.

[230] Erstes Beispiel für die Schaffung einer generellen Aktenöffentlichkeit ist der sog. "Freedom of Information Act" der Vereinigten Staaten aus dem Jahre 1966, siehe dazu die ausführliche Darstellung bei *Gurlit*, Verwaltungsöffentlichkeit im Umweltrecht, insbes. S. 27 ff., 54 f.; und *Scherer*, Verwaltung und Öffentlichkeit, S. 41 ff. Ähnliche Regelungen bestehen in den skandinavischen Ländern, Frankreich und den Niederlanden. Siehe dazu *Gurlit*, ZRP 1989, S. 253.

[231] Siehe etwa *Scherer*, Verwaltung und Öffentlichkeit, S. 1 ff.; *Bull*, Informationswesen und Datenschutz, S. 132 f.; Humanistische Union, Freie Akteneinsicht; Gustav-Radbruch-Forum für Rechtspolitik, S. 243 ff. Zur weiteren Entstehungsgeschichte der Richtlinie vgl. *Gurlit*, ZRP 1989, S. 253.

Schrift, Ton oder elektronisch verarbeitbarer Form über den Zustand der Umweltmedien, der Tier- und Pflanzenwelt, der natürlichen Lebensräume sowie über Tätigkeiten oder Maßnahmen, die diesen Zustand beeinträchtigen oder beeinträchtigen können oder die dem Umweltschutz dienen[232]. Diese Informationen sind auf Antrag ohne Nachweis eines Interesses allen natürlichen oder juristischen Personen zugänglich zu machen (Art. 3 Abs. 1). Der Informationsanspruch ist im Gerichts- oder Verwaltungsweg durchsetzbar (Art. 4).

Allerdings ist er durch eine Reihe von Ausnahmetatbeständen in der Richtlinie selbst sowie Ablehnungsgründen, deren Aufnahme den Mitgliedstaaten freisteht, durchbrochen. Nach der Richtlinie besteht die Möglichkeit, die Herausgabe von Informationen zu verweigern, wenn es sich um solche aus noch nicht abgeschlossenen oder behördeninternen Vorgängen handelt oder wenn der Antrag offensichtlich mißbräuchlich oder zu allgemein formuliert ist (Art. 3 Abs. 3). Den Mitgliedstaaten obliegt es, eine Informationsverweigerung vorzusehen, wenn die geforderten Informationen die Vertraulichkeit der Beratungen von Behörden, die internationalen Beziehungen, die Landesverteidigung oder die öffentliche Sicherheit berühren. Ferner wenn sie Dinge berühren, die Gegenstand eines gerichtlichen Ermittlungs- oder Disziplinarverfahrens sind, die Geschäfts- und Betriebsgeheimnisse einschließlich des geistigen Eigentums, die Vertraulichkeit personenbezogener Daten und/oder Akten, Unterlagen, die von einem Dritten ohne Rechtspflicht übermittelt wurden, betreffen. Schließlich können auch Informationen verweigert werden, deren Bekanntgabe die Wahrscheinlichkeit einer Schädigung der Umwelt in dem betreffenden Bereich noch erhöhen würde (Art. 3 Abs. 2)[233]. Die Richtlinie läßt damit Raum für die aus Datenschutz- oder wettbewerbsschützerischen Gesichtspunkten[234] auch gebotene und damit letztlich grundrechtlich geschützte Geheimhaltung - insbesondere sensibler - privater Daten, womit aber der Informationsanspruch inhaltlich in weiten Bereichen durchlöchert ist oder sein wird. Es stellt sich somit die Frage nach der Bedeutung eines dermaßen ausgestalteten Informationsanspruches für den - vor allem vorbeugenden - Schutz vor industriellen Umweltnotfällen.

Sicherlich stellt die Transparenz öffentlichen Verwaltungshandelns ein Element der Demokratie dar, indem sie die auch im Allgemeininteresse liegende

---

232 Vgl. Art. 1 und Art. 2 Buchst. a der Richtlinie.

233 Vgl. dazu auch *Kremer*, NVwZ 1990, S. 843 (844).

234 Neben persönlichen Daten ist hier insbesondere an Schutz technischer Daten oder chemischer Rezepturen zu denken, die als Ergebnisse eines z. T. beträchtlichen privaten Forschungsaufwandes in Anlagengenehmigungsverfahren oder des Anmelder- und Zulassungszwanges für Industrieprodukte Behörden zugänglich gemacht werden müssen. Vgl. dazu *Schröder*, UPR 1985, S. 394 ff.; *Hahn*, Offenbarungspflichten im Umweltschutzrecht, S. 5 ff.

effektive demokratische Kontrolle der Behörden ermöglicht[235]. Sie kann in die Ausübung politischen Drucks einmünden, der sich auf rechtspolitische Entscheidungen auswirkt und damit längerfristig oder u.U. auch sehr spontan zur Verbesserung von Umweltschutzstandards und -vorkehrungen führt.

Im Recht der technischen Sicherheit, insbesondere im Bereich des Planfeststellungs- und Genehmigungsrechts für stark risikobehaftete technische Groß-anlagen besteht nicht nur in Deutschland ein weit gefächertes Arsenal von Anhörungs-, Beteiligungs- oder Mitwirkungsrechten, insbesondere für Drittbetroffene, die eine Vielzahl von materiellen Einwirkungsmöglichkeiten bieten. Das entsprechende Akteneinsichtsrecht ist in der Bundesrepublik verfahrensrechtlich durch § 29 VwVfG abgesichert. Eine rechtswidrig verweigerte Einsicht in die Akten kann in letzter Konsequenz zur Fehlerhaftigkeit der jeweiligen Planungs- oder Genehmigungsentscheidung führen. Über dieses Instrumentarium kann somit in der Vorsorgephase zur Verbesserung von Sicherheitsanforderungen oder der Ausgestaltung von Notfallplänen beigetragen werden. Die bloße Information von Personen, die über keine Beteiligungsrechte verfügen, kann hingegen keine Auswirkung auf die rechtliche Zulässigkeit von Vorhaben und damit auf die konkrete Ausgestaltung inhaltlicher Zulassungsanforderungen haben. Sie kann damit in keiner Weise zur Verbesserung eines Notfallschutzes im konkreten Fall beitragen. Darüber hinaus ist auch eine bloße Information über bestehende, aber rechtlich zulässige Risiken wenig hilfreich für den Schutz der Allgemeinheit oder einzelner bei eventuellen Notfällen, wenn sie nicht mit entsprechenden Verhaltensmaßregeln für einen solchen Fall verbunden werden. Abgesehen von den oben skizzierten Auswirkungen auf rechtspolitische oder legislative Entscheidungen dürfte der Umwelt–Informationsrichtlinie geringe Bedeutung für den dieser Untersuchung zugrundeliegenden Problemgegenstand beizumessen sein.

Da die Informationsrechte auch inhaltlich weitgehend durchlöchert sind bzw. den Mitgliedstaaten weite Möglichkeiten zu ihrer Einschränkung verbleiben, dürfte die zu erwartende Hauptwirkung der Richtlinie in einer verstärkten Beschäftigung der Verwaltungsgerichtsbarkeiten der Mitgliedstaaten mit - häufig wohl erfolglosen - Klagen zur Durchsetzung der Informationsansprüche bestehen[236].

---

235 Siehe auch *Bull*, Informationswesen und Datenschutz, S. 132. Vgl. auch *Schröder*, NVwZ 1990, S. 707 ff.

236 Weitgehend positiv wird die Bedeutung der Richtlinie gesehen von *Gurlit*, ZRP 1989, S. 253 ff.; *Kremer* NVwZ 1990, S. 843 f.; wenn auch hier jeweils die erheblichen Durchbrechungen des Informationsrechts kritisiert werden.

3. Umwelt-Haftung und Produkthaftungsrecht

In den vorangegangenen Abschnitten zum bestehenden Gemeinschaftsrecht im Hinblick auf Umweltnotfälle wurde wiederholt die Forderung nach Haftungsnormen für die jeweiligen Einzelbereiche erhoben. Es stellt sich nunmehr die Frage, ob die bestehende Produkthaftungsrichtlinie vom 25.7.1985[237] zumindest in einigen Bereichen zu einer Haftung für Umweltnotfälle führt und, wie im übrigen weitergehende Haftungsnormen in ihrer wesentlichen Struktur auszugestalten wären.

a) Produkthaftungsrichtlinie

Nach Art. 1 der Produkthaftungsrichtlinie haftet der Hersteller eines Produktes für den Schaden, der durch einen Fehler dieses Produktes verursacht worden ist. Bereits die dogmatische Einordnung dieser Haftungsnorm bereitet erhebliche Schwierigkeiten. Die Varianten reichen von der Bezeichnung als modifizierte Form der Kausalhaftung[238] über Gefährdungshaftung[239] bis zu verschuldensunabhängiger Haftung[240]. Eindeutig dürfte sein, daß es sich jedenfalls nicht um eine verschuldensabhängige Haftung oder eine reine Kausalhaftung handelt. Dies wird einerseits durch die Begründungserwägungen der Richtlinie[241], die ausdrücklich eine verschuldensunabhängige Haftung fordern, und andererseits durch die Art. 6 und 7 deutlich, die das reine Kausalprinzip des Art. 1 in vielerlei Hinsicht abmildern.

Ein grundlegender Unterschied zwischen modifizierter Kausalhaftung und Gefährdungshaftung besteht nicht. Es kommt vielmehr jeweils auf die konkrete Ausgestaltung an. Daher soll im folgenden der Begriff Gefährdungshaftung verwendet werden. Sie unterscheidet sich allerdings klar von einer lediglich verschuldensunabhängigen Haftung. Dieser Unterschied besteht darin, daß für die Gefährdungshaftung das Kriterium der Rechtswidrigkeit irrelevant ist, während bei der zweiten Haftungsart lediglich ein Verschulden entbehrlich,

---

237 Richtlinie zur Angleichung der Rechts- und Verwaltungsvorschriften der Mitgliedstaaten über die Haftung für fehlerhafte Produkte (85/374/EWG), Abl. L 210/85, S. 29. In der Bundesrepublik ist die Richtlinie umgesetzt durch das Gesetz über die Haftung für fehlerhafte Produkte (ProdHaftG) v. 15.12.1989, BGBl 1989 I, S. 2198.

238 Vgl. *Schlechtriem*, VersR 1986, S. 1033.

239 Vgl. *Taschner*, NJW 1986, S. 611; *Taschner/Frietsch*, S. 175 ff.; *Rolland*, Produkthaftungsrecht, S. 13; *Brüggemeier/Reich*, WM 1986, S. 149 (154).

240 *Schmidt-Salzer*, Produkthaftung, Art. 1, Rn. 12 ff.

241 Vgl. den 2. Erwägungsgrund zur Richtlinie.

die Rechtswidrigkeit als Tatbestandsmerkmal aber zu fordern ist[242]. Eine synonyme Verwendung dieser Begriffe verbietet sich deshalb[243]. Die Annahme einer lediglich verschuldensunabhängigen aber auf die Rechtswidrigkeit abstellenden Haftung würde dem Anliegen der Richtlinie entgegenlaufen, einen Schutz des Verbrauchers vor Risiken, auf die er letztlich keinen Einfluß hat, die aber nicht in jedem Fall auf eine Pflichtwidrigkeit des Herstellers zurückgeführt werden können, zu schützen. Ein eingetretener Schaden soll nicht bei dem verbleiben, der mehr oder minder zufällig von ihm betroffen wird, sondern von demjenigen getragen werden, der die Möglichkeit zur Beherrschung des Schadensrisikos hat und im übrigen den wirtschaftlichen Nutzen zieht. Damit wird eine Gefährdungshaftung erforderlich, die den Produzenten grundsätzlich für Schäden einstehen läßt, die auf rechtmäßiges, aber gefährdendes Tun zurückgehen. Nur diese kann dem Anliegen der Richtlinie gerecht werden und wird somit von ihr gefordert[244]. Letztlich kann nur sie den Ausgleich dafür bieten, daß von der Rechtsordnung das Inverkehrbringen gefährlicher Produkte zufgelassen wird[245]. Die somit dem Grundsatz nach in Art. 1 der Richtlinie normierte Gefährdungshaftung für Schäden, die durch fehlerhafte Produkte verursacht werden, wird durch die weiteren Bestimmungen der Richtlinie determiniert und eingegrenzt.

aa) Fehlerhafte Produkte im Sinne der Richtlinie

Von wesentlicher Bedeutung für den Umfang der Haftung ist die Legaldefinition des "Produkts" in Art. 2 der Richtlinie. Danach gelten als Produkt bewegliche Sachen, auch wenn sie Teil einer anderen beweglichen Sarche oder einer unbeweglichen Sache sind. Landwirtschaftliche Produkte und Jagderzeugnisse sind ausgenommen, soweit sie nicht einer ersten Verarbeitung unterzogen wurden. Elektrizität wird vom Produktbegriff mitumfaßt. Gebäude oder sonstige Bauwerke, zu denen etwa risikobehaftete Industrieanlagen zu

---

242 Vgl. dazu grundlegend *Larenz*, VersR 1963, S. 593 (596 ff.). In der wissenschaftlichen Auseinandersetzung um die deliktische Produzentenhaftung nach § 823 BGB wird an dieser Stelle die seit langem geführte Auseinandersetzung um einen handlungs- oder einen erfolgsbezogenen Rechtswidrigkeitsbegriff bedeutsam. Siehe dazu BGHZ 24, 21 ff.; sowie ausführlich *Münzberg*, Verhalten und Erfolg als Grundlagen der Rechtswidrigkeit und Haftung. Siehe zur Parallelproblematik im Recht der völkerrechtlichen Verantwortlichkeit oben S. 60 ff.

243 So aber z.B. *Hollmann*, DB 1985, S. 2389 ff.

244 Trotz terminologischer Unklarheiten im Ergebnis ebenso *Taschner*, NJW 1986, S. 611; *Taschner/Frietsch*, Produkthaftung, S. 178; *Hollmann*, DB 1985, S. 2389 ff.; *Schlechtriem*, VersR 1986, S. 1033 ff.; *Rolland*, Produkthaftungsrecht, S. 12 f.; *Brüggemeier/Reich*, WM 1986, S. 149 ff.; Deutsch, JZ 1989, S. 465 (470);

245 Vgl. *Rolland*, Produkthaftungsrecht, S. 13.

zählen sind, unterfallen damit generell nicht der Haftung[246], soweit ein Unglücksfall nicht auf eingebaute bewegliche Produkte zurückgeführt werden kann. Bewegliche Gefahrstoffe in festem, flüssigem oder gasförmigem Zustand unterfaldlen hingegen dem Produktbegriff. Treten bei der Verarbeitung, der Lagerung oder dem Transport dieser Stoffe Unglücksfälle auf, so wird eine Haftung wesentlich davon abhängen, ob das Produkt als fehlerhaft anzusehen ist. Nach Art. 6 der Richtlinie ist ein Produkt fehlerhaft, "wenn es nicht die Sicherheit bietet, die man unter Berücksichtigung aller Umstände, insbesondere

a) der Darbietung des Produkts,

b) des Gebrauchs des Produkts, mit dem billigerweise gerechnet werden kann,

c) des Zeitpunkts, zu dem das Produkt in den Verkehr gebracht wurde,

zu erwarten berechtigt ist".

Danach kann die bloße Gefährlichkeit eines Stoffes die Fehlerhaftigkeit noch nicht begründen. Vielmehr kommt es darauf an, welche Anforderungen an Verpackung oder die Instruktion über die Gefährlichkeit und den Umgang mit dem Stoff man "zu erwarten berechtigt ist"[247]. Die "berechtigten Erwartungen" können dabei im Einzelfall auch über gesetzlich oder durch private Normen festgelegten Mindeststandards hinausgehen[248]. Ihre Befolgung bietet keinen hinreichenden Entlastungsgrund.

bb) "Weiterfressende" Schäden

Die Produkthaftpflicht nach der Richtlinie erfaßt auch Schäden, die durch fehlerhafte Produkte entstehen, die in andere bewegliche oder unbewegliche Sachen eingebaut sind. Für den Gegenstand dieser Untersuchung kommen hier vor allem fehlerhafte Ventile, Schalter, Leitungen, Behältnisse oder sonstige Sicherheits- und Überwachungseinrichtungen in Betracht, die in bewegliche oder unbewegliche Anlagen eingebaut sind oder werden, Schäden an der Anlage selbst, aber vor allem in der Umwelt hervorrufen oder die Bevölkerung gefährden. In der Praxis wird hier häufig der vom Geschädigten zu füh-

---

246 Vgl. *Taschner/Frietsch*, Produkthaftung, S. 242 (zum insoweit inhaltsgleichen § 2 Produkthaftungsgesetz).

247 Allgemein zum Umfang und zum Subjekt der berechtigten Sicherheitserwartungen vgl. *Taschner/Frietsch*, Produkthaftung, S. 292 ff.

248 *Taschner/Frietsch*, S. 194 f., 300 f.

rende Kausalitätsnachweis (Art. 4) Schwierigkeiten bereiten. Ein unsachgemäßer Einbau oder eine Beschädigung des Produkts während, vor oder nach dem Einbauvorgang schließen in der Regel die Haftung des Herstellers aus (Art. 7b). Die im Einbau liegende Dienst- oder Werkleistung stellt kein Produkt im Sinne der Richtlinie dar, sofern hierin nicht die Herstellung eines neuen Produktes zu erblicken ist[249]. Eine Haftung für Umweltnotfälle ist daher im wesentlichen darauf begrenzt, daß sie, etwa bei Gefahrstoffen, auf mangelnde Verpackung, bei technischen Einzelteilen, die zum "Durchbrennen" einer Anlage führen, auf die Fehlerhaftigkeit dieser Teile oder auf mangelnde Instruktion durch den Hersteller beim Umgang hiermit zurückgeführt werden können.

Auch in diesen Fällen ist die Haftung auf Schäden durch Tod und Körperverletzung sowie Schäden an Sachen zum privaten Ge- und Verbrauch begrenzt (Art. 9). Wird durch fehlerhafte Produkte etwa der Totalschaden einer Anlage verursacht, so ist dies von der Richtlinie nicht erfaßt[250].

Schäden infolge eines nuklearen Zwischenfalles fallen grundsätzlich aus dem Anwendungsbereich der Produkthaftungsrichtlinie, sofern diese von den durch Mitgliedstaaten ratifizierten internationalen Übereinkommen erfaßt sind (Art. 14).

Für den Fall, daß sich technisch-industrielle Großunglücke tatsächlich auf die Fehlerhaftigkeit eines Einzelteiles zurückführen lassen[251], stellt sich überdies die Frage, ob der Schutzumfang der Richtlinie derart weitreichende, möglicherweise grenzüberschreitende Folgen wie den Tod oder die Körperverletzung zahlloser Menschen und erheblichen Schaden an Privateigentum erfaßt.

Eine Begrenzung auf ein Staatsgebiet läßt sich weder aus dem Zweck der Produkthaftung noch aus der Schadensdefinition des Art. 9 folgern. Die Möglichkeit eines Mitgliedstaates, die Gesamthaftung des Herstellers für die Schäden infolge von Tod oder Körperverletzungen, die durch gleiche Artikel mit demselben Fehler verursacht wurden[252], auf einen Betrag von nicht weniger

---

249 Vgl. dazu *Taschner/Frietsch*, a.a.O., S. 237 ff.

250 Diese Fälle sind aber vom Deliktsrecht nach § 823 BGB nach Maßgabe der sogenannten "Schwimmerschalterentscheidung" des BGH erfaßt (vgl. BGHZ 67, 359 ff.).

251 So wurde etwa die Katastrophe von Bhopal auf den angeblichen Bruch eines Sicherheitsventils zurückgeführt; vgl. *Lepkowski*, Industry and Environment 1988, S. 18.

252 Dieses Serienschäden-Limit beinhaltet zugleich auch eine Einzelschaden-Limitierung, vgl. *Schmidt-Salzer*, Produkthaftung, S. 821.

als 70 Mio. ECU zu begrenzen[253], läßt im Umkehrschluß gerade folgern, daß eine Haftungsbegrenzung im weiteren nicht stattfinden soll.

cc) Bewertung

Die Ausführungen haben gezeigt, daß das EG-Produkthaftpflichtrecht nur in wenigen Bereichen Regelungen zum Schadensausgleich bei technisch-industriellen Umweltnotfällen bereithält. Die Haftung hängt bei Unglücksfällen in risikobehafteten technischen Großanlagen im wesentlichen davon ab, daß die Ursächlichkeit eines beweglichen Einzelteiles, das dem Produktbegriff der Richtlinie unterfällt, nachgewiesen werden kann. Fehlerhaft ausgeführte Wartungsarbeiten und Nichtbeachtung von Sorgfaltspflichten jeder Art lösen ebensowenig eine Haftung aus, wie die ungewollte Freisetzung von Stoffen, die den Tatbestand des Inverkehrbringens[254] nicht erfüllt. Bei in Verkehr gebrachten gefährlichen Produkten wird eine Herstellerhaftung i.d.R. nur bei mangelnder Verpackung, Kennzeichnung oder Instruktion in Betracht kommen.

Obwohl die Richtlinie eine Gefährdungshaftung, die auch bei rechtmäßigem Verhalten greift, installiert, bietet sie für die Regulierung der Schadensfolgen technischer Umweltnotfälle nicht das adäquate Instrumentarium. Es erhebt sich daher weiterhin die Forderung nach einem entsprechenden gemeinschaftsrechtlichen Haftungssystem. Im folgenden sollen daher die möglichen Hauptlinien eines solchen "Systems" kurz skizziert werden.

b) Kriterien für die zukünftige Ausgestaltung einer Umweltnotfallhaftung auf EG-Ebene

Die Haftung für Schäden verursacht durch technisch-industrielle Umweltnotfälle bedeutet in erster Linie das Einstehenmüssen des Schädigers für bereits entstandene Schäden an privatem und öffentlichem Eigentum oder sonstigen Umweltgütern. Der Geschädigte soll einen gerechten Ausgleich in der Form der Naturalrestitution oder in Geld erhalten. Bereits dabei können im Einzelfall die Feststellung, wer Geschädigter ist, oder auch die pekuniäre Bewertung eines Umweltschadens erhebliche Schwierigkeiten bereiten.

---

[253] Art. 26 der Richtlinie. Als ECU gilt die Rechnungseinheit, die durch Verordnung 3180/78/EWG (Abl. 379/78, S. 1) in der Fassung der Verordnung 2626/84/EWG (Abl. L 247/84, S. 1) festgelegt ist. Dies entspricht gegenwärtig etwa knapp 160 Mio. DM.

[254] Siehe Art. 7 a der Richtlinie, vgl. dazu *Taschner/Frietsch*, Produkthaftung, S. 187 f.

aa) Vorbeugende Funktion der Haftungsvorschriften

Haftungsnormen können darüber hinaus auch eine zweite Funktion erfüllen. Sie sollen generalpräventiven Aspekten dienen, indem sie einem potentiellen Schädiger sein Haftungsrisiko vor Augen führen und ihn zu entsprechenden Vorsichtsmaßnahmen anhalten. Die Bedeutung dieses Vorsorge- oder Präventionsaspektes von Haftungsvorschriften wird unterschiedlich beurteilt. *Bullinger*[255] hat ihm für den Umweltschutz entscheidendes Gewicht beigemessen. Insbesondere das planende Handeln zweckrational ausgerichteter Unternehmen und Verwaltungsträger trachte danach, die Gefahr von Umweltschäden durch technische Verbesserung von industriellen und öffentlichen Anlagen sowie Kraftfahrzeugen zu minimieren. Dies mag im Grundsatz zutreffen, insbesondere wenn Anlagenbetreiber erheblichen Haftungsrisiken ausgesetzt sind[256]. Allerdings dürfte die Neigung zu Einsparungen im Bereich der technischen Sicherheitseinrichtungen angesichts wirtschaftlich angespannter Lagen oder in ihrer Konsequenz nicht präzise abschätzbarer und damit nebulös bleibender Haftungspflichten, letztlich kaum erheblich sein. Dies gilt sowohl für die öffentliche Verwaltung als auch Wirtschaftsunternehmen. Indirekte Verhaltenssteuerung durch Haftungsnormen des Umweltschadensrechts zur Verhinderung von technisch-industriellen Umweltnotfällen könnte möglicherweise dann erfolgreich sein, wenn etwa sichergestellt wäre, daß das häufig ökonomisch und sozial schwächere Opfer in jedem Fall zur Klageerhebung bereit wäre. In vielen Fällen werden aber die Geschädigten ein erhebliches Prozeßrisiko scheuen, wenn etwa die Kausalität des Verhaltens eines potentiellen Schädigers für einen eingetretenen Schaden nur mit Hilfe kostspieliger Sachverständigengutachten nachgewiesen werden kann, deren Ergebnis im Vorfeld zumeist ungewiß oder für den Laien nicht voraussehbar ist. In vielen Fällen kann auch zweifelhaft sein, ob eine Umweltbeeinträchtigung ein Ausmaß angenommen hat, das einen rechtlich relevanten Schaden hervorruft oder aber im Rahmen allgemeiner Beeinträchtigungen der Umwelt vom Einzelnen hinzunehmen ist.

Eine stärkere präventive Funktion könnten Haftungsvorschriften möglicherweise dann erhalten, wenn eine generelle Versicherungspflicht des Anlagenbetreibers für Umweltrisiken bestehen würde[257], die im Ergebnis dazu führt, daß Schadensversicherer im Interesse der Risikominderung oder möglichst

---

[255] VersR 1972, S. 599.

[256] Zu den ökonomischen Auswirkungen der Verschuldens- und Gefährdungshaftung vgl. *Adams*, Ökonomische Analyse der Gefährdungs- und Verschuldenshaftung, S. 120 ff.

[257] Dies ist z.B. nach § 19 des in der Bundesrepublik am 1.1.1991 in Kraft getretenen Gesetzes über die Umwelthaftung (UmweltHG) der Fall.

niedriger Prämien zu einer Art nichtstaatlicher Kontrollinstanz zur Überwachung umweltgefährdender Anlagen werden[258]. Dies erscheint allerdings rechtspolitisch kaum wünschenswert. Staatliche Vollzugsdefizite im ordnungsrechtlichen Bereich sollten nicht dadurch ausgeglichen werden, daß Ordnungsaufgaben faktisch auf private Organisationen verlagert werden.

Die Bedeutung des Schadensrechts für die Verhütung von Umweltnotfällen muß daher in der Tendenz als gering eingeschätzt werden[259]. Ihre Hauptbedeutung liegt im gerechten Ausgleich bereits entstandener Schäden. Ein ausdifferenziertes Schadensrecht kann daher trotz seiner Bedeutung für dem materiellen Ausgleich bereits entstandener Schhäden kein Alibi für denn mangelnden Ausbau eines ordnungsrechtlichen Instrumentariums sein.

bb) Gefährdungshaftung

Bei der Ausgestaltung des Haftungsrechtes für die hier in Betracht kommenden Schäden sowohl durch die Verletzung oder den Tod von Menschen sowie die Beschädigung von Sachen ist einem Konzept der privatrechtlichen Gefährdungshaftung, das sowohl von Verschuldenserfordernis als auch der Rechtswidrigkeit als haftungsauslösendem Tatbestandsmerkmal absieht, der Vorzug einzuräumen. Sieht man hiervon ab, so wird eine Eintrittspflicht im Einzelfall davon abhängen, ob etwa dem Betreiber einer Anlage oder den Personen, für die er rechtlich einzustehen hat, eine Pflichtverletzung oder ein Verschulden nachzuweisen sein wird. Überdies dürften sich - zumindest im Rechtssystem der Bundesrepublik - Probleme einer Legalisierungswirkung behördlicher Erlaubnisse und Genehmigungen auswirken und möglicherweise eine Haftung vereiteln[260].

Eine Gefährdungshaftung der beschriebenen Art hat nicht die Funktion, das Einstehenmüssen für ein Unrecht zu regeln, sondern eine gerechte Verteilung

---

[258] Zur Grenze dieser "Versicherungslösung" bei technischen Großrisiken aus sozialwissenschaftlicher Sicht vgl. *U. Beck*, Gegengifte, S. 177 ff.

[259] Vgl. *Rehbinder*, RabelsZ 40 (1976), S. 363 (394 f.), der das Schadensrecht als "Lieblingskind orthodox-liberaler Ökonomen" bezeichnet, das insbesondere in der angelsächsischen Literatur in den letzten beiden Jahrzehnten eine Aufmerksamkeit erfahren habe, die kaum seiner realen Bedeutung entspreche. Siehe auch *Salje*, ZRP 1988, S. 153 f., m.w.N.

[260] Zum Problem der Legalisierungswirkung siehe *Hoppe/Beckmann*, Umweltrecht, § 15, Rn. 23, 56, m.w.N. Allerdings sieht das UmweltHG nunmehr auch eine Haftung für bestimmungsgemäß betriebene Anlagen grundsätzlich vor. Der bestimmungsgemäße Betrieb schließt lediglich die Haftung für nur unwesentliche Sachschäden und die Kausalitätsvermutung zulasten des Anlagenbetreibers aus (§§ 1, 5, 6 Abs. 1 u. 2). Vgl. dazu *Hager*, NJW 1991, S. 134 ff.

von Unglücksschäden zu erreichen[261]. Dabei soll das Haftungsrisiko demjenigen zugewiesen werden, der durch die Aufnahme oder Unterhaltung einer risikobehafteten Tätigkeit eine Gefahr für die Allgemeinheit schafft. Sie ist letzten Endes nicht mehr als die Umsetzung des in den Umweltaktionsprogrammen[262] geforderten Verursacherprinzips[263].

Inhaltlich sollte sie sich in erster Linie auf den Ausgleich privater Schäden an Gesundheit, Eigentum oder Vermögen erstrecken. Darüber hinaus erscheint es zweifelhaft, ob auch eine Erstreckung auf sogenannte ökologische Schäden[264] sinnvoll ist. Im Grundsatz muß eine solche Erstreckung befürwortet werden. Allerdings ist dagegen vorgebracht worden, allgemeine ökologische Schäden entzögen sich mangels privatrechtlicher Zuordnung dem Schadensrecht[265]. Hier ist allerdings eine differenzierte Betrachtung vonnöten, da auch der Begriff des ökologischen Schadens nicht völlig einheitlich gebraucht wird. Sicherlich werden Artenrückgang und Klimaveränderung[266] auch auf längere Sicht weder privatrechtlich zuzuordnen noch ihrer Höhe nach bewertbar sein. Für sie kann und sollte daher keine Ersatzpflicht eingeführt werden. Hier ist der Umweltschutz auf eine Eindämmung durch direkte Verbote, Überwachungen oder ggfs. abgabenrechtliche Lösungen angewiesen. Andererseits ist aber bereits dargelegt worden, daß es sich bei einer Vielzahl ökologischer Schäden um Sachbeschädigungen handelt, die entweder einer Naturalrestitution zugänglich sind oder für die zumindest eine "Kostenbewertung" möglich ist[267]. In denjenigen Bereichen, die dazwischen liegen und die sich dadurch auszeichnen, daß eine pekuniäre Bewertung der Schäden zur Zeit nicht möglich ist, muß von der Postulierung einer Ersatzpflicht gegenwärtig abgesehen werden. Sie kann und sollte dann eingeführt werden, wenn entsprechende Verfahren existieren, die eine Bewertung der Schäden ermöglichen. Daß es sich hierbei auch vielfach um die finanzielle Bewertung immaterieller Schäden handeln wird, steht dem nicht entgegen[268]. In der Bundesrepublik etwa ist der Grundsatz des

---

261 Vgl. *Larenz*, VersR 1963, S. 593 (597); *Esser*, Gefährdungshaftung, S. 69 ff.

262 Siehe die Nachweise oben S. 17.

263 Zur Bedeutung privatrechtlicher Haftung im Rahmen des Verursacherprinzips vgl. schon *Rehbinder*, Politische und rechtliche Probleme des Verursacherprinzips, S. 161 f.

264 Zum Begriff des ökologischen Schadens vgl. *Schulte*, Ausgleich, S. 21 ff.

265 *Hager*, NJW 1986, S. 1961; ähnlich *Hoppe/Beckmann*, Umweltrecht, § 15, Rn. 2.

266 Dies sind die Beispiele, die *Hager*, a.a.O., nennt.

267 Siehe *Gassner*, UPR 1987, S. 370 ff.; vgl. auch *Rehbinder*, NuR 1988, S. 105 f.

268 Zu ersten Ansätzen, ökologische Schäden unter "Kommerzialisierungs"- oder "Frustrationsaspekten" zu bewerten, siehe *Rehbinder*, NuR 1988, S. 105 (110); *Ladeur*, NJW 1987, S. 1236 (1238 ff.).

§ 253 BGB, der für die Entschädigung immaterieller Schäden einen numerus clausus vorsieht, spätestens seit der "Herrenreiterentscheidung" des BGH[269] ohnehin durchbrochen. Eine weitergehende Haftung auch für monetär nicht bewertbare Umweltschäden würde sich im Ergebnis einem Strafcharakter nach dem Vorbild der US-amerikanischen "punitive damages" annähern[270]. Diese läßt sich mit dem Ansatz einer vom Verschulden unabhängigen Gefährdungshaftung, die die wirtschaftlichen Risiken eines gefährlichen Tuns dem Verursacher zuweisen soll, nicht vereinbaren.

Eine Haftungsregelung für Umweltnotfälle auf EG-Ebene sollte darüber hinaus grenzüberschreitende Schadensfälle eindeutig erfassen. Dies muß durch entsprechende Ausgestaltung des räumlichen Schutzbereiches der Norm erfolgen. Wenn auch grundsätzlich eine Ausgestaltung in der Form einer Verordnung möglich erscheint, sollten gemeinschaftsrechtliche Haftungsvorschriften dennoch in der Rechtsform einer Richtlinie ergehen, um damit den Mitgliedstaaten die Möglichkeit einzuräumen, dies mit dem System der bereits existierenden innerstaatlichen Regelungen in Einklang zu bringen. Dadurch lassen sich zwar international-privatrechtliche Probleme der Anknüpfung an eine nationale Rechtsordnung[271] nicht umgehen. Ob eine solchermaßen herangezogene Vorschrift aber auch für im Ausland entstandene Schäden eine Haftung anordnet, ist eine Frage des "Schutzbereiches der Norm", der sich durch entsprechende Ausgestaltung festlegen läßt.

Im weiteren stellt sich die Frage nach einer summenmäßigen Begrenzung der Haftung, nach dem Vorbild der Produkthaftpflichtrichtlinie oder einiger internationaler Abkommen. Diese könnte sich auf einzelne Schadenskategorien beschränken oder generell angeordnet werden. Für eine unbegrenzte Haftung spricht der Gedanke, daß der Schädiger in vollem Umfang für Beeinträchtigungen, die unbeteiligte Dritte auf Grund seiner risikobehafteten Tätigkeit erleiden, einstehen soll. Insbesondere bei riskanten technischen Großanlagen dürfte dies aber unter Umständen dazu führen, daß entsprechende Haftungsrisiken nicht mehr "versicherbar" sind und deswegen einen potentiellen Betreiber von der Errichtung und dem Betrieb einer entsprechenden Anlage abhalten werden. Von größerem Gewicht ist allerdings der Gesichtspunkt, daß es sich auch hier letztlich um ein Problem gerechter Risikoverteilung handelt, wobei

---

269 BGHZ 26, 349; vgl. ferner BGHZ 35, 363. Hier wurde die Abweichung allerdings auf das aus Art. 1 i.V.m. 2 Abs. 1 GG hergeleitete allgemeine Persönlichkeitsrecht gestützt. Zur entsprechenden Situation in anderen Staaten; vgl. *Rehbinder*, NuR 1988, S. 105 ff.

270 Siehe dazu *Hoechst*, Die US-amerikanische Produzentenhaftung, S. 73 f.; "Punitive Damages" werden aber auch in den USA nur bei grobem Verschulden ausgesprochen.

271 Im "internationalen Deliktsrecht" erfolgt eine Anknüpfung regelmäßig nach dem Tatort-Prinzip, vgl. dazu Münch. Komm. - Kreuzer, Art. 38 EGBGB, Rn. 12 ff.

zu berücksichtigen ist, daß die Entwicklung neuer oder der Ausbau bestehender Technologien in vielen Fällen der Allgemeinheit zugute kommt.
Die Einführung oder Bemessung von Haftungsgrenzen stellt sich daher als eine Frage politischer Interessenabwägung im Einzelfall dar, wobei jeweils potentielle Risiken und der Nutzen für die Allgemeinheit in ausreichendem Maße Berücksichtigung finden müssen.

In jedem Fall sollte sich eine EG-weit einheitliche Haftung für Umweltnotfälle an internationalen Regelungen orientieren. Soweit diese bereits existieren[272], sollten sie - soweit noch nicht geschehen - zum Zwecke der Durchsetzung in innergemeinschaftliches Recht umgesetzt werden. Im übrigen sollte international vereinheitlichten Regelungen eine Präferenz eingeräumt werden, um damit angesichts weiträumig grenzüberschreitender Bedrohungslagen auch einheitliche Haftungsnormen zu schaffen.

Die Bundesrepublik hat durch Gesetz vom 10. Dezember 1990 eine Gefährdungshaftung für Anlagen eingeführt[273]. Das Gesetz erfaßt zwar nur ortfeste Einrichtungen sowie ortsveränderliche technische Einrichtungen, Maschinen, Geräte und Fahrzeuge, die hiermit in Zusammenhang stehen[274], da jedoch in anderen Bereichen, wie Straßen- und Eisenbahnverkehr, Produkthaftung und Haftung für atomare Anlagen[275] bereits Gefährdungshaftungstatbestände bestehen, ist hier schon ein weitgefächertes System vorhanden. Allerdings findet der wichtige Bereich der grenzüberschreitenden Haftung im Gesetz keine Erwähnung[276]. Es besteht hier also auch weiterhin nicht lediglich ein Harmonisierungsbedarf, sondern auch ein Bedürfnis weiterer Ausgestaltung.

IV. Perspektiven einer Weiterentwicklung eines EG-Notfallschutzrechts

Die vorangegangenen Ausführungen haben gezeigt, daß das Rechtsinstrumentarium der Europäischen Gemeinschaften im technischen Notfallschutz er-

---

272 Dies ist etwa im Bereich der Haftung für radiologische Unfälle der Fall, vgl. oben S. 68 ff.

273 Gesetz über die Umwelthaftung (UmweltHG), BGBl 1990 I, S. 2634.

274 Vgl. § 3 Abs. 2 und 3.

275 Vgl. § 7 StVG; § 1 HaftPflG; §§ 25 ff. AtG; § 1 ProdHaftG; § 33 LuftVG.

276 Eine Vorschrift, die auch die grenzüberschreitende Haftung für Schäden, die auf Anlagen in der Bundesrepublik zurückzuführen sind, vorsah, wenn auch unter dem Vorbehalt von Gegenseitigkeit und Gleichwertigkeit, enthielt noch der Gesetzesantrag des Landes Nordrhein-Westfalen, der durch Änderung des BImSchG umgesetzt werden sollte. Vgl. BR Drucks. 217/87, S. 8.

hebliche Lücken aufweist. Die Gemeinschaftsrechtsetzung hat diesem Problembereich nur punktuell Aufmerksamkeit gewidmet.

Am ausgeprägtesten ist das Normengerüst im Hinblick auf die Prävention von Notfällen. Der Grund hierfür besteht aber nicht darin, daß in den verschiedenen Gebieten des Umweltschutzrechts eine Vielzahl besonderer Notfallvorsorgevorschriften geschaffen worden wären, sondern ist vielmehr darin zu erblicken, daß sich Vorschriften, etwa über den Umgang mit gefährlichen Stoffen, nicht nur allgemein zum Schutze der Umwelt, auswirken, sondern darüber hinaus auch zur Verhinderung von Unfällen beitragen. Allgemeine Sicherheitsvorschriften zum Schutz der Umwelt decken somit zugleich die spezifische Notfallvorsorge ab. Bestimmungen über die Erstellung von Notfallplänen oder Unterrichtung der Bevölkerung, die durch einen Störfall gefährdet werden könnten[277], bestehen im wesentlichen nur dort, wo auch Benachrichtigungs- und Schutzmaßnahmen während und in unmittelbarer Folge von Unfällen, also in der eigentlichen Notfallphase, gefordert werden.

Dies ist nur in den jeweils anlagenbezogenen Vorschriften der Seveso-Richtlinie und der Richtlinie über die Verwendung gentechnisch veränderter Mikroorganismen in geschlossenen Systemen der Fall. Im übrigen fehlt es an Regelungen für die Notfallphase.

Ein negativer Befund muß auch für die Nach-Notfallphase oder Wiederherstellungs- und Schadensausgleichsphase ausgestellt werden. Bis auf punktuelle Haftungsregelungen durch die Produkthaftungsrichtlinie, die aber eine andere Zielrichtung verfolgen und das Problem nur streifen, ist hier kein geltendes Recht der Europäischen Gemeinschaften zu verzeichnen. Die Verabschiedung der Richtlinie über die Haftung für durch Abfälle verursachte Schäden steht noch aus[278].

Unter der Prämisse, daß man die Ebene der Europäischen Gemeinschaften für die geeignete hält, ergibt sich also erheblicher legislatorischer Handlungsbedarf.

Gegen eben diese Prämisse lassen sich aber aus verschiedenen Richtungen Einwände vortragen. Mit einer verstärkten Rechtsetzung der EG geht zum einen ein erheblicher Verlust mitgliedstaatlicher, und in föderalen organisierten Staaten auch gliedstaatlicher Handlungsbefugnisse und Möglichkeiten einher, der auch außerhalb des Kompetenzproblems[279] durchaus kritischer Reflexion

---

[277] Diese Regelungen fallen als spezifische Notfallvorsorge auch in die Vorsorgephase, vgl. oben S. 29.

[278] Siehe dazu oben S. 94 ff.

[279] Siehe dazu unten, Kapitel IV.

bedarf[280]. Zum anderen kann man die Eignung des Gemeinschaftsrechts zur Lösung des Problems deshalb bezweifeln, da - wie durch Beispiele belegt[281] - Notfälle und ihre Folgen häufig nicht nur Staatsgrenzen, sondern auch die geographischen Grenzen der Gemeinschaft überschreiten.

Der erste Einwand ist sicherlich von Gewicht, läßt sich aber unter Verweis auf die Bedrohungslage, die insbesondere von hochgefährlichen industriellen Anlagen auch für die Gebiete fremder Staaten und nicht nur desjenigen Staates, in dem die Anlage ihren Standort hat, entkräften. Die Umwelt, um deren Schutz es geht, ist eine globale Einheit, sie läßt sich nicht in einzelne, beherrschbare Stücke aufteilen. Drei Viertel der von Umweltnotfällen potentiell betroffenen Erdoberfläche liegen außerhalb des Zugriffs staatlicher Souveränität. Diese Tatsachen machen internationale Maßnahmen dringend erforderlich[282]. Die Rechtsordnungen der Mitgliedstaaten haben - wie jüngst durch das Beispiel des Umwelthaftungsgesetzes der Bundesrepublik wiederum belegt - keine hinreichende Bewältigung des grenzüberschreitenden Problems leisten können.

Noch gewichtiger ist hingegen der zweite Einwand. Aber auch dieser muß aus verschiedenen Gründen in den Hintergrund treten. Zweifellos ist internationalen Regelungen, die eine Vielzahl von Staaten einbeziehen können und insbesondere auch die Grenzen der Europäischen Gemeinschaften überschreiten können, der Vorrang einzuräumen. Aber auch für die Europäischen Gemeinschaften ergibt sich aus den genannten Gründen die Notwendigkeit globaler Zusammenarbeit.

Bei der hinlänglich bekannten Schwerfälligkeit völkerrechtlicher Rechtssetzung, die mit vielerlei Unwägbarkeiten verbunden ist, können gemeinschaftsrechtliche Regelungen schon einen erheblichen Fortschritt bedeuten, selbst wenn sie nur Probleme im inneren Rechtsraum der Gemeinschaft - unter Einbeziehung von (binnen-)grenzüberschreitender Fragen - aufgreifen. Sie sind gegenüber isolierten mitgliedstaatlichen Regelungen vorzugswürdig, die grenzüberschreitende Aspekte zunächst nicht oder kaum in den Blick nehmen.

Die EG stellen auch deshalb eine geeignete Aktionsebene für eine wirksame Bewältigung grenzüberschreitenden Notfallschutzes dar, weil ihr Normset-

280 Mit EG-weiten Regelungen geht in der Mehrzahl der Fälle die Möglichkeit des Eingehens auf strukturell-regionale Besonderheiten verloren.

281 Siehe oben S. 16.

282 Zur Notwendigkeit internationaler Zusammenarbeit siehe auch oben S. 18 ff.

zungsinstrumentarium in einer Weise ausgebildet ist, die eine - auf internationaler Ebene - sehr effektive Normsetzung ermöglicht. Gegenüber völkerrechtlichen Lösungsansätzen weist es, wenn auch regional begrenzt, des Vorteil besserer, schnellerer und einheitlicherer Durchsetzbarkeit gegenüber ihren Mitgliedstaaten auf. Daneben besteht gerade innerhalb der EG ein besonderes Interesse daran, Wettbewerbsverzerrungen zu verhindern und Handelshemmnisse in der Form nationaler Notfallschutzvorschriften zu vermeiden. Das primäre Recht hält vor allem mit dem Verbot nicht-tarifärer Handelshemmnisse in Art. 30 EWGV ein Instrument bereit, das sich in der Vergangenheit häufig als Hemmschuh für nationale Umweltschutzmaßnahmen ausgewirkt hat[283]. Gerade in dem mit wirtschaftlichen Sachverhalten unmittelbar verknüpften Bereich der technischen Sicherheit ist daher die EG in besonderem Maße gefordert, ein differenziertes und effektives Regelungswerk bereitzustellen, will sie nicht entweder Wettbewerbsverzerrungen und Handelshemmnisse durch stark voneinander abweichende Regelungen in Kauf nehmen oder sich diesen mit der Folge erheblicher umweltrechtlicher Regelungsdefizite in den Weg stellen.

EG-Rechtsetzung zum Schutz vor technisch-industriellen Umweltnotfällen kann darüber hinaus aber auch Wirkungen über die geographischen Grenzen der Gemeinschaft hinaus entfalten. Angesichts ihrer wirtschaftlichen Bedeutung übt die Europäische Gemeinschaft im Bereich technischen Sicherheitsrechts einen erheblichen Harmonisierungsdruck auf Staaten aus, die in bedeutendem Maße Wirtschaftsverkehr mit ihr unterhalten[284]. Ungeachtet aller Bedenklichkeit dieser Entwicklung kann die EG hier eine Schrittmacherfunktion übernehmen. Im Rahmen der Verhandlungen zwischen der EWG und den EFTA-Staaten, die nicht Mitglied der Gemeinschaft sind[285], über den sogenannten Europäischen Wirtschaftsraum (EWR)[286] wird die Beseitigung protektionistischer Maßnahmen, insbesondere tarifärer und nicht-tarifärer Handelshemmnisse angestrebt[287]. Dies wird im Ergebnis auf eine Vereinheitli-

---

283 Vgl. dazu *Bryde*, Gedächtnisschrift f. Martens, S. 769 (774 ff.).

284 Siehe dazu etwa für das Beispiel Österreich: *Hafner*, ÖZÖRVR 1989, S. 1 ff., insbes. S. 6 ff.; teilweise für diese Entwicklung bereits der Begriff "Satellisierung" verwendet; s. *Blankart*, Die Herausforderung des EG-Binnenmarktes, in: Economy, Nr. 1/1989, S. 42.

285 EFTA = European Free Trade Association, zum Gründungsvertrag vom 4. Jan. 1960 siehe Sartorius II, Nr. 300. Die Sog. "Rest-EFTA-Staaten" sind die Schweiz, Schweden, Österreich, Island, Finnland und Norwegen. Liechtenstein ist von der Schweiz insoweit außenpolitisch vertreten.

286 Ausgangspunkt ist die sog. Luxemburger Erklärung vom 9. April 1984, siehe dazu *Bull*, EG Nr. 4/1984, S. 10 f. Die Verhandlungen sind inzwischen abgeschlossen.

287 Vgl. *Schweitzer/Hummer*, Europarecht, S. 195.

chung technischer Normen und Vorschriften hinauslaufen[288]. Um hier eine Majorisierung der EFTA-Staaten durch die Gemeinschaft, für die inzwischen erhebliche Tendenzen erkennbar sind, zu verhindern, wird eine Form des Zusammenschlusses erwogen, die institutionell stärker strukturiert ist und gemeinsame Entscheidungs- und Verwaltungsorgane hat[289]. Inwieweit die Gemeinschaft allerdings bereit sein wird, den EFTA-Staaten tatsächlich Mitspracherechte bei ihrer sekundären Rechtsetzung einzuräumen, bleibt noch abzuwarten. Die Zusammenarbeit zwischen EG und EFTA zielt über den genannten Bereich hinaus aber auch auf eine Vereinheitlichung umweltrechtlicher Vorschriften ab[290]. Widerstände rühren derzeit zum Teil noch daher, daß in den EFTA-Staaten in verschiedenen Bereichen höhere Umweltschutzstandards bestehen als in der EG. Diese könnten sich aber für den Bereich des technischen Notfallschutzes durch eine Rechtsetzung der Gemeinschaft, die notfallschützerischen Belangen, bezogen auf alle der 3 genannten Phasen, in stärkerem Maße gerecht wird, möglicherweise ausräumen lassen. Verstärkten Aktivitäten der EG zum Ausbau eines Notfallschutz-Rechts stehen folglich keine entscheidenden Einwände entgegen. Sie können vielmehr in erheblichem Maße zur Verbesserung des Schutzes der Allgemeinheit vor den Risiken gefährlicher Technologien und industrieller Aktivitäten beitragen und sind daher nachdrücklich zu fordern.

Es stellt sich allerdings die Frage, ob sich die Gemeinschafts-Rechtsetzung dabei auf die Regelung rein grenzüberschreitender Fragen, wie Öffentlichkeits- oder Behördenbeteiligung bei Genehmigungsverfahren, grenzüberschreitende Hinweis-, Warn- oder Hilfspflichten bei Notfällen und transnationale Haftungsvorschriften beschränken soll, da hier im Recht der Mitgliedstaaten vielfach wohl die "Hauptlücken" bestehen dürften. Eine solche Forderung entspricht zwar einem föderalistischen Subsidiaritätsgedanken, läßt jedoch außer Betracht, daß derartige Regelungen ihrerseits von innerstaatlichen Rechtsvorschriften abhängig sind, die dann lediglich grenzüberschreitend ausgedehnt werden können. Wo etwa im innerstaatlichen Recht keine Vorschriften über die Erstellung von Notfallplänen für gefährliche Anlagen bestehen, hilft es wenig, wenn Gemeinschaftsrecht etwa eine grenzüberschreitende Bekanntmachung derselben fordert. Eine Beschränkung des Gemeinschaftsrechts auf den beschriebenen Gegenstand wäre folglich nur dann sinnvoll, wenn die

---

288 Siehe dazu die Mitteilung der Kommission an den Rat "Die Gemeinschaft und die EFTA-Länder, Dok. KOM (85) 206 endg., S. 6 ff.

289 Vgl. die Rede des Kommissionspräsidenten Delors v. 17. Jan. 1989, in: Verhandlungen des Europäischen Parlaments Nr. 2-373 v. 17. Jan. 1989, S. 84.

290 Siehe Dok. KOM (85) 206 endg., S. 4, 14.

mitgliedstaatlichen Rechtsordnungen bereits jeweils ein System von Notfallschutzvorschriften etabliert hätten, wobei überdies hier keine gravierenden Differenzen zwischen den Mitgliedstaaten - zumindest zwischen Grenznachbarn - bestehen dürften. Daß dies nicht der Fall ist, bedarf keiner näheren Darlegung.

Infolgedessen erscheint ein umfassendes Tätigwerden der Gemeinschaften zur Ausfüllung der aufgezeigten Lücken und unter Einhaltung eines hohen Schutzniveaus jedenfall soweit erforderlich, als dies durch die grenzüberschreitende Dimension des Problems geboten wird und zu einer angemessenen Bewältigung bestehender Probleme führen kann.

Bei alledem stellt sich die Frage, ob die Gemeinschaftsverträge die hierzu erforderlichen Kompetenzen bereithalten. Dieser Frage soll im nun folgenden Kapitel nachgegangen werden.

Kapitel IV

Gemeinschaftliche Handlungsbefugnisse im technischen Notfallschutz

I. Kompetenz zum Erlaß innergemeinschaftlicher Rechtsakte

1. System der begrenzten Einzelermächtigung

Mit dem Abschluß der Gemeinschaftsverträge haben die Mitgliedstaaten den Gemeinschaften Teile der ihnen zuvor im Rahmen ihrer Verfassungen umfassend und uneingeschränkt zustehenden Aufgaben und Befugnisse übertragen. Diese werden von den Gemeinschaften anstelle der Mitgliedstaaten und auch gegenüber diesen selbst wahrgenommen[1]. Die EG sind dabei nur insoweit zuständig, wie die Verträge ausdrücklich Zuständigkeiten von Gemeinschaftsorganen zu bestimmten Maßnahmen vorsehen[2]. Dies wird mit dem Begriff der begrenzten oder enumerativen Einzelermächtigung umschrieben[3].

Eine spezielle Kompetenzgrundlage, auf deren Basis technischer Notfallschutz umfassend geregelt werden könnte, läßt sich in den Gemeinschaftsverträgen nicht ausmachen. Es muß vielmehr auf die jeweiligen Kompetenznormen des EWGV und des hier noch in Betracht kommenden Euratom-Vertrages zurückgegriffen werden. Dies sind nicht lediglich die mit der Einheitlichen Europäischen Akte[4] neu eingeführten Vertragsbestimmungen des EWGV, mit denen der Begriff Umwelt zum erstenmal im primären Gemein-

---

[1] Im übrigen haben die Gemeinschaftsverträge wohl auch neue, den Mitgliedstaaten zuvor nicht zustehende Kompetenzen, insbesondere im Hinblick auf den "Gemeinsamen Markt" begründet, vgl. dazu *Beutler/Bieber/Pipkorn/Streil*, S. 75.

[2] *Beutler/Bieber/Pipkorn/Streil*, a.a.O.

[3] Siehe *Schweitzer/Hummer*, S. 108 f.; *Bleckmann*, Rn. 108, ob dabei von der begrenzten Einzelermächtigung oder im Hinblick auf die generalklauselartige Formulierung des Art. 235 EWGV von der begrenzten Ermächtigung gesprochen werden soll, (so *Grabitz-Grabitz*, Art. 189 EWGV, Rn. 4; *Ipsen*, S. 425 ff.; *Schweitzer/Hummer*, a.a.O.) dürfte im Ergebnis lediglich ein terminologisches Problem sein. Zum Meinungsstand siehe insbes. *Grabitz-Grabitz*, a.a.O.

[4] Abgedruckt in Abl. L 169/87, S. 1 ff.

schaftsrecht Verwendung findet[5], wenn diese auch seit ihrer Einführung erheblichen literarischen Augenmerk auf sich gezogen haben[6].

Für die Auswahl der jeweils in Betracht kommenden Rechtsgrundlage bzw. deren Abgrenzung zu anderen Kompetenzvorschriften ist der Schwerpunkt bzw. die Hauptzielsetzung der jeweiligen Maßnahme entscheidend[7].

Die Auswahl der Rechtsgrundlage für einen Rechtsakt im Rahmen des gemeinschaftlichen Zuständigkeitssystems muß sich auf objektive, gerichtlich nachprüfbare Umstände gründen[8]. Die jeweils geregelte Sachmaterie muß daher anhand objektiv nachvollziehbarer Kriterien einer Kompetenzgrundlage zugeordnet werden. Die Abstützung auf jeweils mehrere Vorschriften oder den Vertrag als ganzes dürfte mit dem Prinzip der begrenzten Einzelermächtigung - jedenfalls soweit etwa in ein und demselben Rechtsakt nicht mehrere unterscheidbare Materien enthalten sind - nicht vereinbar sein[9]. Die Auswahl einer bestimmten Rechtsgrundlage und damit ihre Abgrenzung zu den jeweils anderen ist aber auch deshalb notwendig, weil für die Rechtsetzung aufgrund der verschiedenen Vorschriften unterschiedliche Verfahren und Beteiligungsformen der Gemeinschaftsorgane vorgesehen sind.

Regelungen über die Bewältigung technisch-industrieller Risiken weisen stets einen engen Bezug zu wirtschaftlichen Fragen auf. Nationale Vorschriften auf diesem Gebiet sind - je nach ihrer Ausrichtung - in hohem Maße geeignet, Handelsbeschränkungen oder Wettbewerbsverzerrungen hervorzurufen und somit den Zielen des gemeinsamen Marktes oder des Binnenmarktes entgegenzulaufen. Rein umweltbezogene Vorschriften, die keine Berührung mit wirtschaftlichen Vorgängen aufweisen, sind in diesem Bereich, in dem es um den Umgang mit technisch-industriellen Gefahren geht, nicht denkbar. Als Grundlage für derartige Rechtsakte kommen daher

---

5 Vgl. Art. 130r - 130t, 100a Abs. 3 EWGV.

6 Aus der Vielzahl der Veröffentlichungen, siehe etwa *Vorwerk*, Die umweltpolitischen Kompetenzen, S. 1 ff.; *Hochleitner*, Die Kompetenzen der Europäischen Wirtschaftsgemeinschaft auf dem Gebiet des Umweltschutzes, S. 1 ff.; *Pernice*, NVwZ 1990, S. 414 ff.; ders., NVwZ 1990, S. 202 ff.; ders., Die Verwaltung 1989, S. 1 ff.; *Seidel*, DVBl 1989, S. 441 ff.; *Grabitz/Zacker*, NVwZ 1989, S. 297 ff.; *Rengeling* (Hrsg.), Europäisches Umweltrecht und europäische Umweltpolitik; S. 1 ff., 137 ff.; jew. m.w.N. sowie die einschlägigen Abschnitte der aktuellen Lehrbücher zum Gemeinschaftsrecht.

7 *Grabitz-Grabitz*, Art. 130 s EWGV, Rn. 18;

8 EuGH, Rs. 45/86, Slg. 1987, S. 1493 (1520); Rs. 68/86, Slg. 1988, S. 855 (898); Rs. 131/86, Slg. 1988, S. 905 (933); vgl. auch *Krämer*, Einheitliche Europäische Akte und Umweltschutz, S. 158 f.

9 Dies deuten zumindest die soeben zitierten Entscheidungen des EuGH an. Der vielfach geübten Praxis des Rates, sozusagen "zur Sicherheit" mehrere Rechtsgrundlagen anzugeben, dürfte damit vermutlich der Boden entzogen sein. Vgl. auch *Grabitz-Grabitz*, Art. 130s EWGV, Rn. 13.

nicht in erster Linie die neu eingeführten Umweltkompetenzen in Betracht, sondern neben den speziellen Kompetenzvorschriften zu besonderen Politiken der Gemeinschaft die Vorschriften zur Rechtsharmonisierung im Hinblick auf den gemeinsamen Markt (Art. 100 EWGV) oder den Binnenmarkt[10] (Art. 100a EWGV).

Wegen ihrer unterschiedlich starken Auswirkungen auf den freien Warenverkehr bietet sich eine Differenzierung zwischen produktbezogenen Regelungen einerseits, die Qualitätsstandards für Produkte und deren Sicherheit festlegen, sowie produktions- oder anlagebezogenen Regelungen andererseits, die die Anforderungen an die Sicherheitsvorkehrungen beim Bau und Betrieb von Anlagen normieren, an. Rechtsvorschriften über den Transport gefährlicher Güter lassen sich hier nicht eindeutig zuordnen. Da der EWGV einen gesonderten Titel über den Verkehr[11] mit eigenen Kompetenznormen enthält, bietet sich eine getrennte Behandlung dieses Bereiches an. Kompetenzrechtliche Fragen des Strahlenschutzes sollten schon deswegen eigens behandelt werden, weil sie im Unterschied zu den übrigen Materien in den Anwendungsbereich des EAGV fallen.

2. Die Abgrenzung der Handlungsbefugnisse im einzelnen

a) Produktbezogene Vorschriften

Für produktbezogene Regelungen des technischen Notfallschutzes stellt sich in kompetenzieller Hinsicht in erster Linie die Frage, ob diese Art. 130s EWGV, mit spezieller Ausrichtung auf den Umweltschutz, oder Art. 100 bzw. 100a EWGV, den Rechtsangleichungsvorschriften für den gemeinsamen Markt bzw. dem Binnenmarkt, unterfallen. Letztere dienen zunächst der Beseitigung technischer Handelshemmnisse und sollen damit den freien Warenverkehr ermöglichen. Produktbezogen sind dabei zunächst solche Vorschriften, die die Beschaffenheit von Produkten regeln[12]. Bezogen auf den Gegenstand dieser Abhandlung handelt es sich hierbei um solche, die die Beschaffenheit gefährlicher Stoffe, einschließlich ihrer Kennzeichnung und Verpackung oder ihr Verbot normieren. Zu den Kennzeichnungspflichten in diesem Sinne zählen auch die Instruktionspflichten des Herstellers oder Distribu-

---

10 Zur Unterscheidung der beiden Termini siehe *Zacker*, RIW/AWD 1989, S. 489, m.w.N.

11 Art. 74-84 EWGV.

12 Vgl. dazu *Grabitz-Grabitz*, Art. 130s EWGV, Rn. 21.

tors für den Umgang mit gefährlichen Produkten. Diese haben unmittelbaren Einfluß auf den freien Warenverkehr im Sinne des Binnenmarktes, indem sie technische Handelshemmnisse beseitigen und unterfallen daher der Kompetenzvorschrift des Art. 100a EWGV. Denn nur einheitliche Regelungen können den freien Verkehr über die einzelstaatlichen Grenzen hinweg ermöglichen[13]. Art. 100a ist insoweit lex specialis zu Art. 100 EWGV[14]. Regeln über die Haftung für Schäden, die durch fehlerhafte Produkte verursacht werden, wie sie bereits zu einem Teil des oben geforderten Umfanges durch die Produkthaftungsrichtlinie[15] verwirklicht sind, sind ebenfalls als produktbezogen anzusehen. Die Frage nach ihrer kompetenziellen Zuordnung ist jedoch schwieriger zu beantworten. Sie stellen zwar keine Handelshemmnisse in der Art dar, daß sie durch Formulierung bestimmter Produktanforderungen den freien Verkehr von Waren behindern. Sie setzen aber Produzenten oder Verteiler gefährlicher Produkte erheblichen Haftungsrisiken aus. Diese können sich wettbewerbsverfälschend auswirken, indem sie in erheblichem Maße die Kalkulation von Herstellungs- oder Vertriebskosten beeinflussen[16]. Insbesondere auch im Bereich der Produktnormen tritt aber der Aspekt der Verhinderung von Wettbewerbsverzerrungen neben den der Beseitigung von Handelshemmnissen[17]. Wegen ihrer Sachnähe zum Binnen-, bzw. Gemeinsamem Markt sind produktbezogene Haftungsvorschriften somit Art. 100a bzw. 100 EWGV zuzuordnen[18].

Damit ist allerdings die Frage, welcher der beiden Kompetenzvorschriften sie unterfallen, noch nicht beantwortet. Hierfür kommt es darauf an, ob zum Binnenmarkt im Sinne des Art. 8a EWGV nicht nur die Beeinträchtigung technischer Handelshemmnisse - wie Produktionsnormen - zählt, sondern auch die weitgehende Eliminierung von Wettbewerbsverzerrungen jeglicher

---

13 Allgemeiner zu Produktionsnormen mit umweltschützerischem Bezug aber im Ergebnis übereinstimmend, *Grabitz-Grabitz* a.a.O.; *Krämer*, Einheitliche Europäische Akte und Umweltschutz, S. 158 f.; *Pernice*, Die Verwaltung 1989, S. 1 (5 f.); ders., NVwZ 1990, S. 201 (204); *Krämer*, EEC Treaty, S. 42 f.

14 S. *Pernice*, Die Verwaltung 1989, S. 1 (6).

15 Vgl. dazu oben S. 134.

16 Vgl. dazu auch die 1. Begründungserwägung zur Produkthaftungsrichtlinie, Abl. L 210/85, S. 191.

17 Siehe auch *Pernice*, a.a.O., S. 18.

18 Auch der EuGH hat im Jahre 1980, also vor Inkrafttreten der EEA, Art. 100 EWGV als einschlägige Rechtsgrundlage für gesundheits- und umweltschutzrechtliche Vorschriften angesehen, da diese die Unternehmen belasten und einzelstaatliche Vorschriften mangels Angleichung den Wettbewerb spürbar verfälschen können, Rs. 91/79 (Detergentien), Slg. 1980, S. 1099 (1106).

Art. Dies hat Auswirkungen auf die Auslegung des Art. 100a EWGV, da diese Kompetenzvorschrift der Verwirklichung des Binnenmarktes dient[19]. Das Ergebnis hängt wesentlich davon ab, wie der Terminus "freier Verkehr von Waren" im Sinne des Art. 8a Abs. 2 zu verstehen ist. *Grabitz*[20] und *Zacker* gelangen unter Berufung auf den Wortlaut des Art. 8a Abs. 2 EWGV zu der Auffassung, der Begriff des Binnenmarktes erfasse als ein Minus gegenüber dem Gemeinsamen Markt im Gegensatz zu diesem lediglich Marktfreiheitsrechte, nicht aber Marktgleichheitsrechte. Vorschriften, die der Verhinderung von Wettbewerbsverzerrungen dienten, könnten lediglich auf Art. 100 gestützt werden. Das System des unverfälschten Wettbewerbs unterfalle nicht dem Binnenmarkt[21]. Demgegenüber geht *Pernice*[22] ohne weiteres davon aus, daß auch die Beseitigung von Wettbewerbsverzerrungen in den Anwendungsbereich der "Binnenmarktregelung" des Art. 100a fällt. Gegen die Auffassung von *Grabitz* und *Zacker* ist einzuwenden, daß eine Deutung des Begriffes "freier Verkehr von Waren" im Sinne eines Marktfreiheitsrechts im Gegensatz zum Marktgleichheitsrecht nicht zwingend ist. Dieser Terminus kann mindestens ebenso zwanglos im Sinne eines freien, d.h. möglichst ungehinderten, auch von Wettbewerbsverzerrungen unbeeinträchtigten Warenverkehr verstanden werden. Im übrigen nimmt auch Art. 8a Abs. 2 EWGV selbst auf die übrigen Bestimmungen des Vertrages in deren normativem Zusammenhang der freie Warenverkehr geregelt ist, Bezug und verweist damit auf Art. 3 lit. f. EWGV. Nach diesem ist die Tätigkeit der Gemeinschaft auf die Errichtung eines Systems des unverfälschten Wettbewerbs als Bedingung sowohl des Gemeinsamen wie auch des Binnenmarktes ausgerichtet[23]. Damit stellt Art. 100a EWGV nach Inkrafttreten der EEA die einschlägige Rechtsgrundlage zum Erlaß von Produkthaftungsnormen dar.

Die Reichweite der Kompetenzvorschrift des Art. 100a bestimmt sich dabei im Grunde nach der Rechtsprechung des EuGH, die nach der "Dassonville"-Formel zum Begriff der "Maßnahme gleicher Wirkung" im Sinne des Art. 30 EWGV jede Regelung oder Maßnahme "der Mitgliedstaaten, die geeignet ist, den innergemeinschaftlichen Handel unmittelbar, tatsächlich oder potentiell zu behindern, als Maßnahme gleicher Wirkung wie eine mengenmäßige Einfuhrbeschränkung"[24] ansieht. Die Beseitigung dieser "Maßnahmen gleicher Wirkung" ist das Hauptziel der Rechtsangleichung nach Art. 100a. Dies gilt

---

[19] Vgl. Art. 100a Abs. 1 Satz 1.

[20] *Grabitz-Grabitz*, Art. 130s EWGV, Rn. 22; *Zacker*, RIW/AWD 1989, S. 489 f.

[21] *Grabitz/Zacker*, NVwZ 1989, S. 297 (301).

[22] Die Verwaltung, 1989, S. 1 (20 ff.); ders., NVwZ 1989, S. 201 (204).

[23] Vgl. *Müller-Graff*, EuR 1989, S. 107 (123 f.); *Pernice*, NVwZ 1990, S. 201 (204).

[24] EuGH, Rs. 8/74 Slg. 1974, S. 837 (842).

in gleicher Weise für Art 100 EWGV, der hier allerdings nicht einschlägig ist. Dazu schließen beide Vorschriften, von der Ausnahme des Art. 100a Abs. 4 abgesehen, die Berufung auf Art. 36 EWGV aus, wenn das entsprechende "Recht angeglichen ist"[25].

Die Tatsache, daß Art. 100a ebenso wie Art. 100 EWGV der "Angleichung" des Rechts der Mitgliedstaaten dienen, setzt Aktivitäten der Gemeinschaft keine nennenswerten Hindernisse entgegen. Rechtsangleichung bedeutet nicht die Nivellierung bestehender Vorschriften auf einen gemeinsamen Nenner. Sie ist auch nicht daran gebunden, daß bereits alle Mitgliedstaaten Rechts- oder Verwaltungsvorschriften für eine bestimmte Materie erlassen haben. Es ist vielmehr hinreichend, wenn nur in einem Mitgliedstaat eine entsprechende Regelung besteht, da diese schon eine Wettbewerbsverzerrung auslösen kann[26]. Bei der Angleichung sind die rechtsetzenden Organe im übrigen nicht an das Spektrum des bestehenden Rechts der Mitgliedstaaten gebunden. Die Rechtsangleichung trägt vielmehr starke dynamische Züge im Hinblick auf die Verwirklichung der Vertragsziele, hier des Gemeinsamen bzw. des Binnenmarktes, und kann damit zur Schaffung neuer Lösungen beitragen, die erforderlich sind, für die es aber noch keine Vorbilder gibt[27]. Sie ist allerdings an die unten noch darzulegenden Bedingungen gebunden.

Für die Anwendung des Art. 130s EWGV bleibt bei produktbezogenen Notfallschutz-Vorschriften nur Raum, soweit diese keine oder keine nennenswerte handelshemmende oder wettbewerbsverzerrende Wirkung aufweisen.

b) Produktions- und anlagenbezogene Vorschriften

Technische Sicherheitsvorschriften für Produktionsstätten und Anlagen, die zum Schutz vor technisch-industriellen Umweltnotfällen dienen, sind ähnlich einzustufen wie die soeben erwähnten Haftungsvorschriften. Ihre einheitliche Ausgestaltung hat die Funktion, einem Umweltdumping einzelner Staaten oder Regionen entgegenzuwirken[28]. Unterschiedliche Umwelt- und Sicherheitsauflagen dieser Art können die Herstellungskosten von Produkten in erheblichem Maße verteuern und somit die Wettbewerbssituation des Herstellers

---

25 Vgl. zum Verhältnis der Art. 30 ff. zu den Rechtsangleichungsvorschriften *Grabitz-Matthies*, Art. 36 EWGV, Rn. 9; EuGH, Rs. 5/77, Slg. 1977, S. 1555 (1576); Rs. 251/78, Slg. 1979, S. 3369 (3388).

26 Allg. Ansicht, vgl. *Grabitz-Langheine*, Art. 100 EWGV, Rn. 20, m.w.N.

27 *Grabitz-Langheine*, a.a.O., Rn. 13; GBTE-*Taschner*, Art. 100 EWGV, Rn. 13; *Ipsen*, S. 693 f.

28 Zum Begriff des Umweltdumping vgl. *Pernice*, Die Verwaltung 1989, S. 1 (17 f.).

verschlechtern[29]. Insofern kommt für sie aus den oben genannten Gründen zunächst Art. 100a EWGV als Rechtsgrundlage in Betracht[30]. Allerdings wird das Gebot der Herstellung oder Aufrechterhaltung einheitlicher Wettbewerbsbedingungen nicht die eingeforderten Notfallschutzregelungen für die Notfallphase oder darüber hinausgehend in vollem Umfang erforderlich machen. Insbesondere die Hinweis-, Informations- oder Warnpflicht der Anlagenbetreiber bei bereits eingetretenen Notfällen dürften sich nicht in nennenswertem Maße auf die Wettbewerbsbedingungen auswirken. Außerdem dürften auch geographisch, geologisch oder klimatologisch bedingte regionale Unterschiede gerade eine differenzierte Behandlung notwendig machen und damit nicht vom Gebot einheitlicher oder gleicher Wettbewerbsbedingungen getragen sein.

In diesen Fällen sind Rechtsakte auf die Umweltkompetenz des Art. 130s EWGV zu stützen.

Rechtsetzung aufgrund Art. 130s hat nach den Zielvorgaben des Art. 130r Ziff. 3 EWGV gerade auch die Funktion, regionale Unterschiede zur Kenntnis zu nehmen und zu berücksichtigen, um damit im Wege positiver Regionalpolitik zur Beseitigung von Ungleichgewichten beizutragen. Soweit hier - ohne Preisgabe notwendiger Sicherheitsvorkehrungen - Vorschriften geschaffen werden, die auf regionale Unterschiede eingehen und damit natürliche Standortvorteile sichern, wird dies mit der Umweltkompetenznorm in Einklang stehen und unter Umständen sogar gefordert sein. Die Gefahr eines "Umweltdumpings" durch unzureichende Sicherheitsanforderungen und Betreiberpflichten muß dabei allerdings ausgeräumt sein.

Als Spezialvorschrift zu den erörterten Kompetenzgrundlagen für den produktions- und anlagenbezogenen Notfallschutz ist weiterhin der durch die EEA neu eingeführte Art. 118a EWGV in Betracht zu ziehen. Dieser enthält in Abs. 2 eine Kompetenz zum Erlaß von Richtlinien über Mindestvorschriften zur Harmonisierung und Verbesserung der Vorschriften über die Sicherheit und Gesundheit der Arbeitnehmer am Arbeitsplatz. Die Vorschrift weist im Vergleich zu den obengenannten Handlungsgrundlagen zwei Nachteile auf. Zum einen sieht sie ausdrücklich eine "schrittweise" Anwendung der durch die Richtlinien gesetzten "Mindestvorschriften" vor[31]. Dadurch läßt sie nur eine zeitlich verzögerte Verbesserung des Notfallschutzes am Arbeitsplatz, zu-

---

29 Siehe dazu *Grabitz-Grabitz*, Art. 130s EWGV, Rn. 22; vgl. auch EuGH, Rs. 91/79, Slg. 1980, S. 1099 (1106).

30 So auch *Pernice*, Die Verwaltung, 1989, S. 1 (20 f.); ders., NVwZ 1990, S. 201 (205); *Ehlermann*, CMLR 1987, 361 (381); a. A. *Grabitz-Grabitz*, Art. 130s EWGV, Rn. 22, diese Auffassung fußt aber auf der oben dargelegten Rechtsansicht und ist deshalb abzulehnen.

31 Vgl. dazu *Grabitz-Jansen*, Art. 118a EWGV, Rn. 5.

mindest für verschiedene Gebiete der Gemeinschaft, zu. Überdies hat sie einen engen Zuschnitt auf den Schutz der Arbeitnehmer, während Notfallregelungen vor allem den Schutz der Allgemeinheit und damit auch der Arbeitnehmer bezwecken sollen. Eine isolierte Ausrichtung auf Arbeitnehmerschutz dürfte in der überwiegenden Zahl der Fälle nicht hinreichend sein. Damit ist Art. 118a EWGV für den produktions- und anlagenbezogenen Notfallschutz von untergeordneter Bedeutung und kann allenfalls in eng umgrenzten Einzelfällen herangezogen werden[32].

Die maßgebliche Kompetenzgrundlage für produktions- und anlagenbezogene Vorschriften des technischen Sicherheitsrechts somit in erster Linie Art. 100a EWGV. Art. 100 EWGV kommt wegen des oben dargelegten weiten Binnenmarktbegriffes keine Bedeutung zu.

Anders als bei den rein produktbezogenen Regelungen kommt allerdings hier der besonderen Umwelt-Kompetenznorm des Art. 130s EWGV stärkere Bedeutung für Regelungen der Notfall- und Nach-Notfallphase zu. Kompetenzlücken für zweckdienliche Vorschriften des Gemeinschaftsrechts bestehen aufgrund der weiten Fassung der Kompetenznormen nicht.

Aus den oben erwähnten Gründen[33] kommt eine "gemeinsame" Heranziehung beider Kompetenzvorschriften nur dann in Betracht, wenn ein Rechtsakt einzeln zuzuordnende und abgrenzbare Teile enthält.

c) Transportvorschriften

Grundlage für die Rechtsetzung der Europäischen Wirtschaftsgemeinschaft ist Art. 75 EWGV. Dieser gilt nach Art. 84 Abs. 1 EWGV für Beförderungen im Eisenbahn-, Straßen- und Binnenschiffsverkehr. Durch die EEA ist die bereits bestehende Kompetenzvorschrift des Art. 84 Abs. 2 EWGV geändert worden, indem sie dem Rat die Möglichkeit einräumt, mit qualifizierter Mehrheit darüber zu entscheiden, ob, inwieweit und nach welchen Verfahren geeignete Vorschriften für die Seeschiffahrt und die Luftfahrt zu erlassen sind. Beide Vorschriften sind sehr weit gefaßt[34]. Sie tragen damit der Bedeutung des Verkehrs als Instrument zur Verwirklichung des freien Warenver-

---

[32] Richtlinien, wie etwa die Seveso-Richtlinie, die über den Arbeitnehmerschutz hinaus auch den Schutz der Allgemeinheit bezwecken, könnten nicht auf Art. 118a EWGV gestützt. A. A. bezüglich dieser Richtlinie, aber ohne nähere Begründung; *Grabitz-Grabitz*, Art. 130s EWGV, Rn. 25.

[33] Siehe oben 1., S. 148 f.

[34] Vgl. *Pernice*, Die Verwaltung 1989, S. 1 (25); *Schmitt*, KSE Bd. 18, S. 1 (22).

kehrs und der Arbeitnehmerfreizügigkeit Rechnung[35]. Diese mag man daran ermessen, daß der Verkehr neben der Landwirtschaft (Art. 38-47) bis zum Inkrafttreten der EEA der einzige Wirtschaftssektor war, dem ein eigener Vertragstitel (Art. 74-84) gewidmet war.

aa) Straßen-, Eisenbahn- und Binnenschiffsverkehr

Nach Art. 75 Abs. 1 können neben Regeln für den internationalen Verkehr (lit. a) und Bedingungen für die Zulassung von Verkehrsunternehmen aus einem Mitgliedstaat in anderen (lit. b) "alle sonstigen zweckdienlichen Vorschriften" erlassen werden (lit. c). Die letztere der Vorschriften ist nahezu unbegrenzt[36] und dürfte daher lediglich auf Grund allgemein für die Rechtsetzung der Gemeinschaften gültiger Prinzipien einzugrenzen sein. Sie erfaßt damit jedenfalls auch Maßnahmen der Verkehrssicherheit[37]. Zu dieser wiederum kommen Anforderungen an die technische Ausrichtung der Transportmittel, Ausbildung des Führerpersonals, Verhaltenspflichten bei Notfällen. Auch Haftungsregelungen zählen hierzu, da diese einerseits Einfluß auf Sicherheitsvorkehrungen nehmen und andererseits die Kalkulation und damit die Wettbewerbsfähigkeit von Verkehrsunternehmen beeinflussen. Das Verhältnis des Art. 75 EWGV zu den Handlungsgrundlagen war lange Zeit umstritten. Art. 74 wurde z. T. als "lex specialis" angesehen[38] oder als abschließende Regelung für den Bereich Verkehr betrachtet[39]. Der Gerichtshof hat die Streitfrage im Jahre 1974 entschieden und sich der Auffassung angeschlossen, daß die Vorschriften des Verkehrstitels die Grundsatzbestimmungen zur Verwirklichung der in Art. 2 und 3 beschriebenen Vertragsziele nicht verdrängten, sondern den Zweck hätten, diese auszuführen und zu ergänzen[40]. Eine Abgrenzung hat daher nach den allgemeinen, oben beschriebenen Grundsätzen zu erfolgen[41]. Durch die sehr weite Fassung des Art. 75 Abs. 1, insbes. lit. c wird aber die überwiegende

---

[35] Vgl. auch *Grabitz-Frohnmeyer*, vor Art. 74 EWGV, Rn. 2.

[36] *Grabitz-Frohnmeyer*, Art. 75 EWGV, Rn. 32; vgl. auch GBTE-*Erdmenger*, Art. 75 EWGV, Rn. 35; ders. in: Hdb. f. Europ. Wirtschaft (Bd. 7), Art. 75 EWGV, Rn. 38.

[37] *Grabitz-Frohnmeyer*, a.a.O.; GBTE-*Erdmenger*, ibidem.

[38] *Wägenbaur*, KSE Bd. 11, S. 406 (434 f.).

[39] Siehe zur Entwicklung und zum Meinungsstand *Erdmenger*, in Hdb. f. Europ. Wirtschaft (Bd. 7), Vorbem. Art. 74-84, Rn. 13 ff.

[40] EuGH, Rs. 167/73, Slg. 1974, S. 359 (370); ebenso *Erdmenger*, in Hdb. f. Europ. Wirtschaft, a.a.O.; *Grabitz-Frohnmeyer*, vor Art. 74 EWGV, Rn. 10 m.w.N.

[41] *Erdmenger*, a.a.O., Rn. 20; ders., Die Anwendung des EWG-Vertrages, S. 67 ff, spricht hier von einem "Konkurrenzverhältnis der Addition". Hierin dürfte jedoch kein Unterschied zur hier beschriebenen Auflösung des Konkurrenzproblems zu sehen sein.

Mehrzahl der Maßnahmen ihren Schwerpunkt für den Landverkehr einschließlich Risikotransport - spezifischer Haftungsnormen ihren Schwerpunkt im Bereich dieser Kompetenznorm haben, so daß für die Anwendung anderer Vorschriften, insbesondere für Art. 130s EWGV, nur wenig Raum bleiben wird[42].

bb) Luftverkehr und Seeschiffahrt

Kompetenztitel zum Erlaß von Regelungen für die Seeschiffahrt und Luftfahrt ist Art. 84 Abs. 2 EWGV. Nach der Änderung, die diese Vorschrift durch die EEA erfahren hat, hat der Rat die Möglichkeit, mit qualifizierter Mehrheit zu entscheiden, und zwar nicht nur über den Inhalt der zu erlassenden Regelungen, sondern auch über das Verfahren ihres Zustandekommens, soweit nicht durch Art. 75 Abs. 1 und 3 EWGV das einzuhaltende Verfahren vorgezeichnet ist[43]. Diese Norm hat über längere Zeit kontroverse Auffassungen hervorgerufen, nicht wegen der Reichweite der durch sie verliehenen Handlungsbefugnisse, sondern wegen ihres Verhältnisses zu den übrigen Vorschriften des Gemeinschaftsrechts. Seit dem Zeitpunkt des Vertragsschlusses war umstritten, ob Art. 84 Abs. 2 den See- und Luftverkehr lediglich vom Anwendungsbereich des Verkehrstitels (Titel VI) ausschließt oder ihn insgesamt der Anwendung des EWG-Vertrages entzieht[44]. Dieser Streit war Teil der oben bereits erwähnten umfänglicheren Kontroverse, ob die Bestimmungen des Verkehrstitels die Wirkung haben, den Verkehr den übrigen Vorschriften des Vertrages zu entziehen[45]. Er ist zunächst für den Seeverkehr vom EuGH[46] unter Verweis auf die "Universalität des Vertrages" zugunsten einer Anwendung der "allgemeinen Vorschriften" des Vertrages sowohl auf den See- und Luftverkehr als auch (ergänzend) auf den Verkehr im Sinne von Art. 84 Abs. 1 EWGV entschieden worden. Er kann seitdem als beigelegt angesehen werden[47]. Damit sind die übrigen Rechtsetzungskompetenzen des

---

[42] Zum Spezialproblem, ob Rohrleitungen als Verkehr im Sinne der Art. 74 ff. anzusehen sind, vgl. *Wägenbaur*, RIW/AWD 1962, S. 206 ff., der sie unter "gewissen Bedingungen" für einbeziehbar hält. Ablehnend *Grabitz-Frohnmeyer*, Art. 84 EWGV, Rn. 7; GBTE-*Stabenow* (2. Aufl.), Art. 84 EWGV Anm. IV; *Schmitt*, KSE Bd. 18, S. 1 (9).

[43] Vgl. zur Bedeutung der zweimaligen Erwähnung des "Verfahrens" in Art. 85 Abs. 2 *Grabitz-Frohnmeyer*, Art. 84 EWGV, Rn. 13.

[44] Eine ausführliche Darstellung der kontroversen Auffassungen findet sich bei *Erdmenger*, Die Anwendung des EWG-Vertrages, S. 1-12.

[45] Siehe dazu auch *Weber*, Die Zivilluftfahrt, S. 93 f., m.w.N., der die praktischen Auswirkungen der Kontroverse darlegt.

[46] Rs. 167/73, Slg. 1974, S. 359 (369 ff.).

[47] Zu weiteren Einzelheiten im Hinblick auf die Auslegung des vom Gerichtshof verwendeten Begriffes "allgemeine Vorschriften" siehe *Weber*, Die Zivilluftfahrt, S. 128 ff.

EWG-Vertrages[48], insbesondere zur Binnenmarkt-Rechtsangleichung oder aus dem Bereich des Umweltschutzes auf den See- und Luftverkehr anwendbar[49]. In Anbetracht der Reichweite, die Art. 84 Abs. 2 EWGV schon auf Grund seines Wortlautes einnimmt[50], wird die Mehrzahl von Rechtsakten in ihrem Schwerpunkt unter diese Kompetenznorm fallen, so daß die Bedeutung der übrigen Vorschriften für dieses Sachgebiet - wie auch bei Art. 75 EWGV - im Ergebnis als gering einzustufen ist.

Rechtsgrundlage für gemeinschaftliche Vorschriften über den Schutz vor technisch-industriellen Notfällen, die im Rahmen von Transportvorgängen drohen oder auftreten, ist daher entweder Art. 75 oder Art. 84 Abs. 2 EWGV. Die Abgrenzung zwischen den beiden Kompetenzvorschriften kann dabei streng formal am Übergang zwischen See- und Luftverkehr einerseits und dem Land bzw. Binnenschiffsverkehr andererseits gezogen werden. Sie liegt daher - bildlich gesprochen - an der Hafenmole oder am Rande der Rollbahn eines Flughafens. Dabei wird zwar die wirtschaftliche Einheit von See- oder Flughäfen außer Acht gelassen. Da die Regelungen sich in der Regel aber an der jeweiligen Kategorie der transportierenden Fahrzeuge orientieren und jeweils deren Ausrüstung, Ausbildung des Führungspersonals oder Haftungs- und Versicherungsaspekte betreffen dürfen, ist eine derartige Abgrenzung angebracht und zweckmäßig[51].

Zusammenfassend läßt sich somit sagen, daß die Kompetenzgrundlagen des Gemeinschaftsrechts für den Verkehrssektor zur Schaffung und Ausgestaltung aller zweckdienlichen Vorschriften, und zwar für alle drei Phasen des technischen Notfallschutzes hinreichend sind.

d) Strahlenschutznormen

Die Kernenergie ist als technisches Großverfahren nicht erst seit dem Super-GAU von Tschernobyl in Mißkredit geraten, ihre Entwicklung, die Ziel des EAGV ist, gerät zunehmend ins Stocken. Die Neuerrichtung von Anlagen ist

---

48 Ausgenommen sind die speziellen Kompetenzgrundlagen zu den Gebieten Landwirtschaft, Dienstleistungen sowie die Kompetenzvorschrift des Art. 75, die aber durch einen Ratsbeschluß nach Art. 84 Abs. 2 einbezogen werden könnte. Zur Handelspolitik siehe *Weber*, a.a.O., S. 229 ff.

49 Vgl. *Weber*, a.a.O., S. 132, der sämtliche Vorschriften des EWG-Vertrages mit Ausnahme der Sonderbestimmungen für anwendbar hält.

50 Vgl. dazu auch *Pernice*, Die Verwaltung 1989, S. 1 (25).

51 Im Ergebnis wohl ebenso, wenn er auch in Einzelfällen die Heranziehung beider Kompetenznormen für angebracht hält, *Grabitz-Frohnmeyer*, Art. 84 EWGV, Rn. 8.

politisch kaum noch durchsetzbar, wenn nicht schon die Dauer der Genehmigungsverfahren und die Vielzahl von Dritteinwendungen ihnen ökonomisch den Garaus macht. Zu dieser Entwicklung mag man stehen wie man will, die Beschäftigung mit rechtlichen oder naturwissenschaftlichen Fragen des Notfallschutzes macht sie jedenfalls nicht entbehrlich. Der EAGV weist nach Art. 2 lit. b i.V.m. Art. 1 der Gemeinschaft u.a. die Aufgabe zu, "einheitliche Sicherheitsnormen für den Gesundheitsschutz der Bevölkerung und der Arbeitskräfte aufzustellen und für ihre Anwendung zu sorgen".

Art. 30/31 bilden die Kompetenzgrundlage zum Erlaß der sog. Strahlenschutzgrundnormen, auf die oben bereits eingegangen wurde[52]. Soweit diese dosimetrische Grenzwerte für die unmittelbare Strahlenexposition der Bevölkerung oder der Arbeitskräfte festsetzen, dürften sie in kompetenzieller Hinsicht keinen Zweifeln ausgesetzt sein. Dies gilt auch, soweit für Unfall- oder Notfallsituationen und bestimmte Personengruppen erhöhte Expositionsgrenzwerte festgelegt werden. Zweifel sind aber bereits angebracht, wenn auf Art. 30/31 Vorschriften über (grenzüberschreitende) Hinweis- und Warnpflichten oder andere Interventionsmaßnahmen bei Unglücksfällen gegründet werden sollen. Der Rat geht seit 1959 wohl davon aus, daß derartige Regelungen von Art. 30 und 31 umfaßt sind[53]. Demzufolge hat er auch die "Informations-Entscheidung"[54], die auf dem IAEA-Benachrichtigungsübereinkommen beruht[55], "insbesondere" auf Art. 31 EAGV gestützt. Art. 31 regelt das Verfahren zum Erlaß der Grundnormen, deren Inhalt in Art. 30 umschrieben wird. Danach sind unter Grundnormen zu verstehen:

- die zulässigen Höchstdosen, die ausreichende Sicherheit gewähren,
- die Höchstgrenze für die Aussetzung gegenüber schädlichem Befall,
- die Grundsätze für die ärztliche Überwachung der Arbeitskräfte.

Der Wortlaut dieser Vorschriften deutet auf dosimetrische Regelungen der oben beschriebenen Art hin, läßt aber nicht ohne weiteres den Schluß zu, daß hierunter auch Benachrichtigungspflichten oder Interventionsregelungen fallen. Sie lassen sich aber letzten Endes dennoch hierauf stützen, da die Über-

---

52 Vgl. oben S. 76 ff.

53 Vgl. die 5. Begründungserwägung der (ersten) "Richtlinien zur Festlegung der Grundnormen für den Gesundheitsschutz der Bevölkerung und der Arbeitskräfte gegen die Gefahren ionisierender Strahlungen, Abl. L 11/59, S. 221. Siehe aber zu den dennoch zu verzeichnenden Regelungsdefiziten in diesem Bereich oben S. 83

54 Entscheidung v. 14.12.1987 über Gemeinschaftsvereinbarungen für den beschleunigten Informationsaustausch im Fall einer radiologischen Notstandssituation, Abl. L 371/87, S. 76.

55 Siehe dazu oben S. 79 f.

wachung und Einhaltung dosimetrischer Grenzwerte, und damit der Schutz betroffener Personen, erheblich davon abhängt, daß bei Notfällen frühzeitig Hinweise oder Warnungen, insbesondere auch an die Öffentlichkeit gegeben oder gebotene anderweitige Maßnahmen vorgenommen werden. Diese stehen somit in unmittelbarem Zusammenhang mit den Grundnormen und sind daher von Art. 30/31 kompetenziell abgedeckt. Die beiden Vertragsartikel sind auch die einschlägige Rechtsgrundlage für warenspezifische Strahlungsgrenzwerte und daran geknüpfte Einfuhr- und Vermarktungsverbote. Dies sind vor allem Vorschriften über die Höchstwerte an Radioaktivität in Lebensmitteln oder sonstigen Produkten, wie etwa Futtermitteln[56]. Die Praxis der Gemeinschaft in dieser Hinsicht ist aber uneinheitlich[57]. Es läßt sich nicht bestreiten, daß das Gefährdungspotential derartiger Güter aus ihrer Strahlenkontamination herrührt. Würden sie unter die Vorschriften des EWGV gefaßt, so würden Fragen des Strahlenschutzes teilweise aus dem EAGV herausgelöst, und zwar immer dann, wenn sie Auswirkungen auf den gemeinsamen Markt, den Binnenmarkt oder den Außenhandel der Gemeinschaft hätten. Das Recht des Strahlenschutzes ist aber einheitlich dem EAGV zugewiesen[58]. Ansonsten würden die unterschiedlichen Rechtsetzungsverfahren durcheinandergebracht und zahlreiche Ungereimtheiten hervorgerufen, die eine effektive Rechtsetzung, insbesondere bei Notfällen, unmöglich machen würden[59]. Aus diesen Gründen müssen die Strahlenschutzvorschriften des EAGV als lex specialis gegenüber den Kompetenznormen des EWGV angesehen werden[60].

Die Form der Rechtsetzung ist dabei nicht auf Richtlinien beschränkt. Nach Art. 30/31 EWGV können die Grundnormen auch in der Form einer Verordnung erlassen werden[61]. Über die erwähnten Hinweis- und Warnpflichten hinaus können aber weitere Regelungen für die Notfallphase, vorbeugende

---

[56] Vgl. dazu die Verordnung 3954/87/Euratom v. 22.12.1987 zur Festlegung von Höchstwerten an Radioaktivität in Nahrungsmitteln und Futtermitteln im Falle eines nuklearen Unfalls oder einer anderen radiologischen Notstandssituation, Abl. L 371/87, S. 11.

[57] Die Verordnung Nr. 3955/87/EWG über die Einfuhrbedingungen für landwirtschaftliche Erzeugnisse mit Ursprung in Drittländern nach dem Unfall im Kernkraftwerk Tschernobyl, Abl. L 271/87, S. 14, wurde auf Art. 113 EWGV gestützt.

[58] So im Erg. auch *Eriskat*, Die Novellierung, S. 61 (68).

[59] S. *Grunwald*, EuR 1986, S. 315 (327).

[60] So auch *Pernice*, Die Verwaltung 1989, S. 1 (16 f.).

[61] *Grunwald*, a.a.O.; Die Gegenauffassung von *Bischof*, UPR 1988, S. 82 (85 ff.) stützt sich im wesentlichen darauf, daß die Art. 30/31 EAGV keine Verordnungen zuließen. Dabei wird aber verkannt, daß Art. 31 EAGV keine bestimmte Form für einen Rechtsakt vorsieht und auch aus dem "Prinzip der begrenzten Einzelermächtigung" keine Festlegung auf eine bestimmte Form erfolgt. Die bisherige Praxis, Strahlenschutzgrundnormen als Richtlinie zu erlassen, steht dem Erlaß von Verordnungen nicht entgegen.

Regelungen über die bauliche Reaktorsicherheit oder Haftungsnormen nicht auf Art. 30/31 EAGV gestützt werden, da sie nicht mehr als "Grundnormen" für den Strahlenschutz anzusehen sind. Eine weiterreichende Interpretation der Legaldefinition des Begriffes Grundnormen in Art. 30 EAGV unter Heranziehung der Aufgabenbeschreibung des Art. 2 lit. b ist nicht möglich[62]. Diese Aufgabenbeschreibung des Art. 2 (einheitliche Sicherheitsnormen für den Gesundheitsschutz der Bevölkerung und der Arbeitskräfte ...) geht zwar grundsätzlich weiter als die Grundnormen-Definition des Art. 30 und erfaßt auch weitergehende Maßnahmen, sie ist aber als Aufgabenbeschreibung für den gesamten Vertrag nicht auf Art. 30 übertragbar, da dieser erkennbar eine engere Fassung hat und damit nur einen Teilausschnitt der Aufgaben erfaßt. Art. 30/31 können damit nicht unter Verweis auf Art. 2 lit. b "erweitert" ausgelegt werden[63], selbst wenn der Vertrag damit für bestimmte Aufgaben keine Kompetenznormen bereithalten sollte.

Neben Art. 30/31 EWGV tritt aber Art. 38 EWGV, nach dessen Abs. 2 die Kommission in "dringenden Fällen" eine Richtlinie erlassen kann, "mit der sie dem betreffenden Mitgliedstaat aufgibt, innerhalb einer von ihr gesetzten Frist alle erforderlichen Maßnahmen zu treffen, um eine Überschreitung der Grundnormen zu vermeiden und die Beachtung dieser Vorschriften zu gewährleisten".

Damit scheint der Kommission eine derartig durchgreifende Handlungskompetenz gegenüber den Mitgliedstaaten zugewiesen, wie sie wohl einmalig für das Gemeinschaftsrecht ist[64]. Bei näherer Betrachtung ergibt sich eine Begrenzung der Vorschrift, die eine längerfristig-zielgerichtete Normsetzung nicht trägt, sondern sie eher als eine Art polizeilicher Generalklausel für Einzelfallinterventionen erscheinen läßt. Sie kann nur in "dringenden" Fällen herangezogen werden. "Dringend" kann ein Fall aber nur dann sein, wenn ein Unfall bereits eingetreten ist oder im Sinne etwa einer polizeilichen

---

62 So aber wohl *Grunwald*, EuR 1986, S. 315 (322), der die Begründung aber bereits heranzieht, um Grenzwerte für die Lebensmitteleinfuhr zu rechtfertigen, die m.E. noch zwanglos als Grundnormen einzustufen sind. In ihrer Konsequenz führt diese Auffassung aber zu weit. Vgl. auch ders. EuZW 1990, S. 209.

63 So aber *Grunwald*, EuZW 1990, S. 209, der den "effet utile" des Art. 2 lit. b EAGV für die Auslegung von Art. 30 EAGV fruchtbar machen will und dabei die Grenzen, die der Wortlaut zuläßt, m.E. überschreitet. Eine derartige Auslegung ist auch nicht durch die von ihm angeführte Entscheidung des EuGH (NVwZ 1990, S. 1117 f. = Rs. 187/87, Slg. 1988, S. 5013 (5040)) geboten, selbst wenn man dem Gerichtshof darin folgt, daß die Art. 30 ff. "eine systematisch gegliederte Gesamtregelung bilden, die dem der Schutz der Bevölkerung und der Umwelt dienen und durch die der Kommission relativ weitgehende Befugnisse zum Schutz der Bevölkerung und der Umwelt gegen die Risiken einer radioaktiven Verseuchung eingeräumt werden".

64 Vgl. *Grunwald*, EuR 1986, S. 315(333).

Anscheinsgefahr bevorsteht[65]. Im übrigen ist die Vorschrift auf (Einzel-)Fälle beschränkt. Sie ermöglicht also keine generellen Vorschriften zur Unfallverhütung oder über Verhaltensmaßregeln bei eingetretenen Notfällen , die rein vorsorglich und abstrakt gefaßt sind[66]. Als Anwendungsfälle für Art. 38 Abs. 2 dürften daher nur Nuklearunfälle (innerhalb oder außerhalb der Gemeinschaft), die zur Überschreitung der dosimetrischen Grundnormen bereits geführt haben oder mit großer Warscheinlichkeit dazu führen können, sowie entsprechende Kumulierungen von Strahlenkontamination aus verschiedenen Quellen zu erwarten sein, auf die im Einzelfall reagiert werden muß.

Für ein Tätigwerden der Kommission in solchen Fällen stellt sich darüberhinaus noch die Frage, ob und inwieweit eine entsprechende Richtlinie den Mitgliedstaaten detaillierte Pflichten auferlegen darf. Nach dem Wortlaut der Kompetenznorm "gibt sie dem betreffenden Mitgliedstaat auf, alle erforderlichen Maßnahmen zu treffen"... Die Formulierung deutet aber nicht darauf hin, daß sie dem betreffenden Mitgliedstaat "die" erforderlichen Maßnahmen aufgeben kann. Was als "erforderlich" anzusehen ist, steht daher weitgehend im Ermessen des jeweiligen Mitgliedstaates, wobei die Kommission auf lediglich allgemeine Anweisungen beschränkt ist.

Art. 38 Abs. 2 EAGV erweist sich trotz seines scheinbar durchgreifenden Charakters als vergleichweise stumpfes Schwert in der Hand der Kommission, jedenfalls ist sie als Rechtsgrundlage für nicht-einzelfallbezogene Notfallvorschriften nicht heranziehbar.

Es stellt sich somit die Frage, ob auf der Basis des EAGV weitere Notfallschutz-Maßnahmen außerhalb der bereits erwähnten Kompetenznormen ergriffen werden können. Als solche kommen in Betracht:

- Notfallbezogene Vorschriften über grenzüberschreitende Hinweis- und Warnpflichten hinaus, die nicht in einer bereits akut gewordenen Gefährdungslage nach Art. 38 Abs. 2, sondern bereits vorbeugend erlassen werden. Dabei ist vor allem an Regelungen nach dem Muster des IAEA-Hilfeleistungsübereinkommens[67] zu denken.
- Anforderungen an die bauliche Reaktorsicherheit von Reaktoren und sonstigen kerntechnischen Anlagen.
- Vorschriften über die Haftung für Schäden, die durch radiologische Unfälle verursacht worden sind.

---

[65] So wohl auch *Grunwald*, a. a. O., S. 333.

[66] Die Aussage von *Pernice*, Die Verwaltung 1989, S. 1 (28), Richtlinien nach Art. 38 Abs. 2 könnten "auch präventiven Zwecken dienen", bedarf daher zumindest weiterer Differenzierung.

[67] Siehe dazu oben S. 52 f.

Als Rechtsgrundlage für bindende Maßnahmen auf diesen Gebieten kommt lediglich Art. 203 EAGV in Betracht. Diese Norm ist die Parallelvorschrift des Euratom-Rechts zu Art. 235 EWGV. Sie erlaubt ein Tätigwerden der Gemeinschaft, wenn dieses erforderlich erscheint, um eines ihrer Ziele zu verwirklichen und der EAGV die hierfür erforderlichen Befugnisse nicht vorsieht. Die "geeigneten Vorschriften" können in diesen Fällen auf Vorschlag der Kommission vom Rat einstimmig erlassen werden. Art. 203 EAGV und 235 EWGV werden als Sonderermächtigung[68] oder Generalermächtigung[69] bezeichnet. Sie haben lückenausfüllende Ergänzungsfunktion im Rahmen der Ziele des jeweiligen Vertrages[70]. Der Terminus "Generalermächtigung" führt daher leicht in die Irre.

Art. 203 hat bislang bedeutend weniger Beachtung gefunden, als sein Pendant aus dem EWG-Recht. Die dogmatische Einordnung und systematische Stellung der Vorschrift innerhalb des EAGV entspricht jedoch derjenigen von Art. 235 innerhalb des EWGV[71]. Allerdings ist Art. 203 EAGV nicht wie Art. 235 EWGV auf das weite Ziel der Verwirklichung des Gemeinsamen Marktes sowie der übrigen Ziele des EWGV ausgerichtet. Er ist an der Zielsetzung des EAGV orientiert, die wesentlich enger ist[72]. Sie ist, soweit sie den Gegenstand dieser Untersuchung betrifft, festgehalten in Art. 2 lit. b EAGV. Die Gemeinschaft hat danach die Aufgabe, einheitliche Sicherheitsnormen für den Gesundheitsschutz der Bevölkerung und der Arbeitskräfte aufzustellen und für ihre Anwendung zu sorgen. Um die Reichweite dieser Vorgabe zu bestimmen, muß ihre Funktion ins Augenmerk gerückt werden. Diese besteht darin, die Gefahren für Leben und Gesundheit der Gesamtbevölkerung, die bei der Nutzung der Kernenergie auftreten, abzuwenden. Soll die Aufgabe in angemessener Weise erfüllt werden, so ist erforderlich, daß die Gemeinschaft nicht nur "Grundnormen" des Strahlenschutzes nach Art. 30/31 EAGV festsetzt, sondern gleichzeitig auch Vorsorge- und Kontrollstrukturen etabliert, die es ermöglichen, die Anwendung der Grundnormen sicherzustel-

---

[68] *Steiger*, Europarechtliche Grundlagen, S. 65 (71); Ipsen , S. 432 f.

[69] Vgl. *Grabitz-Grabitz*, Art. 235 EWGV.

[70] Vgl.,wenn zumeist auch nur in Hinblick auf Art. 235 EWGV, *Tomuschat*, in *Everling/Schwartz/Tomuschat*, Rechtsetzungsbefugnisse, S. 64; Vygen, ZRP 1974, S. 58 (59 f.); Ipsen, S. 432 f.; GBTE-Schwartz, Art. 235 EWGV, Rn. 1.

[71] Vgl. dazu im Hinblick auf Art. 235 EWGV die mit umfangreichen Schrifttumsnachweisen versehene Kommentierung von *Grabitz-Grabitz*, Art 235 EWGV, Rn. 1 ff. Speziell zur Stellung im Umweltschutz, *Steiger*, Europarechtliche Grundlagen, S. 71 ff.; *Behrens*, Rechtsgrundlagen, S. 265 ff. Insgesamt zu Stellung dieser Vorschrift siehe auch *Everling/Schwartz/Tomuschat*, Rechtsetzungsbefugnisse, S. 1 ff.

[72] Vgl. dazu *Haedrich*, in Hdb. f. Europ. Wirtschaft, Art. 203 EAGV, Rn. 1 ff., *Behrens*, Rechtsgrundlagen, S. 286.

len[73]. Die Schaffung von Sicherheitsnormen muß daher im Rahmen der Zielsetzung des Art. 2 lit. b auch Regelungen über die bauliche Reaktorsicherheit und über die Erstellung von Notfallplänen erfassen.

Haftungsvorschriften können hingegen nicht als von Art. 203 gedeckt angesehen werden, da diese in erster Linie die Funktion eines gerechten Schadensausgleiches haben und nur am Rande die Aufgabe, die Anlagenbetreiber zu verstärkten Sicherheitsvorkehrungen anzuhalten. Präzise Sicherheitsanforderungen enthalten sie ohnehin nicht, sondern können nur an die Verletzung derartiger Vorschriften Haftungsfolgen knüpfen. Auch die verbindliche Anordnung grenzüberschreitender Hilfeleistungspflichten für Notfälle ist zumindest insoweit nicht als von Art. 203 EAGV getragen anzusehen, soweit diese dazu führen können, daß Hilfspersonal, insbesondere aus anderen Mitgliedstaaten, erheblichen Gesundheitsgefahren ausgesetzt wird. Derartige Pflichten ergeben sich aber auch nicht aus dem IAEA-Hilfeleistungsabkommen.

Die Kompetenzstruktur des EAGV weist somit für den Notfallschutz einige Lücken auf.

Kompetenzen bestehen - neben den bereits existierenden "Strahlenschutzgrundnormen" - für weitere Hinweis- und Warnpflichten zur Vorsorge und bei bereits eingetretenen Notfällen. Vorsorgemaßnahmen zur Verhinderung einer erhöhten Strahlenexposition, etwa durch Vorschriften über die bauliche Reaktorsicherheit sind ebenfalls gedeckt.

Weitere Bestimmungen für die Notfallphase oder solche für die Nach-Notfallphase lassen sich auf die Handlungs-Befugnisnormen des EAGV in ihrer derzeitigen Form allerdings nicht gründen. Dies ist angesichts des besonders hohen Gefärdungspotentials der Kernenergie erstaunlich, kann aber wohl darauf zurückgeführt werden, daß der EAGV bislang hauptsächlich die Förderung und den Ausbau dieser Technologie zum Ziel hat.

3. Wahrnehmungsbedingungen und Grenzen der Handlungsbefugnisse

Die Ausführungen des letzten Abschnitts haben deutlich gemacht, daß die Kompetenzstruktur der Europäischen Gemeinschaften zwar einige Lücken aufweist, aber auch noch mannigfaltigen Raum für Vorschriften zum Schutz vor industriell verursachten Umweltnotfällen läßt.

---

73 Vgl. *Grunwald*, EuZW 1990, S. 209, der mit diesem Argument allerdings eine (abzulehnende) Ausdehnung der Art. 30 ff. vornehmen will. *Kloepfer/Kohler*, Kernkraftwerk und Staatsgrenze, S. 127 wollen hingegen Fragen der Reaktorsicherheit gänzlich den Mitgliedstaaten zugewiesen wissen, lassen dabei allerdings Art. 203 EAGV außer Betracht.

Der Umweltpolitik der Gemeinschaften wird aber bereits jetzt erhebliche Kritik entgegengebracht. Es ist die Rede von "Umweltschutz auf dem kleinsten gemeinsammen Nenner" unter wirtschaftlichen Vorzeichen oder mangelnder Rücksichtnahme auf regionale Strukturen und Besonderheiten in den Mitgliedstaaten. Die Gemeinschaft bemächtige sich des Umweltschutzes auch dort, wo einzelstaatliche Maßnahmen effektiver und besser seien. Aus diesen Gründen sei deren Umweltpolitik im Ergebnis eher schädlich als nützlich[74].

Dieser Verdacht erhält zusätzlich dadurch Nahrung, daß in vielen Bereichen des Umweltschutzes im allgemeinen und des Notfallschutzes im besonderen Art. 100 bzw. Art. 100a EWGV die einschlägige Kompetenzgrundlage bilden, die eine primär wirtschaftliche Ausrichtung auf den Gemeinsamen Markt oder den Binnenmarkt haben.

Aus den Gründen, die am Ende des vorigen Kapitels näher dargelegt wurden, sind europäische und internationale Regelungen des Notfallschutzes dennoch dringend geboten. Die Kompetenzstruktur der drei Gemeinschaftsverträge hält in weiten Teilen grunsätzlich Handlungsbefugnisse dafür bereit.

Damit eine weitere Ausgestaltung des Gemeinschaftsrechts den richtigen Weg im Sinne eines bestmöglichen Notfallschutzes einschlägt, sich damit als Antrieb, nicht als Hemmnis für den Fortschritt des Umweltrechts erweisen kann, nicht aber lediglich den ungehinderten Verkehr mit gefährlichen Stoffen oder den Ausbau riskanter Großtechnologien fördert, bedarf es rechtlicher Vorkehrungen.

Die Entscheidung über den Weg, den Rechtsetzung einzuschlagen hat, ist naturgemäß in erster Linie politisch. Das Vertragssystem der Gemeinschaften verfügt aber, spätestens seit dem Inkrafttreten der EEA über einige Instrumente, die einerseits einen möglichst hohen Schutzstandard auf Gemeinschaftsebene sicherstellen können, andererseits aber auch den fortschrittlichen Entwicklungen in den Mitgliedstaaten Raum geben oder lassen. Dem soll im folgenden kurz nachgegangen werden.

a) Materielle Vorgaben zur umweltpolitischen Ausrichtung der Gemeinschaftsrechtsetzung

Art. 130r Abs. 2 S. 2 EWGV sieht vor, daß die Erfordernisse des Umweltschutzes Bestandteil der anderen Politiken der Gemeinschaft sind. Damit ist

---

[74] Siehe zu den verschiedentlich vorgetragenen Kritikpunkten vor allem *Bryde*, Gedächtnisschrift f. Martens, S. 769 (774 ff.).

die Umweltpolitik nicht isoliert eine Aufgabe neben den übrigen des EWGV. Ihre Zielsetzungen sind vielmehr bei allen anderen Politiken der Gemeinschaft zu berücksichtigen und zu integrieren[75]. Die übrigen Politiken haben also dazu beizutragen, daß die Zielsetzungen des Umweltschutzes verwirklicht werden können[76]. Art. 130r Abs. 2 S. 2 EWGV wird daher auch als "Staatszielbestimmung für den Umweltschutz" oder als "Prinzip der Integration" des Gemeinschaftsrechts bezeichnet[77]. Dem Umweltschutz ist damit auch in der Rechtsangleichungspolitik nach Art. 100/100a EWGV Augenmerk zu widmen, wobei in Art. 100a Abs. 3 der Kommission zusätzlich die Pflicht auferlegt wird, bei ihren (Rechtsangleichungs-) Vorschlägen von einem "hohen Schutzniveau" auszugehen. Die Anerkennung des Umweltschutzes als eines der Ziele der Gemeinschaft ist allerdings nicht erst durch die Einführung von Art. 130r Abs. 2 S. 2 un Art. 100a Abs. 3 EWGV erfolgt. Faktisch wird dies durch die Vielzahl an Rechtsakten mit umweltschützerischen Zielsetzungen dokumentiert, die in der Mehrzahl auf Art. 100 bzw. 235 EWGV gestützt wurden[78]. Aber auch der EuGH hat schon im Jahre 1985 den Umweltschutz als eines der wesentlichen Ziele der Gemeinschaft angesehen[79] und später die Umweltschutzbestimmungen der EEA als eine "Bestätigung" eingestuft[80]. Mangels einer textlichen Erwähnung des Umweltschutzes im EWGV vor dem Inkrafttreten der EEA hätte die sicherlich begrüßenswerte Auffassung des Gerichtshofes allerdings erheblichen argumentativen Aufwandes bedurft, dem er sich nicht unterzogen hat. Insofern dürften die materiellen Vorgaben für eine umweltschützerische Ausrichtung der Gemeinschaftspolitiken durch die EEA sicher mehr als Bestätigungscharakter haben.

Ihrer Übertragung in das Recht des EAGV stehen allerdings systematische Einwände entgegen. Art 100a Abs. 3 gilt ohnehin nur für die Rechtsangleichung nach Abs. 1 der Vorschrift; Art. 130r Abs. 2 S. 2 ist Bestandteil des EWGV, der ein in sich abgeschlossenes System bildet. Ein Willen der vertragsschließenden Parteien, diese Bestimmung auch auf andere Politiken nach dem EGKSV oder dem EAGV zu erstrecken, ist nicht ersichtlich.

---

[75] Vgl. *Grabitz/Zacker*, NVwZ 1989, S. 297 (300).

[76] *Krämer*, EuGRZ 1989, S. 353 (356); *Glaesner*, Umwelt als Gegenstand einer Gemeinschaftspolitik, S. 7 f.; *Seidel*, DVBl 1989, S. 441 (446); *Hailbronner*, EuGRZ 1989, S. 101 (104); *Pernice*, Die Verwaltung 1989, S. 1 (3).

[77] *Pernice*, NVwZ 1990, S. 201 (203); CEDE, Umweltbestimmungen, S. 10 733 D.

[78] Bis 1987 sind etwa 80 Richtlinien im Bereich des Umweltschutzes erlassen worden. Der Schwerpunkt der Regelungen lag dabei im Gewässerschutz. Vgl. *Beutler/Bieber/Pipkorn/Streil*, S. 497.

[79] EuGH, Rs. 240/83 (ADBHU), Slg. 1985, S. 531 (549).

[80] EuGH, Rs. 302/86 (dänische Pfandflaschen), Slg. 1988, S. 4607 (4630).

Für den hier relevanten EAGV ist eine Übertragung im übrigen auch nicht vonnöten. Dieser enthält in dem bereits erwähnten Art. 2 lit. b, der auf die Eindämmung spezifischer, mit der Nutzung der Kernenergie verbundener Gefahren abzielt, eine in Anbetracht des engen Anwendungsbereiches des EAGV hinreichende Zielsetzung für den Umweltschutz. Nach dem Wortlaut der Bestimmung sollen zwar Arbeitskräfte und die Bevölkerung geschützt werden, bei der Art der Gefahr, die von industriellen Kernanlagen ausgeht, ist jedoch ein solcher Schutz nur möglich, wenn die Freisetzung nennenswerter Radioaktivität verhindert wird. Damit ist auch die Umwelt direkt in den Schutz mit einbezogen. Wenn dies auch in anderen Bereichen sicherlich nicht so ist und deshalb eine Abkehr vom anthropozentrischen Umweltschutz vonnöten ist, so gehen doch hier, im engen Bereich des Strahlenschutzrechts, der Schutz von Menschen und Umwelt notwendig miteinander her.

b) Die Zulässigkeit "nationaler Alleingänge"

Rechtsetzung durch die Europäischen Gemeinschaften hat gemeinhin die Wirkung, daß entgegenstehende oder abweichende Regelungen auf dem jeweiligen Sachgebiet infolge des Geltungsvorranges des Gemeinschaftsrechts nicht zur Anwendung gelangen können, soweit nicht die Bestimmungen des sekundären Gemeinschaftsrechts Ausnahmen vorsehen oder in einer Weise unbestimmt sind, die eine nähere Ausführung und Konkretisierung durch die Mitgliedstaaten erforderlich macht[81].

Das primäre Recht des EWGV erlaubt aber den Mitgliedstaaten unter bestimmten Voraussetzungen, von bestehenden Regelungen des abgeleiteten Rechts abzuweichen, ohne daß dies in den jeweiligen Sachvorschriften vorgesehen sein muß[82]. Solche Abweichungen oder "Alleingänge"[83] kommen nach Art. 100a Abs. 4, Art. 130t und Art. 224 EWGV in Betracht.

---

[81] Zum Verhältnis von Gemeinschaftsrecht und innerstaatlichem Recht vgl. grundsätzlich *Beutler/Bieber/Pipkorn/Streil*, S. 87 ff., m.w.M.; insbesondere aus der Rechtsprechung des EuGH.

[82] Art. 100a Abs. 5 EWGV sieht darüberhinaus ausdrücklich die Möglichkeit vor, Harmonisierungsvorschriften mit sog. Schutzklauseln zu versehen.

[83] Der Begriff des "nationalen Alleinganges" ist - soweit ersichtlich - zuerst von *Hailbronner*, EuGRZ 1989, S. 101 ff. gebraucht worden. Bezüglich Art. 100a Abs. 4 und Art. 130t wird auch von Schutzverstärkungsklauseln (*Scheuing*, EuR 1989, S. 152 ff.) oder escape-Klauseln (*Pernice*, Die Verwaltung 1989, S. 1 ff.) gesprochen.

aa) Art. 100a Abs. 4 EWGV

Art. 100a Abs. 4 EWGV läßt den einzelnen Mitgliedstaaten die Möglichkeit, trotz bestehender Rechtsharmonisierung in Fällen, in denen wichtige Erfordernisse im Sinne des Art 36 oder zum Schutz der Arbeitsumwelt oder den Umweltschutz bestehen, höhere als die von der Gemeinschaft beschlossenen Standards anzuwenden, selbst wenn diese Handelshemmnisse bewirken.

Die systematische Stellung des Art 100a Ab. 4 ist dabei so zu verstehen, daß er bei mehrheitlich nach Art. 100a beschlossenen Harmonisierungsvorschriften den Rückgriff auf die Schutzklausel des Art. 36 zuläßt, der an sich im Bereich des harmonisierten Rechts ausgeschlossen ist[84]. Zusätzlich ist eine Berufung auf den Arbeitschutz oder den Umweltschutz möglich. Dies Ausnahmebestimmung ist entstehungsgeschichtlich als der "Preis" dafür anzusehen, daß die Binnenmarkt-Rechtsangleichung nach Art. 100a Abs. 1 EWGV mit Qualifizierter Mehrheit erfolgen kann[85]. Die materiellen Grenzen der staatlichen Restkompetenz entsprechen denen des Art. 36 EWGV[86], die nach der Rechtsprechung des EuGH unter strenger Beachtung des Grundsatzes der Verhältnismäßigkeit und der Wahl des für den freien Warenverkehr am wenigsten störenden Mittels auszuwählen sind[87].

bb) Art. 130t EWGV

Eine Entsprechung zu Art. 100a Abs. 4 enthält Art. 130t EWGV. Nach dieser Bestimmung ist den Mitgliedstaaten bei Umweltschutzmaßnahmen, die aufgrund des Art. 130s getroffen wurden, die Möglichkeit belassen, verstärkte Schutzmaßnahmen zu ergreifen oder beizubehalten, die mit dem Vertrag vereinbar sind. Nach ihrem eindeutigen Wortlaut gilt die Vorschrift aus-

---

[84] Zu Verhältnis von Art. 30, 36 und nach Art. 100 oder 100a erlassenen Harmonisierungsvorschriften vgl. *Grabitz-Matthies*, Art. 36 EWGV, Rn 1 ff.

[85] Vgl. dazu *Hailbronner*, EuGRZ 1989, S. 101 (106).

[86] Vgl. *Ehlermann*, CMLR 1987, S. 361 (396); *Montag*, RIW/AWD 1987, S. 935 (942); *Pernice*, Die Verwaltung 1989, S. 1 (10).

[87] St. Rechtsprechung, vgl. zuletzt EuGH, Rs. 261/85, Slg. 1988, S. 547 (574) m.w.N.; weitere Einzelheiten im Rahmen des Art 100a Abs. 4 , wie etwa die Frage, ob die Berufung auf diese Norm ausgeschlossen ist, wenn die Rechtsangleichungsmaßnahme einstimmig beschlossen wurde oder wenn ein Staat ihr (bei mehrheitlicher Entscheidung) zugestimmt hat, sind umstritten. Ebenfalls unklar ist, ob nur bereits bestehende nationale Regelungen erlaubt sind oder auch neue erlassen werden dürfen. Diese Fragen müssen m.E. grundsätzlich nach dem Prinzip des bestmöglichen Schutzes, dem die Bestimmung letztlich dient, beantwortet werden. Vgl. dazu im übrigen *Hailbronner*, EuGRZ 1989, S. 101 (106 ff.); *Pernice*, Die Verwaltung 1989, S. 1 (10 f.); *Scheuing*, EuR 1989, S. 152 (167 ff.); CEDE, Umweltbestimmungen, S. 10 738 D.

schließlich für Umweltschutzmaßnahmen, die nach Art. 130s ergangen sind. Ältere Vorschriften oder solche, die nach Inkrafttreten der EEA aufgrund anderer Kompetenznormen ergangen sind, bleiben ausgenommen[88]. Art. 130t sieht für das Ergreifen oder Beibehalten strengerer Schutzvorschriften geringere Anforderungen vor, als Art. 100a Abs. 4. Sie bedürfen keiner Anerkennung oder Bestätigung durch die Kommission[89].

Art. 130t EWGV greift eine schon vor der EEA geübte Praxis auf, in Regelungswerken des sekundären Gemeinschaftsrechts den Mitgliedstaaten die Möglichkeit zum Erlaß schärferer Normen als die des Gemeinschaftsrechts vorzusehen[90] und sichert dies ausdrücklich im Vertrag ab. Sekundärechtliche Schutzklauseln sind damit im Bereich der nach Art. 130s erlassenen Bestimmungen überflüssig.

Allerdings müssen strengere mitgliedstaatliche Schutzvorschriften mit den übrigen Vorschriften des Vertrages vereinbar sein. Diese sind im wesentlichen Art.30/36 EWGV. Das weiter anzuwendende Recht eines Mitgliedstaates darf sich deshalb nicht als (verschleiertes) Handelshemmnis im Sinne von Art. 30 darstellen, das sich nicht nach Maßgabe des Art. 36 rechtfertigen läßt. Trotz einiger systematischer Unterschiede - Art. 100a Abs. 4 verweist unmittelbar auf Art. 36 - ist hier im Ergebnis nur die Beibehaltung oder Anwendung von nationalen Schutzmaßnahmen bis zu der Grenze möglich, die von der Rechtsprechung des EuGH zu Art. 30/36 EWGV[91] gezogen wird[92]. Dabei obliegt dem Gerichtshof obendrein die Kontrolle über die Zulässigkeit der nationalen Regelungen. Sachlich wird diese Grenze, wie die Rechtsprechung des EuGH zeigt, im Ergebnis weitgehend mit den Mitteln der Verhältnismäßigkeitsprüfung zu ziehen sein.

cc) Art. 224 EWGV

Nach Art. 224 EWGV haben sich die Mitgliedstaaten miteinander ins Benehmen zu setzen, "um durch gemeinsames Vorgehen zu verhindern, daß das Funktionieren des gemeinsamen Marktes durch Maßnahmen beeinträchtigt

---

[88] Vgl. dazu *Grabitz-Grabitz*, Art 130t EWGV Rn. 6.

[89] Zweideutig zu diesem Punkt *Grabitz-Grabitz*, a.a.O., Rn. 15.

[90] Vgl. als Beispiel etwa Art. 13 der UVP-Richtlinie (Richtlinie 85/337/EWG), Abl. L 175/85, S. 40 ff.; s. auch CEDE, Umweltbestimmungen, S. 10 736 D.

[91] Vgl. die Nachweise bei *Grabitz-Matthies*, Art 36 EWGV, Rn. 7.

[92] Vgl. dazu auch *Montag*, RIW/AWD 1987, S. 935 (941). So im Ergebnis auch CEDE, Umweltbestimmungen, a.a.O., die die Kriterien des Art. 36 per "Analogie" heranziehen wollen.

wird, die ein Mitgliedstaat bei einer schwerwiegenden innerstaatlichen Störung der öffentlichen Ordnung", im Kriegsfall und in näher beschriebenen Spannungsfällen trifft.

Wenn der Wortlaut der Vorschrift auch nicht zweifelsfrei darauf hindeutet, so läßt sich aus ihr - mit Rücksicht auf den systematischen Zusammenhang - doch eine Schutzklausel im Sinne eines generellen Regelungsvobehaltes für einen Mitgliedstaat deuten, der allerdings an Konsultationspflichten gegenüber anderen Mitgliedstaaten gebunden ist[93].

Im Hinblick auf technisch -industrielle Umweltnotfälle kann lediglich das Tatbestandsmerkmal "schwerwiegende innerstaatliche Störung der öffentlichen Ordnung" herangezogen werden. Die übrigen Tatbestände der Vorschrift betreffen Störungen der äußeren, militärischen Sicherheit. Unter den Begriff "Störung der öffentlichen Ordnung" fallen in erster Linie Bedrohungen der politischen Ordnung durch Umsturzversuche, Rebellionen, Bürgerkriegshandlungen usw.[94]. Unklar ist dabei, ob und in welchem Umfang es bereits zu Gewaltanwendungen gekommen sein muß.

Eine Ausdehnung von Art. 224 EWGV auf Umweltnotfälle oder -katastrophen, wie sie *Zuleeg*[95] unter Verweis auf den "Grundsatz des bestmöglichen Umweltschutzes" fordert, ist dagegen aus verschiedenen Gründen abzulehnen. Zum einen wird bereits aus dem Regelungszusammenhang der Art. 223 - 225 EWGV deutlich, daß es sich hierbei um die Möglichkeiten der Mitgliedstaaten zur Abwehr von Bedrohungen aus dem politisch-militärischen Bereich handelt. Zum anderen ist ein Vorbehalt dieser Art nicht erforderlich, da den Mitgliedstaaten bereits aus den obengenannten Vertragsvorschriften die Möglichkeit verbleibt, dort Regelungen vorzunehmen oder Maßnahmen zu ergreifen, wo sie innerstaatlich sinnvoll sind und einen bestmöglichen Umweltschutz sichern können. Darüberhinaus würden dort, wo gemeinschaftsrechtliche Regeln sinnvoll sind, vorbehaltene Regelungsmöglichkeiten der Mitgliedstaaten einen "bestmöglichen" Umweltschutz gerade - im Interesse nationaler Sicherheitsvorbehalte, welcher Art auch immer - konterkarieren. Bestmöglicher Umweltschutz wird nicht dadurch sichergestellt, daß man bei internationalen Problemen nationalen Regelungsvorbehalten möglichst großen Raum schafft. Überdies erstreckt sich Art. 224 ohnehin nur auf innerstaatliche Störungen die bei technisch-industriellen Großunglücken zumeist - wegen ihrer grenzüberschreitenden Auswirkungen - ohnehin nicht gegeben sein dürften.

---

93 Näher hierzu *Grabitz-Hummer*, Art. 224 EWGV, Rn. 2 ff.

94 Siehe die Erläuterungen bei *Grabitz-Hummer*, a.a.O.; und GBTE-*Matthies*, Art. 224 EWGV, Rn. 1.

95 NVwZ 1987, S. 280 (284).

Maßnahmen, die das "Funktionieren des Gemeinsamen Marktes" stören, werden schließlich innerhalb seines Anwendungsbereiches etwa auch durch Art. 130t EWGV gerechtfertigt, wenn sie der Abwehr von Gefahren dienen, deren Bewältigung gegenüber dem Funktioniern des Gemeinsamen Marktes vorrangig ist, ohne daß hierzu Konsultationen erforderlich sind. Somit besteht für eine weitere Vorbehaltsklausel neben Art. 100a Abs. 4 und Art. 130t EWGV im Bereich des Umweltschutzes keine Notwendigkeit.

c) Subsidiarität und Erforderlichkeit der Rechtsetzung durch die Gemeinschaften

Nach Art. 130r Abs. 4 S. 1 EWGV wird die Gemeinschaft im Bereich der Umwelt insoweit tätig, als die in Abs. 1 genannten Ziele besser auf Gemeinschaftsebene erreicht werden können, als auf der Ebene der Mitgliedstaaten. Diese Bestimmung wird in der Literatur als "Besserklausel"[96], "Optimierungsklausel"[97] oder häufiger als "umweltpolitisches Subsidiaritätsprinzip"[98] bezeichnet.

Während der sog. *Spinelli-Entwurf* zur Änderung der Gemeinschaftsverträge noch eine weitgehende Verankerung des Subsidiaritätsprinzips vorsah[99], ist hiervon aber in der EEA lediglich Art. 130r Abs. 4 S. 1 einziger Ausdruck dieses Grundsatzes[100]. Wenn diese Bestimmung auch rechtlich verbindlich ist[101], so gilt sie dennoch nur für Maßnahmen auf der Grundlage des Art. 130s[102], dem nach dem oben ausgeführten keine sehr weitreichende Bedeutung zukommt[103].

---

96 *Scheuing*, EuR 1989, S. 152 (164).

97 *Pernice*, Die Verwaltung 1989, S. 1 (35).

98 CEDE, Umweltbestimmungen, S. 10 735 D; *Glaesner*, Umweltpolitik, S. 8; *Lietzmann*, S. 172 f.; *De Ruyt*, S. 215.

99 Vgl. Art. 12 des Entwurfes, Abl. C 77/84, S. 33 (38).

100 Vgl. allerdings nunmehr die Entschließung des Europäischen Parlaments v. 12.12.1990 zum Subsidiaritätsprinzip betreffend die Europäische Union (Dok. PE A3-163/90, auch abgedruckt in: Abl. C 231/90, S. 163).

101 Vgl, dazu *Steiger*, Keine Deutsche Umweltpolitik mehr? , S. 14 ff.; *Bruha*, ebda., S. 31 f. (Diskussonsbeitrag); *Scheuing*, EuR 1989, S. 152 (164); a. *A. Krämer*, Einheitliche Europäische Akte und Umweltschutz, S. 142 ff.

102 S. auch *Penice*, a.a.O., S. 33.

103 Zu der Frage, wann ein Problem besser auf nationaler Ebene gelöst werden kann und den einschlägigen Entscheidungskriterien vgl. *Steiger*, a.a.O., S. 15.

Sie ist allerdings Ausdruck eines allgemeinen Prinzips der Gemeinschaftsrechtsordnung[104], das die abgeleitete Rechtsetzung an deren Erforderlichkeit im Hinblick auf die Ziele des Vertrages knüpft[105].

Dies gilt in besonderem Maße für die Rechtsangleichung[106], und zwar - wie *Bruha* nachgewiesen hat - nicht nur auf der Tatbestandsseite der Rechtsangleichungskompetenzen, sondern auch auf ihrer Rechtsfolgenseite[107]. Danach ist die Gemeinschaft auch bei der Ausgestaltung der Rechtsangleichungsvorschriften an das "erforderliche" Ausmaß der Regelungsdichte als Obergrenze gebunden. Ein Mangel besteht in diesem Zusammenhang allerdings darin, daß die Rechtsangleichung vorwiegend an dem Ziel des Gemeinsamen- bzw. des Binnenmarktes ausgerichtet ist und sich die Erforderlichkeit der Rechtsetzung primär hieran mißt. Es handelt sich vor allem also um eine Erforderlichkeit zur Verwirklichung des freien Warenverkehrs usw. Dies wird durch die oben erwähnten materiellen Vorgaben zur umweltpolitischen Ausrichtung der Gemeinschaftsrechtsetzung[108] nur bedingt ausgeglichen.

Auch an diesem Punkt wird deutlich, daß die EEA die EG nicht zu einer Umweltgemeinschaft hat werden lassen[109].

Im übrigen unterliegt die Subsidiaritätsklausel des Art. 130r Abs. 4 S. 1 EWGV sowie der generelle Grundsatz der Erforderlichkeit der Gemeinschaftsrechtsetzung der justiziellen Kontrolle durch den EuGH[110]. Das gegenwärtige Selbstverständnis des Gerichtshofes[111] und seine bisherige Rechtsprechungspraxis lassen aber leider für diese Prinzipien eine ähnliche Bedeutung erwarten, wie sie der Bedürfnisklausel des Art. 72 Abs. 2 GG in der Rechtsprechung des Bundesverfassungsgerichts zuteil geworden ist[112].

---

104 *Pernice*, ebda. S. 34.

105 Vgl. auch *Glaesner*, a.a.O., S. 8.

106 Siehe dazu *Grabitz-Langheine*, Art. 100 EWGV, Rn. 11; GBTE-*Taschner*, Art. 100 EWGV, Rn. 11; *Bruha*, ZaöRV 46 (1986), S. 1 (12 ff.).

107 A.a.O., S. 13 f. Die Ausführungen von *Bruha* beziehen sich zwar nur auf Art. 100 EWGV, gelten aber gleichermaßen auch für die Binnenmarkt-Rechtsangleichung nach Art. 100a EWGV.

108 Siehe dazu oben S. 166 ff.

109 Siehe dazu auch *Pernice*, Die Verwaltung 1989, S. 1 (50).

110 Siehe dazu *Bruha*, ibidem, S.15 f.

111 Siehe dazu *Grabitz-Pernice*, Art. 164 EWGV, R. 17 ff. m.w.N.

112 Ähnlich *Scheuing*, EuR 1989, S. 152 (165); kritisch zur Justiziabilität der Subsidiaritätsklausel auch CEDE, Umweltbestimmungen, S. 10 735 D; zur Rechtsprechung des BVerfG zu Art. 72 Abs. 2 GG siehe MDHS-*Maunz*, Art. 72 GG, Rn. 16 ff.

II. Außenkompetenzen

Außenkompetenzen internationaler Organisationen, d. h. deren Befugnis zum Abschluß völkerrechtlicher Verträge, sind zumeist erheblich umstritten. Dies gilt oder galt zumindest lange Zeit auch für die Europäischen Gemeinschaften, da diese Frage trotz ihrer eminenten Bedeutung in den Gemeinschaftsverträgen nur an wenigen Stellen Erwähnung findet. Dies ist, soweit es den Gegenstand dieser Untersuchung betrifft, nur in Art. 113 EWGV, dem mit der EEA eingeführten Art. 130r Abs. 5 EWGV sowie in Art. 101 EAGV der Fall[113].

1. Außenkompetenzen nach dem EWG-Vertrag

Art 113 Abs. 1 EWGV weist der Gemeinschaft die gemeinsame Handelspolitik als ausschließliche Kompetenz zu[114]. Die Abgrenzung dieser Vorschrift zu weiteren - geschriebenen oder ungeschriebenen - Außenkompetenzen muß nach den gleichen Kriterien erfolgen wie auch die der entsprechenden Handlungsbefugnisse im Innenbereich, da der Kernbereich der Handelspolitik - der Warenverkehr mit dritten Staaten - das Spiegelbild des gemeinschaftlichen Binnenhandels ist[115].

Soweit internationale Abkommen Fragen der technischen Sicherheit von Produkten regeln, also produktbezogene Normen enthalten, mit dem Ziel, die Verkehrsfähigkeit der Waren sicherzustellen und Handelshemmnisse abzubauen, ist Art. 113 EWGV als die einschlägige Rechtsgrundlage anzusehen[116]. Die Berührung einer Maßnahme mit anderen Gebieten ändert nichts an ihrem Charakter als Handelsregelung[117].

Art. 113 ist damit für den Bereich der produktbezogenen Normen das Korrelat zur (inneren) Rechtsangleichung im Hinblick auf die Ziele des Gemeinsamen- oder des Binnenmarktes. Bedenklich ist hier allerdings, daß aufgrund

---

[113] Zu weiteren Außenkompetenzen vgl *Ipsen*, S. 175. Das Vertragsabschlußverfahren ist in Art. 228 Abs. 1 EWGV bzw. Art. 101 Abs. 2 u. 3 EAGV geregelt.

[114] Dies ist wohl einhellige Auffasung und st. Rspr. des EuGH; vgl. die Nachweise bei *Grabitz-Vedder* Art. 113 EWGV, Rn. 3; EuGH, Rs. 174/84, Slg. 1986, S. 559 (586).

[115] *Grabitz-Vedder*, a.a.O., Rn. 26.

[116] Vgl. *Pernice*, Die Verwaltung 1989, S. 1 (13).

[117] Eine uneinheitliche Praxis wird allerdings hier vom Rat geübt, der etwa die Verordnung 1734/88/EWG betreffend die Ausfuhr bestimmter gefährlicher Chemikalien aus der Gemeinschaft bzw. deren Einfuhr in die Gemeinschaft auf Art. 130s gestützt hat. Vgl. Abl. L 155/88, S.2.

der Ausschließlichkeit der Außenkompetenz nach Art. 113 diese in einzelnen Bereichen weitergehen kann, als die Handlungsbefugnisse in inneren Rechtsraum, wo Art. 100a Abs. 4 EWGV Raum für höhere oder weitergehende nationale Schutzvorschriften läßt.

Hier ist eine analoge Anwendung von Art. 100a Abs. 4 auf den Bereich der Außenkompetenzen zu erwägen, und zwar unter Verweis auf die umweltpolitischen Zielsetzungen des Vertrages im Sinne eines bestmöglichen Umweltschutzes[118].

Außerhalb von Art. 113 EWGV bemißt sich der Umfang der Außenkompetenzen der EWG allgemein und im Recht der technischen Sicherheit nach Maßgabe der Grundsätze der AETR-Rechtsprechung des Gerichtshofes[119]. Danach bestehen Außenkompetenzen dort, wo die Gemeinschaft im Innenbereich auf der Basis der ihr dort zustehenden Kompetenzen tätig geworden ist[120]. Die Außenkompetenz folgt daher der Innenkompetenz. Der EuGH hat seine Rechtsprechung dahingehend erweitert und präzisiert, daß eine Außenkompetenz auch dann besteht, wenn die Gemeinschaft von ihrer internen Befugnis noch keinen Gebrauch gemacht hat, sondern interne Maßnahmen erst anläßlich des Abschlusses und der Inkraftsetzung der völkerrechtlichen Vereinbarung ergriffen werden und dies notwendig ist, um eines der Ziele der Gemeinschaft zu erreichen[121].

Art. 130r Abs. 2 S. 2 EWGV begründet angesichts dieser Kriterien der AETR-Rechtsprechung keine neue Kompetenz für die Gemeinschaft, sondern hat lediglich deklaratorischen Charakter[122]. Dies hat im übrigen die Regierungskonferenz zum Abschluß der EEA durch die offizielle Erklärung zum Ausdruck gebracht, daß "Art. 130r Abs. 5 Unterabs. 2 die sich aus dem AETR-Urteil ergebenden Grundsätze nicht berührt"[123].

Der Umfang der Außenkompetenzen bestimmt sich daher aus dem Spiegelbild der bereits behandelten Innenkompetenzen. Dabei sind die Beschränkungen, die sich insbesondere aus dem Subsidiaritätsgrundsatz des Art. 130r Abs. 4 und dem Grundsatz der Erforderlichkeit gemeinschaftlicher Rechtsetzung ergeben, zu beachten. Besteht jedoch ein Bedürfnis nach Rechtsetzung

---

[118] Vgl. *Pernice*, a.a.O., S. 15.

[119] EuGH, Rs. 22/70, Slg. 1971, S. 263.

[120] Ibidem S. 274. Ausführlich dazu etwa *Vedder*, Die Auswärtige Gewalt, S. 130 ff.; *Sasse*, EuR 1971, S. 208 ff.

[121] EuGH, Rs. 1/76, Slg. 1977, S. 741 (756).

[122] Vgl. dazu auch CEDE, Umweltbestimmungen, S. 10 735 D f.

[123] Siehe Abl. L 169/87, S. 25.

durch die Gemeinschaft, so wird hierdurch die Befugnis der Mitgliedstaaten zum Abschluß völkerrechtlicher Veträge in diesem Bereich ausgeschlossen, selbst wenn die Gemeinschaft nur im Wege interner Rechtsetzung tätig geworden ist. Dies folgt aus der "Auschließlichkeit" der Außenkompetenzen der Gemeinschaft, wie sie der EuGH in der AETR-Entscheidung festgestellt hat. Es soll verhindern, daß Mitgliedstaaten einzeln oder selbst gemeinsam handelnd die Gemeinschaftsrechtsetzung beeinträchtigen[124]. Aus der Spiegelbildlichkeit der Außenkompetenzen folgt im übrigen auch, daß in den Fällen, in denen die Gemeinschaft völkerrechtliche Abkommen geschlossen hat, die Befugnis der Mitgliedstaaten zum Erlaß oder der Aufrechterhaltung weitergehender innerstaatlicher Vorschriften nach Maßgabe von Art. 100a Abs. 4 oder Art. 130t in gleichem Maße weiterbesteht, als wenn die Gemeinschaft durch interne Rechtsetzung tätig geworden wäre. Die Befugnis die bei interner Rechtsetzung der EG besteht, kann durch die Wahrnehmung entsprechender Außenkompetenzen nicht ausgeschlossen werden.

2. Außenkompetenzen nach dem EAGV

Im Rahmen des EAGV läßt sich die Frage nach den Außenkompetenzen leichter und eindeutiger beantworten, als für den EWGV.

Die Parallelität von Innen- und Außenseite der Handlungsbefugnisse bedarf keiner ausführlichen Herleitung und Begründung, wie sie der EuGH in der AETR- und den Folgeentscheidungen unternommen hat, sondern ergibt sich für den gesamten Umfang des Vertrages aus Art. 101 Abs. 1. Sie ist infolgedessen - soweit ersichtlich - unbestritten[125]. Nach Art 101 Abs. 1 kann die Gemeinschaft "im Rahmen ihrer Zuständigkeit Verpflichtungen durch Abkommen und Vereinbarungen mit einem dritten Staat, einer zwischenstaatlichen Einrichtung oder Angehörigen eines dritten Staates eingehen". Alle Fragen, zu deren autonomer, gemeinschaftsinterner Regelung die EAG kraft der ihr übertragenen Kompetenzen berechtigt ist, kann sie auch durch völkerrechtlichen Vertrag mit dritten Staaten kontraktuell regeln[126]. Sie hat damit eine generelle Vertragschließungsbefugnis[127].

---

[124] Vgl. EuGH, Rs.22/70, Slg. 1971, S. 263 (275).

[125] Vgl. EuGH, Beschluß 1/78, Slg. 1978, S. 2151 (2181); *Megret*, RMC 1964, S. 529 (530); *Haunschild*, in Hdb. f. Europ. Wirtschaft, Art. 101 EAGV, Rn. 1; *Nettesheim*, S. 34; *Neundörfer*, S. 30; *Vedder*, Die Auswärtige Gewalt, S. 92, m.w.N.

[126] Vgl. *Vedder*, Die Auswärtige Gewalt, S. 32.

[127] Siehe *Haunschild*, in Hdb. f. Europ. Wirtschaft, Art. 101 EAGV, Rn. 1; *Megret*, RMC 1964, S. 529 (530).

Der Vertrag enthält daneben noch Vorschriften, die für einzelne Arten völkerrechtlicher Verträge ausdrückliche Kompetenzen einräumen. Diese speziellen Vertragschließungskompetenzen widersprechen nicht der generellen Regelung des Art. 101, es handelt sich dabei lediglich um die Anwendung des generellen Prinzips im Einzelfall[128]. Im übrigen sind sie für Verträge im Bereich des Notfallschutzes irrelevant[129].

3. Innergemeinschaftliche Wirkung der von den Gemeinschaften geschlossenen Abkommen

Die voranstehenden Ausführungen haben gezeigt, daß sich die äußeren Kompetenzen der Gemeinschaft mit den inneren weitgehend decken, sodaß die Ausgestaltung des technischen Notfallschutzes - soweit dies erforderlich, sinnvoll und politisch möglich ist - auf größerer Basis als den Europäischen Gemeinschaften unter deren Mitwirkung erfolgen kann und sollte.

Um darzulegen, daß dies nicht mit dem Nachteil mangelnder Durchsetzbarkeit oder Verbindlichkeit gegenüber interner Gemeinschaftsrechtsetzung verbunden ist, soll noch kurz auf die innergemeinschaftliche Wirkung völkerrechtlicher Abkommen eingegangen werden.

Die innergemeinschaftliche Wirkung - dieser Terminus ist untechnisch und näher auszuführen - ist von der äußeren Verbindlichkeit der Verträge für die Gemeinschaft und ihre Vertragspartner zu unterscheiden. Letztere ist hauptsächlich eine Frage allgemeinen Völkerrechts und wurzelt in dem allgemeinen Rechtsgrundsatz "pacta sunt servanda".

Innerhalb der EG ist zwischen der (innergemeinschaftlichen) Geltung der Verträge und ihrer Anwendbarkeit zu unterscheiden [130].

Auf der Basis der hier vertretenen dualistischen Auffassung des Verhältnisses von Völkerrecht und Europäischem Gemeinschaftsrecht[131] ist

---

[128] Vgl. *Vedder*, Die Auswärtige Gewalt, S. 93; *Nettesheim*, S. 28 f., 61; *Krück*, S. 29.

[129] Als Kompetenzen dieser Art sind vor allem Art. 64, 172 Abs. 4 sowie Art. 106 zu erwähnen. Zu weiteren Einzelheiten vgl. *Vedder*, a.a.O.

[130] Vgl dazu neben den Kommentierungen zu Art. 228 Abs. 2 EWGV insbesondere *Bleckmann*, GYIL 19 (1975), S. 300 ff. Die hier verwendeten Begriffe der innergemeinschaftlichen Geltung und Anwendbarkeit entsprechen denjenigen des innerstaatlichen Rechts zur Wirkung völkerrechtlicher Verträge in der Rechtsordnung der Bundesrepublik. Sie sind auch dort vor allem von *Bleckmann*, Begriff und Kritereien, S. 57 ff. monographisch aufgearbeitet worden. Vgl. im übrigen *Zuleeg*, AöR 100 (1975), S. 304; *Koller*, S. 58 ff., 64 ff.

[131] Vgl. dazu vor allem *Bleckmann*, GYIL 18 (1975), S. 300 ff. m.w.N.

Art. 228 Abs. 2 EWGV als sedes materiae im Sinne eines Generaltransformators für die von der EWG im Rahmen ihrer Zuständig-keit abgeschlossenen völkerrechtlichen Verträge anzu-sehen[132], der zu ihrer innergemeinschaftlichen Geltung führt, ohne daß es dazu eines weiteren, speziell auf den jeweiligen Vertrag bezogenen Transformationsaktes bedarf[133]. Die Norm ordnet die Bindung der Gemeinschaftsorgane und der Mitgliedstaaten an die - entsprechend den Verfahrensvorschriften des Art. 228 Abs. 1 EWGV zustandegekommenen - Verträge an und verleiht ihnen damit Geltung innerhalb der Gemeinschaft. Der Inhalt eines gemeinschaftlichen Zustimmungs- oder Abschlußaktes ist für diese Geltung nur insoweit von Belang, als er Voraussetzung für ein wirksames Zustandekommen des völkerrechtlichen Vertrages mit Bindung für die Gemeinschaft ist.

In dieser Weise innergemeinschaftlich geltende Verträge sind unmittelbar anwendbar und können damit zu konkreten Rechtspositionen für die Gemeinschaftsbürger führen, wenn sie in einer Weise ausgestaltet sind, die Schlußfolgerungen auf konkrete Rechtsfolgen zulassen, ohne daß es weiterer Rechtsakte zu ihrer Umsetzung bedarf[134].

Für das entsprechende Problem der innerstaatlichen Anwendbarkeit von Verträgen hat sich der Begriff der "self-executing-treaties" herausgebildet[135]. Zur Klärung, ob ein Gemeinschaftsvertrag jeweils self-executing in diesem Sinne ist, bedarf es seiner Auslegung. Ansatzpunkte und Methoden sind allerdings erheblich umstritten[136]. Sie müssen ihren Ausgangspunkt bei der völkerrechtlichen Verpflichtung nehmen, können jedoch hierbei nicht stehenbleiben, sondern müssen auch innergemeinschaftliche Kriterien der Teleologie und Bestimmtheit aufnehmen. Völkerrechtliche Verträge der EWG, die nach diesen Kriterien unmittelbar anwendbar sind, nehmen im Rahmen ihres Anwendungsbereiches am allgemeinen Geltungsvorrang des Gemeinschafts-

---

132 Siehe *Bleckmann*, a.a.O., S. 301 ff.; sowie *Grabitz-Vedder*, Art 228 EWGV, Rn. 46, der die Bestimmung als Generaltransformator oder generellen Vollzugsbefehl ansieht, je nach dem, ob man einer dualistischen oder einer monistischen Auffassung folgt. Siehe auch die Nachw. ebda.

133 Nach dem Verfassungsrecht der Bundesrepublik bedarf es - abgesehen von Art. 25 GG - jeweils eines Transformationsaktes, der die innerstaatliche Geltung des Vertrages herbeiführt. Vgl. dazu *v. Münch-Rojahn*, Art. 59 GG, Rn. 40 ff.

134 Ähnlich *Grabitz-Vedder*, Art 228 EWGV, Rn. 47. Diese Abgrenzungskriterien liegen nahe bei denjenigen, die der EuGH seit der Entscheidung Van Gend & Loos (Rs. 26/62, Slg 1963, S. 1 (25 f.) für die unmittelbare Anwendbarkeit von Richtlinien zugunsten des Bürgers herausgebildet hat. Krit. dazu *Tomuschat*, Gedächtnisschrift f. Constantinesco, S. 801 (802 f.).

135 Zu den versch. Facetten dieses Begriffes vgl. *Bleckmann*, Begriff und Kriterien, S. 49 ff.

136 Siehe zu den versch. Auffassungen *Tomuschat*, a.a.O., S. 802 ff.; *Grabitz-Vedder*, Art. 228 EWGV, Rn. 48 ffO.

rechts[137] gegenüber den Rechtsordnungen der Mitgliedstaaten teil[138]. Da sie nach dem Wortlaut des Art. 228 Abs. 2 nicht nur die Mitgliedstaaten, sondern auch die Organe der Gemeinschaft binden, gehen sie im übrigen auch dem durch die Organe gesetzten Recht vor.

Soweit es allerdings an der unmittelbaren Anwendbarkeit eines Vertrages oder einer Vertragsbestimmung fehlt, bedarf er zur Entfaltung konkreter Rechte und Pflichten der Umsetzung durch verbindliches sekundäres Recht auf der Grundlage der Innenkompetenzen. Dies entfaltet sodann die dem jeweiligen Rechtsakt entsprechenden Wirkungen.

Nicht auf den ersten Blick eindeutig ist die innergemeinschaftliche Geltung von Abkommen, die auf der Basis von Art. 101 Abs. 1 EAGV abgeschlossen sind. Der EAGV weist keine dem Art. 228 Abs. 2 EWGV vergleichbaren Generaltransformator auf, sodaß man zu dem Ergebnis gelangen könnte, jeder abgeschlossene Vertrag bedürfe der Transformation in innergemeinschaftliches Recht durch einen entsprechenden Einzelakt. Aus Art. 232 Abs. 2 EWGV ist aber der Grundsatz zu entnehmen, daß die Vorschriften des EWG-Vertrages auch im Euratom-Bereich Anwendung finden, sofern nicht der EAGV eine besondere Regelung trifft[139]. Es kommt dabei jeweils darauf an, aus dem Schweigen des EAGV auf Lücken zu schließen, die die Heranziehung des EWG-Rechts erlauben[140].

Art. 228 Abs. EWGV kann folglich nur dann nicht als Generaltransformator für den EAG-Bereich herangezogen werden, wenn der EAGV den Schluß zuließe, dieses Problem abweichend zum EWGV regeln zu wollen. Davon kann nicht ausgegangen werden. Zum einen stellt sich der EAGV durch seine eindeutige und weitgehende Normierung der Außenkompetenzen als mindestens ebenso völkerrechtsfreundlich dar wie der EWGV. Zum anderen müssen die Gemeinschaftsverträge als einheitliche Gemeinschaftsrechtsordnung begriffen werden[141], der eine erhebliche Abweichung in einer derartigen Frage in "Teilbereichen" nicht unterstellt werden kann. Demzufolge ist davon auszuge-

---

137 Siehe dazu *Beutler/Bieber/Pipkorn/Streil*, S. 87 ff.

138 GBTE-*Schröder*, Art. 228 EWGV, Rn. 32; *Krück*, S. 173; *Bleckmann*, GYIL 18 (1975), S. 300 (303).

139 Vgl. dazu *Haunschild*, in Hdb. f. Europ. Wirtschaft, Art. 101 EAGV, Rn 4; *Grabitz-Vedder*, Art. 232 EWGV, Rn. 8; *Beutler/Bieber/Pipkorn/Streil*, S. 40; GBTE-*Petersmann*, Art. 232 EWGV Rn. 7.

140 *Grabitz-Vedder*, a.a.O.; GBTE-*Petersmann*, ebda.

141 Siehe dazu *Bleckmann*, EuR 1978, S. 95 ff.

hen, daß Art. 228 Abs. 2 EWGV auch als Generaltransformator im Bereich des EAGV wirkt[142], mit der Konsequenz, daß im EAG-Bereich geschlossene völkerrechtliche Verträge innergemeinschaftlich die gleiche Wirkung entfalten, wie solche, die auf der Basis des EWGV geschlossen wurden[143].

---

142 Für Vertreter einer monistischen Auffassung, die Art. 228 Abs. 2 EWGV als Vollzugsbefehl für die innergemeinschaftliche Geltung von Völkerrecht verstehen, stellt sich das hier erörterte Problem nur in geringerer Schärfe, da ein Vollzugsbefehl letztlich nur deklaratorischen Charakter hat.

143 Im Ergebnis ebenso wohl *Haunschild*, in Hdb. f. Erop. Wirtschaft, Art. 101 EAGV, Rn. 4.

Zusammenfassung

Der Versuch, die Ergebnisse dieser Untersuchung zusammenzufassen, muß sicherlich Ernüchterung aufkommen lassen. Sowohl dem Völkerrecht als auch dem Europäischen Gemeinschaftsrecht kann der Befund ausgestellt werden, an Rechtsregeln zum Schutz vor technisch-industriellen Umweltnotfällen in vielerlei Hinsicht Defizite aufzuweisen.

Das allgemeine Völkerrecht kennt lediglich vage formulierte Hilfs- und Beistandspflichten, die letztlich aus dem Grundsatz der Solidarität abgeleitet werden. Daneben existiert eine Pflicht zur Information, wenn Umweltnotfälle erhebliche grenzüberschreitende Folgen nach sich zu ziehen drohen. Vertragliche Regelungen sind nur punktuell für Einzelbereiche zu verzeichnen. Vergleichsweise umfangreich sind die Notfallintervention bei Ölunfällen auf Hoher See bzw. in Küstengewässern normiert. Vertragliche Haftungsbestimmungen bestehen im wesentlichen nur für Nuklearunfälle; diese sind allerdings mit dem Mangel behaftet, daß eine Reihe von Staaten, mit präsumtiv niedrigen Schutzstandards sie nicht mit abgeschlossen haben.

Das Europäische Gemeinschaftsrecht weist eine Vielzahl, ja eine nahezu schon fast unüberschaubar gewordene Fülle von Rechtsregeln auf, die in erster Linie dem Ziel der Herstellung des Gemeinsamen Marktes oder des Binnenmarktes und mittelbar dem Umweltschutz oder gar diesem unmittelbar gewidmet sind. Sie tragen damit getreu dem Vorsorgeprinzip auch zur Vorbeugung von Umweltnotfällen bei, wenn sie auch einer speziellen Zielsetzung in dieser Richtung entbehren.

In Anbetracht der Bedrohungslage durch technisch-industrielle Risiken in der Gegenwart kann aber eine derartige Vorsorgepolitik nicht hinreichen.

Unmittelbar auf technischen Notfallschutz ausgerichtete Rechtsvorschriften für den Vorsorgebereich oder auch Regelungen für die eigentliche Notfallphase sind hingegen nur vereinzelt aufzufinden.

"Überwiegend Fehlanzeige" ist für die Nach-Notfallphase zu erstatten. Hier mangelt es - von einzelnen Aspekten abgesehen - bereits an Regelungen über die Haftung und den Schadensausgleich.

An angemessenen Strukturen einer "vorsorgenden Nachsorge", um auch am Ende der Arbeit wieder einen Begriff *U. Becks*[1] aufzugreifen, fehlt es nahezu völlig.

In Anbetracht der wohl unbestreitbaren Tatsache, daß sich technische Großrisiken, wenn sie sich einmal realisieren, globale und zeitlich nicht abschätzbare Folgen hervorrufen und sich damit einer ökonomischen Kompensation in weitem Maße entziehen, sind solche aber gerade in verstärktem Maße zu fordern. Wenn in den vorangegangenen Ausführungen häufig das Fehlen von Haftungsnormen, insbesondere Gefährdungshaftungstatbeständen beklagt wurde, so soll dies nicht darauf hindeuten, als seien diese zur "Nachbehandlung" von internationalen Umweltnotfällen das alleinige und hinreichende Instrument. Sie können lediglich einen ersten Schritt bedeuten, denen weitere Maßnahmen zu folgen haben.

Eine Beurteilung des geltenden internationalen und europäischen Rechts des technisch-industriellen Umweltnotfalles muß nach alledem mit dem Prädikat "in weiten Teilen defizitär" enden.

Für den völkerrechtlichen Teil kann dies auf einen mangelnden Willen der Staaten zu wirklich weitgehender internationaler Zusammenarbeit zurückgeführt werden.

Politische Ursachen dürften auch dafür maßgeblich sein, daß die Europäischen Gemeinschaften ihr rechtliches Instrumentarium nicht weiter ausgebaut haben, als dies der Fall ist.

Kompetenzielle Hindernisse stehen dem nur an einzelnen Stellen, wie etwa für Haftungsvorschriften im Euratom-Bereich, entgegen. Durch die Umweltschutzklauseln in der EEA, insbesondere Art. 130r Abs. 2 S. 2 EWGV, sind die EG im Gegenteil geradezu aufgefordert, verstärkt tätig zu werden und auf ihrer Ebene das angesichts der Problemsituation notwendige Regelungsinstrumentarium mit möglichst hohem Schutzniveau bereitzustellen.

Bei Umweltnotfällen, die ihren Ursprung in Ereignissen außerhalb der geographischen Grenzen der EG haben, sind die Zugriffsmöglichkeiten der Gemeinschaft, zumindest was die allgemeine Notfallvorsorge oder Fragen der Haftung anlangt, beschränkt. Für diese Fälle sollten aber zumindest Regelungen spezifischer Notfallvorsorge, in der Form von Alarm- und Einsatzplänen sowie über die Information potentiell Betroffener und Vorschriften für die Notfallphase ausgebildet werden. Hier besteht in besonderem Maße Abstimmungsbedarf mit EG-Grenzanrainern.

Für Vorfälle, die ihren Ursprung innerhalb der EG haben, sollten detaillierte Anordnungen für alle zeitlichen Phasen des Notfallschutzes getroffen werden.

[1] S. Gegengifte, S. 10, 120 ff.

Dies sollten schon aus Gründen der Verhinderung von Wettbewerbsverzerrungen grundsätzlich EG-weit einheitliche getroffen werden, soweit nicht aufgrund des Subsidiaritätsprinzips oder nach Gesichtspunkten der Erfordelichkeit Ausnahmen hiervon geboten sind.

Literaturverzeichnis

Adams, Michael, Ökonomische Analyse der Gefährdungs- und Verschuldenshaftung, Heidelberg 1985

Anselmann, Norbert, Die Rolle der europäischen Normung bei der Schaffung des europäischen Binnenmarktes, in: RIW/AWD 1986, S. 936

Barron, Jillian, After Chernobyl: Liability for Nuclear Accidents under international Law, in: Columbia Journal of Transnational Law, Vol. 25 (1987), S. 647

Bartlsperger, Richard, Leitlinien zur Regelung der gemeinschaftsrechtlichen Umweltverträglichkeitsprüfung unter Berücksichtigung der Straßenplanung, in: DVBl 1987, S. 1

Beck, Ulrich, Gegengifte, Die organisierte Unverantwortlichkeit, Frankfurt a. M. 1988

Beck, Ulrich, Risikogesellschaft, Auf dem Weg in eine andere Moderne, Frankfurt a. M. 1986

Behrens, Fritz, Rechtsgrundlagen der Umweltpolitik der Europäischen Gemeinschaften, Berlin 1976

Beinhauer, Hagen, Feuer des Verderbens, Feuer der Hoffnung, Vereinte Nationen und die umstrittene Rolle der Kernenergie in der Weltenergieversorgung, in: Vereinte Nationen, 1988, S. 41

Berber, Friedrich, Lehrbuch des Völkerrechts, Band I, 2.Aufl., München 1975

Beutler, Bengt, *Bieber*, Roland, *Pipkorn*, Jörn, *Streil*, Jochen, Europäische Gemeinschaft - Rechtsordnung und Politik - 3. Aufl., Baden-Baden 1987

Beyerlin, Ulrich, Die lokale grenzüberschreitende Zusammenarbeit, Heidelberg 1988

Beyerlin, Ulrich, Grenzüberschreitender Umweltschutz und allgemeines Völkerrecht, in: Fs. f. Karl Doehring, Berlin, Heidelberg 1989, S. 37

Beyerlin, Ulrich, Stichwort: Rhein, in: *Kimminich*, Otto, *v. Lersner*, Heinrich, *Storm*, Peter Christoph, (Hrsg.), Handwörterbuch des Umweltrechts, Berlin 1988, Spalte 272

Bierau, Dieter, *Nicodemus*, Sigrid, Umfang und Struktur von Gefahrguttransporten im Jahre 1984, in: Wirtschaft und Statistik 1986, S. 813

Bischof, Werner, Die Begriffe "Störfall" und "Unfall" im Atomenergierecht, in: Energiewirtschaftliche Tagesfragen, 1980, S. 592

Bischof, Werner, EG-Strahlenschutzrecht durch unmittelbar verbindliche Verordnung, in: UPR 1988, S. 81

Bischof, Werner, Rechtsgrundlagen der internationalen Hilfeleistung bei Katastrophen- und Unglücksfällen, unter besonderer Berücksichtigung des Atomrechts, in: *Götz*, Volkmar, *Rauschning*, Dietrich, *Zieger*, Gottfried (Hrsg.), Wirtschaft und Technik im Völkerrecht, Köln, Berlin, Bonn, München, 1982, S.227 (zit.: Rechtsgrundlagen der int. Hilfeleistung)

Bischof, Werner, Strahlenschutzvorsorgegesetz, Kommentar, Baden - Baden 1989

Bischof, Werner, Zwischenstaatliche Übereinkommen über die gegenseitige Hilfe in radiologischen Notfällen, in: Energiewirtschaftliche Tagesfragen, 1982, S. 585

Blankart, F. A., Die Herausforderung des EG-Binnenmarktes. Eine integrationspolitische Lagebeurteilung aus Schweizer Sicht, in: Economy, Nr. 1/1989, S. 42

Bleckmann, Albert, Begriff und Kriterien der innerstaatlichen Anwendbarkeit völkerrechtlicher Verträge, Berlin 1970

Bleckmann, Albert, Die Einheit der Europäischen Gemeinschaftsrechtsordnung, Einheit oder Mehrheit der Europäischen Gemeinschaften, in: EuR 1978, S. 95

Bleckmann, Albert, Die Position des Völkerrechts im innerstaatlichen Rechtsraum der Europäischen Gemeinschaften, in: GYIL 18 (1975), S. 300

Bleckmann, Albert, Die Position des Völkerrechts im inneren Rechtsraum der Europäischen Gemeinschaften, Monismus oder Dualismus der Rechtsordnungen, in: GYIL 18 (1975), S. 300

Bleckmann, Albert, Europarecht, 5. Aufl., Köln, Berlin, Bonn, München 1990

Bothe, Michael, International Legal Problems of Industrial Siting in Border Areas and National Environmental Politics, in: OECD (Hrsg.), Transfrontier Pollution and the Role of States, Paris 1981, S. 79 (zit.: International Siting)

Bothe, Michael, Umweltschutz als Aufgabe der Rechtswissenschaft, Völkerrecht und Rechtsvergleichung, in: ZaöRV 32 (1972), S. 483

Boulanger, Werner, Haftung für nukleare Schäden, in: *Kaiser*, Karl, *Lindemann*, Beate (Hrsg.), Kernenergie und internationale Politik, München, Wien 1975, S. 269

Bourne, Charles B., Procedure in the Development of International Drainage Basins: The Duty to Consult and Negotiate, in: CanYBL 1972, S.212

Boyle, Allan E., State Responsibility and International Liability for Injurious Consequences of Acts not Prohibeted by International Law: A necessary Distinction?, in: Int a Comp Law Quarterly, 1990, S. 1

Brown, Diana K., Chernobyl: Its Implications for International Atomic Energy Regulation, in: Michigan Yearbook of International Legal Studies, 1988, S. 369

Brüggemeier, Gert, *Reich*, Norbert, Die EG-Produkthaftungsrichtlinie 1985 und ihr Verhältnis zur Produzentenhaftung nach § 823 Abs.1 BGB, in: WM 1986, S. 149

Bruha, Thomas, Internationale Regelungen zum Schutz vor technisch-industriellen Umweltnotfällen, in: ZaöRV 44 (1984), S. 1

Bruha, Thomas, Normen und Standards im Warenverkehr mit Drittstaaten, in: *Hilf*, Meinhard, *Tomuschat*, Christian (Hrsg.), EG und Drittstaatsbeziehungen, Baden-Baden 1991

Bruha, Thomas, Rechtsangleichung in der Europäischen Wirtschaftgemeinschaft, Deregulierung durch "Neue Strategie"?, in: ZaöRV 46 (1986), S. 1

Bryde, Brun-Otto, Das Recht der Risikogesellschaft, Vortrag, gehalten am 17.12.1990 im Rahmen der Gießener Vortragsreihe "Wissenschaft und neues Weltbild" , abgedr. in: *Bauer*, Heinz, *Grabes*, Herbert, Wissenschaft und Neues Weltbild, Gießen 1991

Bryde, Brun-Otto, Völker- und Europarecht als Alibi für Umweltschutzdefizite?, in: Gedächtnisschrift für W. Martens, Berlin, New York 1987, S. 769

Bull, Hans Peter, Informationswesen und Datenschutz als Gegenstand von Verwaltungspolitik. in: Ders., Verwaltungspolitik, Neuwied, Darmstadt 1979, S. 119

Bullinger, Martin, Haftungsprobleme des Umweltrechts aus der Sicht des Verwaltungsrecht, in: VersR 1972, S. 599

Bunge, Thomas, Zur Umweltverträglichkeitsprüfung in Deutschland - eine Zwischenbilanz, in: ZfU 1984, S. 405

Burhenne, Wolfgang (Hrsg.), Internationales Umweltrecht - Multilaterale Verträge, Dokumentensammlung, Loseblatt (6 Bände) Berlin, Stand 1982 (zit.: *Burhenne*, Internationales Umweltrecht-Multilaterale Verträge)

Carson, P. A., *Mumford*, C. J., Reporting and Analysis of Industrial Incidents (1981-86), in: Industry and Environment, Vol. 11 (1988), No.3, S.23

Clayton, Stuart F. jr.,The International Atomic Energy Agency: An Expanding Role in the Post-Chernobyl World, in: North Carolina Journal of International Law and Commercial Regulation, 1987, S. 269

Club of Rome, The Limits of Economic Growth, New York, 1972

Cupei, Jürgen, Die Richtlinie der EG zur Umweltverträglichkeitsprüfung, in: Wirtschaft und Verwaltung 1985, S.63

Cupei, Jürgen, Die Richtlinie des Rates über die Umweltverträglichkeitsprüfung (UVP) bei bestimmten öffentlichen und privaten Projekten, in: NuR 1985, S. 297

Cupei, Jürgen, Umweltverträglichkeitsprüfung, Köln, Berlin, Bonn, München 1986

Dahm, Georg, *Delbrück*, Jost, *Wolfrum*, Rüdiger, Völkerrecht, Bd. I/1, 2. Aufl., 1988 (zit.:*Dahm / Delbrück / Wolfrum*)

Del Bino, Goffredo, Regelungen auf dem Gebiet der Biotechnologie, in: Eur Um 1988/3, S. 31

Delbrück, Kilian, Die Gentechnik-Richtlinien der EG - Rechtsangleichung im europäischen Technikrecht, in: EuZW 1990, S. 371

Deutsch, Erwin, Der Schutzbereich der Produzentenhaftung nach dem BGB und dem PHG, in: JZ 1989, S. 465

Deutscher Rat für Landespflege, Zur Umweltverträglichkeitsprüfung - gutachtliche Stellungnahme, in: Schriftenreihe des Deutschen Rates für Landespflege, Heft 56, S .455 (zit.: Deutscher Rat für Landespflege, gutachtliche Stellungnahme)

Dicke, Klaus, Grenzüberschreitende Umweltverschmutzung als völkerrechtliches Problem, in: *Haendcke-Hoppe*, Maria, *Merkel*, Konrad (Hrsg.), Umweltschutz in beiden Teilen Deutschlands, Berlin 1986, S. 105

Dintelmann, Klaus, Die Verunreinigung internationaler Binnengewässer insbesondere in Westeuropa aus der Sicht des Völkerrechts, Köln, Berlin, Bonn, München, 1965

Dupuy, P. M., International Liability of States for Damage Caused by Transfrontier Pollution, in: OECD, (Hrsg.), Legal Aspects of Transfrontier Pollution, Paris 1977, S. 345

Dupuy, P. M., La responsabilité internationale des Etats pour les Dommages d'origine technologique et industrielle, 1976

Eagleton, Clyde, The Responsibility of States in International Law, New York 1928

Ehlermann, Claus-Dieter, The Internal Market Following the Single European Act, in: CMLR 1987, S. 361

Eilenberger, Maren, Gefahrgut-Tage Hamburg 1987, Transport-Recht 1987, S. 174

Erbguth, Wilfried, Rechtsfragen des Bodenschutzes, in: UPR 1984, S. 241

Erbguth, Wilfried, Umweltverträglichkeitsprüfungen im Rechtssystem - ein kritischer Überblick, in: BayVBl 1983, S. 129

Erdmenger, Jürgen, Die Anwendung des EWG Vertrages aus Seeschiffahrt und Luftfahrt, (Diss. iur.), Hamburg 1962

Eriskat, Hans, Die Novellierung der Euratom-Grundnormen und der Entwurf der Strahlenschutzverordnnung, in: *Lukes*, Rudolf (Hrsg.), Viertes Deutsches Atomrechts-Symposium, Köln, Berlin, Bonn, München 1976

Eriskat, Hans, *Pander*, Joachim v., Die neuen Euratom-Strahlenschutz-Richtlinien und ihre Anwendung in den Mitgliedstaaten der Europäischen Gemeinschaften, in: DVBl 1984, S. 69

Erler, Georg, *Kruse*, Hans, *Pelzer*, Norbert, Deutsches Atomenergierecht, Loseblattsammlung, 3. Aufl. Göttingen, Stand 1982

Esser, Josef, Grundlagen und Entwicklung der Gefährdungshaftung, 2. Aufl., München 1969 (*Esser*, Gefährdungshaftung)

Europäischer Rat für Umweltrecht (CEDE), Die Umwelt im Vertrag zur Gründung der Europäischen Wirtschaftsgemeinschaft, geändert durch die Einheitliche Europäische Akte, in: *Burhenne*, Wolfgang (Hrsg.), Umweltrecht der Europäischen Gemeinschaften, Loseblattsammlg. Stand 1990, Bd. 1 . S. 10 731 D ff. (zit.: CEDE, Umweltbestimmungen)

Everling, Ulrich, Auf dem Wege zu einem europäischen Verwaltungsrecht, in: NVwZ 1987, S. 1

Everling, Ulrich, *Schwartz*, Ivo, *Tomuschat*, Christian, Die Rechtsetzungsbefugnisse der EWG in Generalermächtigungen, insbesondere in Art. 235 EWGV, EuR Sonderheft 1976

Fahl, Gundolf, Internationales Recht der Rüstungsbeschränkung / International Law of Arms Control, Loseblattkommentar, Band 1-4, Berlin, Stand 1988

Fiedler, Wilfried, Die Konvention zum Recht der Staatensukzession: Ein Beitrag der ILC zur Entwicklung eines "Modern International Law" ?, in: GYIL 24 (1981), S. 9

Fröhler, Ludwig, *Zehetner*, Franz, Rechtsschutzprobleme bei grenzüberschreitenden Umweltbeeinträchtigungen, Bd. 1, Linz 1979

Frowein, Jochen Abr., Freundschaft und Zusammenarbeit unter den Staaten, Die UN-Resolution über freunschaftliche Beziehungen als Ausdruck wichtiger Strömungen im heutigen Völkerrecht, in: Europa-Archiv 1973, Bd.1, S.70

Gassner, Erich, Der Ersatz des ökologischen Schadens nach geltendem Recht, in: UPR 1987, S. 370

Geck, Wilhelm Karl, Die Ausweitung von Individualrechten durch völkerrechtliche Verträge und der diplomatische Schutz, in: Fs. f. Karl Carstens, Bd. I ,Köln, Berlin, Bonn, München 1984, S. 339

Gehrmann, W.D., *Hannequart*, J.P., *Maier*, P.A., Transport giftiger und gefährlicher Güter und Stoffe sowie nichtnuklearer Abfälle in der Europäischen Gemeinschaft - rechtliche Lage, in: Europäische Stiftung zur Verbesserung der Lebens- und Arbeitsbedingungen (Hrsg.), Transport gefährlicher Abfälle, Brüssel 1985, S. 1 (zit.: *Gehrmann / Hannequart / Maier*, Transport gefährlicher Güter)

Gieseke, Paul, *Wiedemann*, Werner, *Czychowski*, Manfred, Wasserhaushaltsgesetz, 5. Aufl., München 1989

Glaesner, Hans-Joachim, Umwelt als Gegenstand einer Gemeinschaftspolitik, in: *Rengeling*, Hans-Werner (Hrsg.), Europäisches Umweltrecht und europäische Umweltpolitik, Köln, Berlin, Bonn, München 1988, S. 1

Goldie, L. F. E., Liability for Damage and the Progressive Development of International Law, in: Int a Comp Law Quarterly, Vol. 14 (1965), S. 1189

Goldschmidt, Jürgen, Das Problem einer völkerrechtlichen Gefährdungshaftung unter besonderer Berücksichtigung des Atom- und Weltraumrechts, Köln, Berlin, Bonn, München 1978

Gornig, Gilbert, Schadensersatz bei grenzüberschreitenden Reaktorunfällen, in: JZ 1986, S. 979

Grabitz, Eberhard, (Hrsg.), Kommentar zum EWG-Vertrag, Loseblattsammlung, München, Stand September 1989 (zit.: *Grabitz*-Bearbeiter)

Grabitz, Eberhard, *Zacker*, Christian, Die neuen Umweltkompetenzen der EWG, in: NVwZ 1989, S. 297

Green, Stephen, International Disaster Relief, New York 1977

Groeben, Hans von der, *Boeckh*, Hans v., *Thiesing*, Jochen, *Ehlermann*, Claus-Dieter, (Hrsg.), Kommentar zum EWG-Vertrag, 3. Aufl., Baden-Baden 1983 (zit.: GBTE-Bearbeiter)

Groeben, Hans von der, *Thiesing*, Jochen, *Ehlermann*, Claus-Dieter, (Hrsg.), Handbuch für Europäische Wirtschaft, Loseblattsammlung, Baden-Baden, Stand 1991 (zit.: Bearbeiter, in Hdb. f. Europ. Wirtschaft)

Groth, Klaus-Martin, Die gentechnische Herausforderung, in: KJ 1988, S. 247

Grunwald, Jürgen, Neue Entwicklungen des Euratom-Rechts, in: EuZW 1990, S. 209

Grunwald, Jürgen, Tschernobyl und das Gemeinschaftsrecht, in: EuR 1986, S. 315

Gündling, Lothar, Die Wiederaufarbeitungsanlage als Problem des Völkerrechts, in: *Roßnagel*, Alexander, Rechtsprobleme der Wiederaufarbeitung, Baden-Baden 1987, S. 155

Gündling, Lothar, Ölunfälle bei der Ausbeutung des Festlandsockels, in: ZaöRV 37 (1977), S. 530

Gündling, Lothar, Verantwortlichkeit der Staaten für grenzüberschreitende Umweltbeeinträchtigungen, in: ZaöRV 45 (1985), S. 265

Gurlit, Elke, Die Verwaltungsöffentlichkeit im Umweltrecht, (Diss. iur.), Düsseldorf 1989

Gurlit, Elke, Europa auf dem Weg zur gläsernen Verwaltung, in: ZRP 1989, S. 253

Gustav-Radbruch-Forum für Rechtspolitik, Arbeitsgruppen-Bericht, in: *Bull*, Hans Peter, Verwaltungspolitik, Neuwied, Darmstadt 1979, S. 243

Hafner, Gerhard, Die Möglichkeit der Entwicklung der Rechtsbeziehungen zwischen Österreich und der EWG außerhalb einer Mitgliedschaft, in: ÖZÖRVR 1989, S. 1

Hager, Günter, Das neue Umwelthaftungsgesetz, in: NJW 1991, S. 134

Hager, Günter, Umweltschäden - ein Prüfstein für die Wandlungs- und Leistungsfähigkeit des Deliktsrechts, in: NJW 1986, S. 1961

Hahn, Werner, Offenbarungspflichten im Umweltschutzrecht (Diss.iur.), Köln, Berlin, Bonn, München, 1984

Hailbronner, Kay, Der "nationale Alleingang" im Gemeinschaftsrecht am Beispiel der Abgasstandards für PKW, in: EuGRZ 1989, S. 101

Haines, R. C., Studie über Sicherheitsaspekte der Handhabung und Überwachung von Sonderabfällen, in: Europäische Stiftung zu Verbesserung der Lebens- und Arbeitsbedingungen (Hrsg.), Sicherheitsaspekte der Handhabung und Überwachung von Sonderabfällen, Birmingham, Brüssel 1988, S. 1

Handl, Günther, An International Legal Perspective on the Conduct of Abnormally Dangerous Activities in Frontier Areas: The Case of Nuclear Power Plant Siting, in: Ecology Law Quarterly, Vol. 7 (1978), S. 1

Handl, Günther, State Liability for Accidental Transnational Environmental Damage by Private Persons, in: AJIL, 74 (1980), S. 525

Handl, Günther, Territorial Sovereignty and the Problem of Transnational Pollution, in: AJIL 69 (1975), S. 5

Hansmann, Klaus, Neue Durchführungsvorschriften zum Bundes-Immissionsschutzgesetz, in: NVwZ 1988, S. 1000

Harndt, Raimund, Völkerrechtliche Aspekte des Reaktorunfalles von Tschernobyl, in: Berliner Anwaltsblatt 1986, S. 151

Hartkopf, Günter, *Bohne*, Eberhard, Umweltpolitik, Bd. 1, Opladen 1983

Heller, Michael A., Chernobyl Fallout: Recent IAEA Conventions Expand Transboundary Nuclear Pollution Law, in: Stanford Journal of International Law, 1987, S. 651

Hilger, Reinhard, Die Geltendmachung der Ansprüche aus einer völkerrechtswidrigen Verletzung von Privatpersonen, (Diss. iur.),Göttingen 1966

Hoche, Angelika, Verhältnis der Zivilhaftungskonventionen für Atom- und Ölverschmutzungsschäden zur völkerrechtlichen Haftung, (Diss. iur.) München 1988

Hochgürtel, Hans, Das Recht des Umweltschutzes in der Zivilluftfahrt, Köln, Berlin, Bonn, München 1984

Hoechst, Peter, Die US-amerikanische Produzentenhaftung, Köln, Berlin, Bonn, München 1986

Hollmann, Hermann H., Die EG-Produkthaftungsrichtlinie, in: DB 1985, S. 2389, 2439

Hoppe, Werner, *Beckmann*, Martin, Umweltrecht, München 1989

Hösel, Gottfried, *v. Lersner*, Heinrich, Recht der Abfallbeseitigung, Loseblattsammlung Bd. I u. II, Berlin, Stand 1990

Hosemann, Gerhard, (Hrsg.), Risiko in der Industriegesellschaft, Analysen, Vorsorge und Akzeptanz (Vortragssammlung), Erlangen 1989

Humanistische Union, Freie Akteneinsicht, Materialien und Dokumente, Berlin 1980

International Atomic Energy Agency (IAEA) (Hrsg.), The Annual Report for 1987, Wien 1988

Ipsen, Hans Peter, Europäisches Gemeinschaftsrecht, Tübingen 1972

Jans, Jan Hendrik, Grenzüberschreitendes Umweltrecht - im niederländisch/deutschen Grenzgebiet, Köln, Berlin, Bonn, München 1990

Jenks, C. Wilfred, Liability for Ultra-Hazardous Activities in International Law, in: Recueil des Cours de l'Academie de Droit International, Bd. 117 (1966 I), S. 99

Jessurun D'Oliveira, Hans Ulrich, Das Rheinchloridabkommen und die EWG, in: RIW/AWD 1983, S. 322

Kaplan, Steven G., Compensating Damage Arising from Global Nuclear Accidents: The Chernobyl Situation, in: Loyola of Los Angeles International and Comparative Law Journal, Vol. 10 (1988), S. 241

Kilian, Michael, Umweltschutz durch Internationale Organisationen, Berlin 1987

Kimminich, Otto, Völkerrechtliche Haftung für das Handeln Privater im Bereich des internationalen Umweltschutzes, in: AVR 22 (1984), S.241

Kirgis, Frederic L., Prior Consultation in International, Law A Study of State Practice, Charlottesville (Virginia/USA), 1983

Klein, Eberhard, Umweltschutz im völkerrechtlichen Nachbarrecht, Berlin 1976

Kloepfer, Michael, Chemikaliengesetz, Berlin 1982

Kloepfer, Michael, *Kohler*, Christian, Kernkraftwerk und Staatsgrenze, Berlin 1981

Kloepfer, Michael, Umweltrecht, München 1989

Koller, Arnold, Die unmittelbare Anwendbarkeit völkerrechtlicher Verträge und des EWG-Vertrages im innerstaatlichen Bereich, Bern 1971

Kommission der Europäischen Gemeinschaften (Hrsg.), Transport von radioaktiven Stoffen in der Europäischen Gemeinschaft, Teil I u. II, in: Energie in Europa, Heft 13 (89), S. 74 und Heft 14 (89), S. 35

Krakau, Knud, Harmon-Doktrin, Hamburg 1966

Krakau, Knud, *v. Wedel*, Henning, *Göhmann*, Andreas, Resolutionen der Generalversammlung der UNO (Dokumentenband), Frankfurt, 1975

Krämer, Ludwig, Das Verursacherprinzip im Gemeinschaftsrecht, zur Auslegung von Art. 130r EWG-Vertrag, in: EuGRZ 1989, S. 353

Krämer, Ludwig, EEC Treaty and Environmental Protection, London 1990

Krämer, Ludwig, Einheitliche Europäische Akte und Umweltschutz: Überlegungen zu einigen neuen Bestimmungen im Gemeinschaftsrecht, in: *Rengeling*, Hans-Werner (Hrsg.), Europäisches Umweltrecht und europäische Umweltpolitik, Köln, Berlin, Bonn, München 1988, S. 137

Kremer, Eduard, Umweltschutz durch Umweltinformation: Zur Umweltinformationsrichtlinie des Rates der Europäischen Gemeinschaften, in: NVwZ 1990, S. 843

Krück, Hans, Völkerrechtliche Verträge im Recht der Europäischen Gemeinschaften, Berlin, Heidelberg, New York 1977

Krüger, Herbert, Sichwort: Salvage, in: *Strupp*, Karl, *Schlochauer*, Hans-Jürgen, Wörterbuch des Völkerrechts, Band 3, Berlin 1962, S. 156

Kühne, Gunther, Haftung bei grenzüberschreitenden Schäden aus Kernreaktorunfällen, in: NJW 1986, S. 2139

Ladeur, Karl-Heinz, Rechtliche Steuerung der Freisetzung von gentechnologisch manipulierten Organismen, in: NuR 1987, S. 60

Ladeur, Karl-Heinz, Schadensersatzansprüche des Bundes für die durch den Sandoz-Unfall entstandenen "ökologischen Schäden"?, in: NJW 1987, S. 1236

Larenz, Karl, Die Schadenshaftung nach dem Wasserhaushaltsgesetz im System der zivilrechtlichen Haftungsgründe, in: VersR 1963, S. 593

Leidig, Guido, Bodenschutz im Rechtssystem, Frankfurt a. M. 1987

Lepkowski, Wil, The Legacy of Bhopal, in: Industry and Environment, Vol. 11 (1988), Nr. 3, S. 18

Lietzmann, Kurt, Einheitliche Europäische Akte und Umweltschutz: Die neuen Umweltbestimmungen im EWG-Vertrag, in: *Rengeling*, Hans-Werner (Hrsg.), Europäisches Umweltrecht und europäische Umweltpolitik, Köln, Berlin, Bonn, München 1988, S. 163

Lübbe, Hermann, Risiko und Lebensbewältigung, in: *Hosemann*, Gerhard, (Hrsg.), Risiko in der Industriegesellschaft, Analysen, Vorsorge und Akzeptanz (Vortragssammlung), Erlangen 1989, S. 15

Lukes, Rudolf, *Birkhofer*, Adolf, Rechtliche Ordnung der Technik als Aufgabe der Industriegesellschaft, Vorträge und Diskussionen, Köln, Berlin, Bonn, München, 1980

Lukes, Rudolf, Die Gentechnologie aus der Sicht des Rechts der Technik, in: DVBl 1986, S. 174

Macalister-Smith, Peter, The International Relief Union of 1932, Disasters: The International Journal of Disaster Studies and Practice 5 (1981), S. 147

Madders, Kevin J., Trail Smelter Arbitration, in: *Bernhardt*, Rudolf (Hrsg.), Encyclopedia of Public International Law (EPIL), Instalment 2 (1981), S. 276

Malone, Linda A., The Chernobyl Accident: A Case Study in International Law Regulating State Responsibility for Transboundary Nuclear Pollution, in: Columbia Journal of Environmental Law, Vol. 12 (1987), S. 203

Maunz, Theodor, *Dürig*, Günter, *Herzog*, Roman, *Scholz*, Rupert, (Hrsg.), Grundgesetz, Kommentar, Loseblattausgabe, München Stand 1990 (zit.: MDHS-Bearbeiter)

Megret, Jaques, Le pouvoir de la communauté économique européenne de conclure des accords internationaux, in: RMC 1964, S. 529

Moltke, Konrad von, The Importance of Transfrontier Co-operation in Accident Control, in: Industry and Environment, Vol. 6 (1983), No. 4, S. 14

Montag, Frank, Umweltschutz, Freier Warenverkehr und Einheitliche Europäische Akte, in: RIW/AWD 1987, S. 935

Müller-Graff, Peter-Christian, Die Rechtsangleichung zur Verwirklichung des Binnenmarktes, in: EuR 1989, S. 107

Münch, Ingo von, (Hrsg.), Grundgesetzkommentar Band 2 , 2. Aufl. München 1983 (zit.: *v. Münch*-Bearbeiter)

Münch, Ingo von, Das völkerrechtliche Delikt in der modernen Entwicklung der Völkerrechtsgemeinschaft, Frankfurt am Main 1963 (*v.Münch*, Das völkerrechtliche Delikt)

Münzberg, Wolfgang, Verhalten und Erfolg als Grundlagen der Rechtswidrigkeit und Haftung, Frankfurt a. M. 1966

Nanda, Vet P., *Bailey*, Bruce, Challenges for International Environmental Law - Seveso, Bhopal, Chernobyl, and Beyond, in: Law - Technology, Vol. 21 (1988), S. 1

Nettesheim, Martin, Die Vertragschließungskompetenz der Europäischen Atomgemeinschaft, (Diss. iur.) Köln 1963

Neuhold, Hanspeter, Die Pflicht zur Zusammenarbeit zwischen Staaten: Moralisches Postulat oder völkerrechtliche Norm? in: Fs. f. Alfred Verdross, Berlin 1980, S. 575

Neundörfer, Konrad, Die auswärtige Gewalt der Europäischen Atomgemeinschaft, (Diss. iur.) Frankfurt 1961

Nicklisch, Fritz, Rechtsfragen der Biotechnologie - Regelungsbedarf und Regelungsansätze, in: *Nicklisch*, Fritz, *Schettler*, Gotthard (Hrsg.), Regelungsproblem der Gen- und Biotechnologie, Heidelberg 1990, S. 37

OECD/NEA, (Hrsg.), Nuclear Accidents Intervention Levels for the Protection of the Public, Paris 1989

Offermann-Clas, Christel, Das Abfallrecht der Europäischen Gemeinschaften, in: DVBl 1981, S. 1125

Offermann-Clas, Christel, Das Abfallrecht der Bundesrepublik Deutschland nach 10 Jahren EG-Abfallgesetzgebung, in: NVwZ 1985, S. 377

Offermann-Clas, Christel, Das Luftreinhalterecht der Europäischen Gemeinschaften - Fortschritte seit dem Jahr 1983, in: NJW 1986, S. 1388

Offermann-Clas, Christel, La législation communautaire en matière de lutte contre la pollution atmosphérique, in: VIe Congrès Mondial pour la qualité de l'air, Paris 16 - 20 Mai 1983, Textes des Conférences, Vol 3, S. 573

Pelzer, Norbert, Atomrechtlicher Schadensausgleich bei ausländischen Nuklearunfällen, in: NJW 1986, S. 1644

Pelzer, Norbert, Legal Problems of International Danger Protection and of International Emergency Assistance in the Event of Radiation Accidents, in: UN/IAEA (Hrsg.), Peaceful Uses of Atomic Energy, Vol. 3, New York, Vienna 1972, S.451

Pelzer, Norbert, Struktur, Umfang und Grenzen der internationalen Zusammenarbeit bei der friedlichen Kernenergienutzung - Eine Bilanz -, in: *Götz*, Volkmar, *Rauschning*, Dietrich, *Zieger*, Gottfried (Hrsg.), Wirtschaft und Technik im Völkerrecht, Köln, Berlin, Bonn, München 1982, S. 295 (zit.: *Pelzer*, Zusammenarbeit bei friedlicher Kernenergienutzung)

Pelzer, Norbert, The Impact of the Chernobyl Accident on International Nuclear Energy Law, in: Archiv des Völkerrechts, Bd. 25 (1987), S. 294

Pernice, Ingolf, Auswirkungen des europäischen Binnenmarktes auf das Umweltrecht - Gemeinschafts-(verfassungs-)rechtliche Grundlagen, in: NVwZ 1990, S. 201

Pernice, Ingolf, Gestaltung und Vollzug des Umweltrechts im europäischen Binnenmarkt - Europäische Impulse und Zwänge für das deutsche Umweltrecht, in: NVwZ 1990, S. 414

Pernice, Ingolf, Kompetenzordnung und Handlungsbefugnisse der Europäischen Gemeinschaft auf dem Gebiet des Umwelt- und Technikrechts, in: Die Verwaltung 1989, S. 1

Perruchoud, Richard, Les Resolutions des Conferences Internationales de la Croix-Rouge, Geneve 1979

Peter, Hansjörg, Umweltschutz am Hochrhein, Zürich 1987

Prieur, Michel, La Directive Seveso sur les Risques d'accidents majeurs, in: RJE 1989, S.261

Rack, Manfred, US-Amerikanische Lösung des Umweltchemikalienproblems, in: RIW/AWD 1979, S. 13

Randelzhofer, Albrecht, *Harndt*, Raimund, Grenzüberschreitende Zusammenarbeit bei der Umweltverträglichkeitsprüfung, Berlin 1989

Randelzhofer, Albrecht, Probleme der völkerrechtlichen Gefährdungshaftung, in: Berichte der Deutschen Gesellschaft für Völkerrecht, Heft 24 (Heidelberg 1984), S. 35

Randelzhofer, Albrecht, *Simma*, Bruno, Das Kernkraftwerk an der Grenze, eine "ultra hazardous activity" im Schnittpunkt von internationalem Nachbarrecht und Umweltschutz, in: Fs. f. Friedrich Berber, München 1973, S. 389

Randelzhofer, Albrecht, Transfrontier Pollution, in: *Bernhardt*, Rudolf (Hrsg.), Encyclopedia of Public International Law (EPIL), Instalment 9 (1986), S. 379

Rauschning, Dietrich, Allgemeine Völkerrechtsregeln zum Schutz gegen grenzüberschreitende Umweltbeeinträchtigungen, in: Fs. f. Hans-Jürgen Schlochauer, Berlin, New York 1981, S. 557

Rauschning, Dietrich, Legal Aspects of the Conservation of the Environment, in: International Law Association, Report of the 59th Conference, Belgrade 1980, S. 531

Rauschning, Dietrich, Umweltschutz als Problem des Völkerrechts, in: Europa-Archiv, Bd. 27 (1972), S. 567

Rauschning, Dietrich, Verantwortlichkeit der Staaten für völkerrechtswidriges Verhalten, in: Berichte der Deutschen Gesellschaft für Völkerrecht, Heft 24 (Heidelberg 1984), S. 7

Rebmann, Kurt, *Säcker*, Franz Jürgen, (Hrsg.), Münchener Kommentar zum Bürgerlichen Gesetzbuch, Band 7, Einführungsgesetz, 2. Aufl. München 1990 (zit.: Münch. Komm. - Bearbeiter)

Rehbinder, Eckard, Das Recht der Umweltchemikalien, (UBA-Bericht 9/78), Berlin 1978

Rehbinder, Eckard, Ersatz ökologischer Schäden - Begriff, Anspruchsberechtigung und Umfang des Ersatzes unter Berücksichtigung rechtsvergleichender Erfahrungen, in: NuR 1988, S. 105

Rehbinder, Eckard, Politische und rechtliche Probleme des Verursacherprinzips, Berlin 1973

Rehbinder, Eckard, *Stewart*, Richard, Integration through Law, Bd. 2, Environmental Protection Policy, Berlin, New York 1985

Rehbinder, Eckard, Umweltrecht - Rechtsvergleichendes Grundreferat, in: RabelsZ 40 (1976), S. 363

Rengeling, Hans-Werner (Hrsg.), Europäisches Umweltrecht und europäische Umweltpolitik, Köln, Berlin, Bonn, München 1988

Rest, Alfred, Die Chemieunfälle und die Rheinverseuchung, in: VersR 1987 S. 6

Rest, Alfred, The Sandoz Confligration and the Rhine Pollution: Liability Issues, in: GYIL Vol. 30 (1987), S. 160

Rest, Alfred, Tschernobyl und die internationale Haftung - völkerrechtliche Aspekte -, in: VersR 1986, S.609

Rest, Alfred, Völkerrechtlicher und zivilrechtlicher Schadensersatz im internationalen Umweltrecht in: UPR 1982, S. 358

Ridder, Klaus, Gefahrgut-Handbuch, Loseblattsammlung, München, Std. 1990

Rogalla, Dieter, *Schultz*, Christian, Umweltgefährdende Anlagen in Grenznähe aus völkerrechtlicher Sicht, in: NuR, 1987, S. 193

Rolland, Walter, Produkthaftungsrecht, Köln 1990

Rosenstock, Robert, The Declaration of Principles of International Law concerning Friendly Relations: A Survey, in: AJIL Vol. 65 (1971), S. 713

Rudolf, Walter, Haftung für rechtmäßiges Verhalten im Völkerrecht, in: FS f.Otto Mühl, Stuttgart, Berlin, Köln, Mainz 1981, S. 535 ff

Ruyt, Jean De, L'Acte Unique Europeen, 2. Aufl., Brüssel 1989

Sadler, Barry, The Management of Canada - U.S. Boundary Waters: Retrospect and Prospect, in: Natural Resources Journal 26 (1986), S. 359

Salje, Peter, Reform des Umwelthaftungrechts, in: ZRP 1988, S. 152

Salzwedel, Jürgen, Umweltverträglichkeitsuntersuchungen bei Verkehrsplanungen, Bonn 1981

Salzwedel, Jürgen, Wasserrecht, in: *Salzwedel*, Jürgen (Hrsg.), Grundzüge des Umweltrechts, Berlin 1982, S. 569

Sasse, Christoph, Zur Auswärtigen Gewalt der Europäischen Wirtschaftsgemeinschaft, in: EuR 1971, S. 208

Sauer, Ernst, Der Welthilfsverband und seine Rechtsstellung, Göttingen, 1932

Scelle, Georges, Précis de Droit des Gens, Paris 1932

Scherer, Joachim, Verwaltung und Öffentlichkeit, Baden-Baden 1979

Scheuer, Hans, Aktuelle Probleme der Durchführung der EG-Gewässerschutzrichtlinien in den Mitgliedstaaten der Gemeinschaft, in: Zeitschrift für Umweltpolitik und Umweltrecht 1982, S. 65

Scheuing, Dieter H., Umweltschutz auf der Grundlage der Einheitlichen Europäischen Akte, in: EuR, 1989, S. 152

Schlechtriem, Peter, Angleichung der Produktehaftung in der EG, in: VersR 1986, S. 1033

Schmidt-Assmann, Eberhard, Die Umsetzung der EG-Richtlinie über die Umweltverträglichkeitsprüfung vom 27. Juni 1985 in das nationale Recht, in: Festschrift für Karl Doehring, Berlin, Heidelberg 1989, S.889

Schmidt-Salzer, Joachim, *Hollmann*, Hermann, Kommentar EG-Richtlinie Produkthaftung, Band I , Heidelberg 1986

Schmitt, Veit, Die Rechtsgrundlagen der gemeinsamen Verkehrspolitik der EWG, in: *Carstens*, Karl, *Börner*, Bodo, (Hrsg.), Die Angleichung des Rechts der Wirtschaft in Europa, Kölner Schriften zum Europarecht, Bd. 18, Köln, Berlin, Bonn, München 1972

Schneider, Hans-Josef, *Stoll*, Jutta, Ersatz von Vermögensschäden in der Bundesrepublik Deutschland aufgrund des Unfalls in Tschernobyl, in: Betriebs-Berater 1986, S. 1223

Schneider, Jan, World Public Order of the Environment: Towards an International Ecological Law and Organisation, Toronto Buffallo, London, 1979

Schröder, Meinhard, Auskunft und Zugang in bezug auf Umweltdaten als Rechtsproblem, in: NVwZ 1990, S. 907

Schröder, Meinhard, Der Schutz von Betriebs- und Geschäftsgeheimnissen im Umweltschutzrecht, in: UPR 1985, S. 394

Schulte, Hans, Ausgleich ökologischer Schäden und Duldungspflicht geschädigter Grundeigentümer, Berlin 1990

Schwarze, Jürgen, Der Schutz des Gemeinschaftsbürgers durch allgemeine Verwaltungsrechtsgrundsätze im EG-Recht, in: NJW 1986, S. 1067

Schwarze, Jürgen, Rechtsschutz Privater bei völkerrechtswidrigem Handeln fremder Staaten, in: AVR 24 (1986), S. 408

Schwarzkopf, Hartmut, Staatliche Informationspflichten im Seerecht, Berlin 1975

Schweitzer, Michael, *Hummer*, Waldemar, Europarecht, 3. Aufl., Neuwied, Frankfurt 1990

Schwenk, Walter, Handbuch des Luftverkehrsrechts, Köln, Berlin, Bonn, München 1989

Seidel, Martin, Umweltrecht der Europäischen Gemeinschaft - Träger oder Hemmnis des Fortschritts? , in: DVBl 1989, S. 441

Seidl-Hohenveldern, Ignaz, Das Recht der internationalen Organisationen einschließlich der Supranationalen Gemeinschaften, 4. Aufl., Köln, Berlin, Bonn, München, 1984

Seyersted, Finn, Die Internationale Atomenergie-Organisation und ihre rechtlichen Aufgaben und Funktionen, Göttingen 1966

Silagi, Michael, Völkerrechtliche Verpflichtungen des Genehmigungsstaates bei Stör- und Unfällen, in: *Pelzer*, Norbert (Hrsg.), Friedliche Kernenergienutzung und Staatsgrenzen in Mitteleuropa, Baden-Baden 1987, S. 150

Sinclair, Mark A., The Environmental Co-operation Agreement Between Mexico and the United States: A Response to the Pollution Problems of the Borderlands, in: Cornell International Law Journal, Vol. 19 (1986), S. 87

Sperduti, Guiseppe, Responsibility of States for Activities of Private Law Persons, in: EPIL, Instalment 10, (1987), S. 373

Sperling, Karl, Gentherapie und Manipulation menschlicher Keime: Wirtschaftliche Grundlagen und praktische Möglichkeiten, in: *Lukes*, Rudolf, *Scholz*, Rupert, Rechtsfragen der Gentechnologie, Köln, Berlin, Bonn, München 1986

Springer, Allen, The International Law of Pollution, Westport, London 1983

Steiger, Heinhard, *Bruha*, Thomas, Internationale Regelungen grenzüberschreitender Einwirkungen auf die Qualität der Binnengewässer - Bericht für die Bundesrepublik Deutschland, in: *Bernhardt*, Rudolf, u.a., (Hrsg.), 5. deutsch-polnisches Juristen-Kolloquium, Bd. 1, Baden-Baden 1981, S. 105

Steiger, Heinhard, Catastrophes naturelles ou technologiques dans les zones frontalières, in: Droit et Ville, Vol.21 (1986), S. 101

Steiger, Heinhard, *Demel*, Bruno, Schutz der Küsten vor Verschmutzung vom Meer aus, in: DVBl 1979, S. 205

Steiger, Heinhard, Europarechtliche Grundlagen, in: *Salzwedel*, Jürgen (Hrsg.), Grundzüge des Umweltrechts, Berlin 1982, S. 65

Steiger, Heinhard, Should European Communities be granted Membership Status in IUCN?, in: Environmental Policy and Law, 1989, S. 204

Steiger, Heinhard, Solidarität und Souveränität oder Vattel reconsidered, in: Fs. f. Helmut Ridder, Frankfurt, Neuwied 1989, S. 97

Steiger, Heinhard, Welt und Umwelt, zur Fortbildung des internationalen Handlungssystems und des Völkerrechts, in: Fs. f. Hans Ulrich Scupin, Berlin 1973, S. 343

Stellpflug, Jürgen, Der weltweite Atomtransport, Hamburg 1987

Stephens, T., The United Nations Disaster Relief Office: The Politics and Administration of International Relief Assistance, New York, 1977

Strigini, Paolo, The Italian chemical Industry and the Case of Seveso, in: Industry and Environment Vol. 6 (1983), No. 4, S.16

Strupp, Karl, Das völkerrechtliche Delikt, in: *Stier-Somlo*, Fritz, *Walz*, Gustav Adolf, Handbuch des Völkerrechts, Bd. 3, 4. Abt., Stuttgart 1920

Swindell, G. E., *Ha Vinh Phuong*, Mutual Emergency Assistance Arrangements at the International Level, in: Nuclear Law Bulletin, No. 24 (1979), S. 50

Szelinski, Bert-Axel, Nationale, internationale und EG-rechtliche Regelungen der "grenzüberschreitenden Abfallbeseitigung", in: UPR 1984, S. 364

Taschner, Hans Claudius, Die künftige Produzentenhaftung in Deutschland, in: NJW 1986, S. 611

Taschner, Hans Claudius, *Frietsch*, Edwin, Produkthaftungsgesetz und EG-Produkthaftungsrichtlinie, 2. Aufl., München 1990

Tomuschat, Christian, Zur Rechtswirkung der von der Europäischen Gemeinschaft abgeschlossenen Verträge in der Gemeinschaftsrechtsordnung, in: Gedächtnisschrift für Léontin-Jean Constantinesco, Köln, Berlin Bonn, München 1983

Umbricht, Viktor, Grenzüberschreitende Umweltstörungen in Völkerrecht, in: Vereinte Nationen (VN), 1987, S.19

Vattel, Emer de, Le droit de gens ou principes de la loi naturelle appliqués à la conduite et aux affaires des nations et des souverains, 1758

Vedder, Christoph Wilhelm, Die auswärtige Gewalt des Europa der Neun, (Diss. iur.) Göttingen 1980

Verdross, Alfred, *Simma*, Bruno, Universelles Völkerrecht, 3. Aufl., Berlin 1984

Verdross, Alfred, Völkerrecht, 5. Aufl. Wien 1964

Vereinigung für internationale Zusammenarbeit (Hrsg.), Handbuch für internationale Zusammenarbeit, Bd. 1-21, Loseblattsammlung Stand 1990

Vygen, Hendrik, Ergänzung des EWG-Vertrages im Hinblick auf eine europäische Umweltpolitik, in: ZRP 1974, S. 58

Wägenbaur, Rolf, Die nationale Ordnung des Verkehrs und der EWGV, in: *Carstens*, Karl, *Börner*, Bodo, (Hrsg.), Die Angleichung des Rechts der Wirtschaft in Europa, Kölner Schriften zum Europarecht, Bd. 11, Köln, Berlin, Bonn, München 1971 (zit.: *Wägenbaur*, KSE)

Wahl, Rainer, Thesen zur Umsetzung der Umweltverträglichkeitsprüfung nach EG-Recht in das deutsche öffentliche Recht, in: DVBl 1988, S. 86

Weber, Albrecht, Die Umweltverträglichkeitsrichtlinie im deutschen Recht, Köln, Berlin, Bonn, München 1989 (zit.: Weber, UVP)

Weber, Ludwig, Die Zivilluftfahrt im Europäischen Gemeinschaftsrecht, Berlin, Heidelberg, New York 1981

Wolf, Joachim, Zurechnungsfragen bei Handlungen von Privatpersonen, in: ZaöRV 45 (1985), S. 232

Wolfrum, Rüdiger, Die grenzüberschreitende Luftverschmutzung im Schnittpunkt von nationalem Recht und Völkerrecht, in: DVBl 1984, S.494

Wyman, Robert A., Control of toxic Substances: The Attempt to Harmonize the Notification Requirements of the U.S. Toxic Substances Control Act and the European Community Sixth Amendment, in: Virginia Journal of International Law, Vol 20 (1979), Nr.2, S.417

Zacker, Christian, Binnenmarkt und Gemeinsamer Markt, zwei Begriffe desselben Inhalts?, in: RIW/AWD 1989, S. 489

Zehetner, Franz, Beweislastprobleme im völkerrechtlichen Nachbarrecht des grenzüberschreitenden Umweltschutzes, in: Fs. f. Alfred Verdross, Berlin 1980, S. 701

Zehetner, Franz, Grenzüberschreitende Hilfe bei Störfällen und Unfällen, in: *Pelzer*, Norbert, (Hrsg.), Friedliche Kernenergienutzung und Staatsgrenzen in Mitteleuropa, Baden-Baden, 1987, S. 118

Zehetner, Franz, Tschernobyl - zur völkerrechtlichen Problematik grenzüberschreitender technisch-industrieller Umweltkatastrophen, in: UPR 1986, S. 201

Zemanek, Karl, Das Vertragsrecht der Internationalen Organisationen, Wien 1957

Zemanek, Karl, Schuld- und Erfolgshaftung im Entwurf der Völkerrechtskommission über Staatenverantwortlichkeit, in: Fs. f. Rudolf Bindschedler, Bern 1980, S.315

Zuleeg, Manfred, EG-Richtlinien auf dem Gebiet des Wasserrechts und ihre innerstaatlichen Auswirkungen, in: Zeitschrift für Wasserrecht, 1975, S. 133

Zuleeg, Manfred, Neue Literatur zum Europarecht: Innerstaatliche Anwendung, in: AöR 100 (1975), S. 291

Zuleeg, Manfred, Vorbehaltene Kompetenzen der Europäischen Gemeinschaften auf dem Gebiet des Umweltschutzes, in: NVwZ 1987, S. 280

FSC
www.fsc.org
MIX
Papier | Fördert gute Waldnutzung
FSC® C083411

Kolibri 360 GmbH
Ferdinand-Jühlke-Straße 7
99095 Erfurt, Deutschland
produktsicherheit@kolibri360.de

Druck:
CPI Druckdienstleistungen GmbH
im Auftrag der
Kolibri 360 GmbH
Ferdinand-Jühlke-Str. 7
99095 Erfurt